KERSTIN WENZEL

Abaya

MEINE KINDER
BEKOMMST
DU NICHT

KERSTIN WENZEL

Abaya

MEINE KINDER BEKOMMST DU NICHT

HEYNE ‹

MIX
Papier aus verantwor-
tungsvollen Quellen
FSC® C014496

Verlagsgruppe Random House FSC® N001967
Das für dieses Buch verwendete
FSC®-zertifizierte Papier *EOS*
liefert Salzer Papier, St. Pölten, Austria.

2. Auflage
Copyright © 2015 by Wilhelm Heyne Verlag, München,
in der Verlagsgruppe Random House GmbH
Co-Autor: Michel Rauch
Umschlaggestaltung: Hauptmann & Kompanie Werbeagentur, Zürich,
unter Verwendung eines Fotos von © Kay Blaschke, München
Herstellung: Helga Schörnig
Satz: Leingärtner, Nabburg
Druck und Bindung: GGP Media GmbH, Pößneck
Printed in Germany 2015
ISBN: 978-3-453-20091-3

www.heyne.de

»*Man kann in Kinder nichts hineinprügeln,
aber vieles herausstreicheln.*«

ASTRID LINDGREN

Für Abdullah, Maryam, Hajar und Adnan

INHALT

Wehrt euch, Frauen!

Wenn ich in den letzten Jahren meine Geschichte erzählen musste, um die nötige Unterstützung bei Polizei, Ämtern, Gerichten, Notaren und Anwälten zu bekommen, habe ich meist bestürzte Gesichter gesehen. Oftmals habe ich dann gehört, über diese Geschichte könnte ich eigentlich ein Buch schreiben ... Hier ist es.

Wichtig ist mir: Ich möchte mit meinem Buch keinesfalls Muslime angreifen oder gar den gesamten Islam in Bausch und Bogen als böse, als rückständige Religion anprangern. Dies ist absolut nicht mein Ziel und entspräche auch gar nicht meiner Überzeugung.

Obwohl unser Fall kein Einzelschicksal ist, möchte ich betonen, dass sich mein Bericht um einen Mann dreht, der durch die negativen Einflüsse einer Gruppe von Sektierern zu einem unbarmherzigen, grausamen Tyrannen seiner Familie wurde. Dieses Thema ist religionsübergreifend. Man denke nur an die Fälle fundamentalistisch-evangelikaler Bibelchristen. In Erinnerung ist mir der Lüneburger Axel H., der vor ein paar Jahren seine vier Töchter zu einer Radtour von der Ex-Frau abholte und die vier- bis achtjährigen blonden Mädchen über Ägypten in den Sudan entführte, um sie ausgerechnet dort, in einem islamischen Bürgerkriegsland, ungestört von Familie und Schulpflicht ganz nach seinen radikalen christlichen Glaubensvorstellungen erziehen zu können.

Typisch für solche Religionsfanatiker scheint mir zu sein, dass sie ihre Idee eines Gottesstaates mit aller Gewalt in der eigenen kleinen Familie – wo sonst? – zu verwirklichen suchen und dabei zerstören, was eigentlich Basis und Kern ihres angestrebten gottgefälligen Lebens in einer gleichgesinnten Gemeinschaft sein sollte.

In meinem Fall geht es um das folgenreiche Abdriften eines Mannes in den ultrakonservativen Salafismus, eine Strömung, die vermeintliche Ideale aus der Frühzeit des Islam propagiert und, wie wir durch den Islamischen Staat (IS) heute besser denn je wissen, bei der Durchsetzung ihrer kruden Ideen mit Gewalt und Terror jeder Art und gegen jeden, Kinder eingeschlossen, nicht zimperlich ist.

Lange habe ich überlegt, ob ich meine Geschichte wirklich aufschreiben und damit noch einmal alles durchleben möchte, was mir über zwanzig Jahre hinweg und meinen Kindern den Großteil ihres bisherigen Lebens angetan wurde. Oft habe ich mir die Frage gestellt, ob es nicht besser wäre, alles zu verdrängen und zu versuchen, das Geschehene zu vergessen. Ob es nicht auch für meine Kinder besser wäre, nie wieder davon zu sprechen.

Die Antwort gab und gibt mir der Alltag. Auch nach Jahren wache ich noch in mancher Nacht schweißgebadet auf, weil ich einen dieser schrecklichen Momente meiner Ehehölle im Traum wieder durchlebt habe. Bis heute zucke ich zusammen, wenn ich auf der Straße hinter mir jemanden Arabisch sprechen höre. Offenbar ist es mir bislang völlig unmöglich gewesen, den größten Teil eines qualvollen Lebens komplett auszublenden und zu vergessen. Man kann nicht ungeschehen machen, was meinen vier Kindern und mir an Gewalt und Erniedrigung widerfahren ist – und nur wenn ich alles aufgeschrieben, alles für mich verarbeitet habe, kann ich mit der Vergangenheit abschließen.

Mit meiner Geschichte möchte ich jede Frau – insbesondere all jene, die mit einem scheinbar in die westliche Gesellschaft integrierten Mann aus einer anderen Kultur verheiratet sind (oder das planen) – dazu ermahnen, mit offenen Augen durchs Leben zu gehen und jede noch so kleine Veränderung in den religiösen Auffassungen ihres Mannes genau zu registrieren und entsprechend konsequent zu handeln. Setzt Grenzen, holt euch Hilfe, bringt euch notfalls in Sicherheit. Lasst es gar nicht erst so weit kommen, dass euer Leben von Gewalt, Drohungen und Erpressungen bestimmt ist – so wie es meines anfangs aus Scham, später aus Angst um meine Kinder viel zu lange war. Wehret den Anfängen, sagten die Römer.

Trotz des anfänglichen Verliebtseins darf Gewalt kein Thema in einer Beziehung darstellen. Die Angst vor dem Alleinsein mag eine Frau gerade in einer jungen Liebe vor einer Trennung zurückschrecken lassen. Aber dieser erste Schmerz, wenn man trotz Liebe geht, ist ganz gewiss einem Leben vorzuziehen, das von Grausamkeiten und Erniedrigungen geprägt ist.

Ihr tut euch keinen Gefallen damit, wenn ihr alles duldet und über euch ergehen lasst – in dem irrigen Glauben, dass eure Liebe die Pein schon überstehen oder gar besiegen wird. Oder in dem Glauben, dass Gott oder Allah euch dafür im Jenseits belohnen würde. Dem ist sicher nicht so.

Keine Beziehung lässt sich auf Gewalt und Unterdrückung aufbauen. Es ist keineswegs eine Schande, sich Hilfe zu suchen. Denn ganz gleich, was sie euch erzählen: Rohe Gewalt gegen Frauen und Kinder ist nicht mit dem Islam und auch mit keiner anderen Religion vereinbar.

Der echte Islam propagiert keine Gewalt gegen Schwache.

In den Vereinigten Arabischen Emiraten lief seit 2012 eine Aufklärungskampagne zu der berühmt-berüchtigten Koransure *Al-Nisa*, die Frauen. »Ermahnt diejenigen, von denen ihr

Widerspenstigkeit befürchtet, und entfernt euch von ihnen in den Schlafgemächern und schlagt sie«,[1] heißt es in Vers 34. Viele radikale Muslime leiten daraus das Recht ab, Frauen zu züchtigen. In einem Zeitungsartikel der Journalistin Ola Salem in »The National« (Emirate) hieß es unter dem Titel »Der Koran befürwortet kein Schlagen«: »Die Falschinterpretation eines Koranverses hat es Männern ermöglicht, ihre Frauen nach freiem Belieben zu schlagen und dabei zu behaupten, das religiöse Gesetz des Islam, die Scharia, würde ihnen das Recht hierzu geben ...«[2] Die emiratische Islamwissenschaftlerin Dr. Jamila Khanji stellt fest, dass die falsche Auslegung des arabischen Wortes *idrobohun*, das unter anderem als »leichtes Klapsen«, »ignorieren«, »sich fernhalten« oder »verlassen« übersetzt werden kann, dazu geführt hat, dass viele Frauen »gebrochen und zerstört« wurden und werden. Und sie fährt fort: »Eine Frau zu schlagen ist zutiefst verletzend, es zerstört die Beziehung irreparabel.«[3]

In derselben Tageszeitung stand unter der Überschrift »Empörung über Fatwa zur häuslichen Gewalt« folgender Bericht: »Kairo. Diese Woche entschied Sheikh Abdel Hamid Al Atrash, Leiter der Kommission für Religiöse Urteile (Fatwas) und religiöse Erlässe an der Al Azhar University in Kairo, dem höchsten islamischen Institut der Sunniten, dass Frauen das Recht haben, Gewalt zu gebrauchen, um sich vor gewalttätigen Ehemännern zu schützen. Eine Frau hat das legitime Recht, ihren Mann zu schlagen, um sich zu verteidigen. Jeder hat das Recht, sich zu verteidigen, sei er nun Mann oder Frau ... weil alle Menschen vor Gott gleich sind.«[4] Auch der saudische Sheikh Abdel Mohsen Al Abyakan forderte Frauen auf, zu derselben Art von Gewalt zu greifen, die ihre Ehemänner gegen sie gebrauchen, sei es nun mit einem Lederriemen oder einem Stromkabel. Sheikh Abyakan bestätigte seine Ansichten auf einer bekannten muslimischen Website. »Die Frau kann Gewalt gebrauchen, um sich gegen die Gewalttätigkeit ihres Ehemannes zur Wehr zu setzen. Wenn ihr

Ehemann sie schlägt, kann sie ihn zurückschlagen, und wenn er versucht, sie zu töten, kann sie ihn töten, um sich selbst zu verteidigen, wenn dies für sie die einzige Möglichkeit ist, um ihr Leben zu retten.«[5] Keine Sorge, dies soll kein Aufruf zum ehelichen Blutbad sein, sondern nur ein sehr plakatives Beispiel, wie weit das gleiche Recht nach Ansicht eines Religionsexperten schlimmstenfalls gehen dürfe.

Die Botschaft aus all dem lautet für mich vielmehr: Bitte habt Mut und kämpft gewaltlos gegen Gewalt in eurer Familie. Gewalt ist keine Option. Gebt niemals auf, denn damit stärkt ihr nur die Verbrecher, egal welchen Glaubens, die euch und euren Kindern das antun. Wenn ihr in eurem Umfeld auf Gewalt gegen Frauen und Kinder aufmerksam werdet, schaut nicht weg! Es könnte sein, dass eure Hilfe gebraucht wird. Leistet die Unterstützung, die mir leider oft verwehrt blieb.

Oft ist Außenstehenden auch nicht klar, in welcher Verfassung sich Gewaltopfer befinden. Der Pädagoge Martin R. Textor schreibt über geschlagene Frauen:»Zumeist brechen sie nicht aus der Ehe aus, da sie von ihren Partnern abhängig sind und sich selbst als unselbständig und unfähig erleben. Sie haben oft Alpträume, schlafen schlecht, leiden unter psychosomatischen Beschwerden, sind energielos und verzweifelt.« Textor weiter:»Geschlagene Frauen akzeptieren in der Regel ihre Männer als Familienoberhäupter, ordnen sich ihnen unter, sind unterwürfig und versuchen zumeist, deren Wünsche zu erfüllen. Oft erleben sie sich als inkompetent, wertlos oder nicht liebenswert und leiden unter negativen Selbstwertgefühlen.«

Textors wichtigste Feststellung über geschlagene Frauen ist für mich:»Sie halten sich vielfach für schuldig, wenn sie von ihren Partnern geschlagen werden.«[6] Diesen Satz muss man wirklich mehrmals lesen. Er beschreibt, wie tägliche Gewalt das Erleben und Empfinden der Frau auf den Kopf stellt. Denn selbstverständlich gilt, was der *Bundesverband Frauenberatungs-stellen und Frauennotruf* jedem Opfer zu vermitteln versucht:»Sie haben keine Schuld. Auch wenn Sie sich nicht gewehrt haben!«[7] Gewalt ist ein Gefängnis ohne Gitterstäbe. Ohne fremde Hilfe ist ihm schwer zu entkommen oder, anders gesagt: Einem Ertrinkenden lediglich »Schwimm doch!« zuzurufen hilft wenig.

In meiner Geschichte kommen Menschen vor, die nichts, aber auch gar nichts mit uns zu tun hatten und uns halfen, ihren Kopf riskierten, während andere, die schon von Amts wegen allen Grund gehabt hätten einzuschreiten, rein gar nichts zu unserer Flucht beitrugen – obgleich sie allenfalls eine vorzeitige Versetzung an eine andere Botschaft oder einen unangenehmen Anruf aus Berlin riskiert hätten. An dieser Stelle geht mein spezieller Gruß an das Deutsche Generalkonsulat in Dubai.

Oftmals versuchen Frauen in meiner Situation, eine Ausrede fürs Bleiben zu finden – aus Scham, aus Angst, die Kinder zu verlieren, um nicht öffentlich als Opfer dazustehen, oder weil sie die Rache ihrer grausamen Ehemänner mehr als deren tägliche Gewalt fürchten. Dennoch: Lasst euch nicht aufhalten. Ruft die Polizei, holt Hilfe. Das ist leichter gesagt als getan. Kaum ein Opfer kann sich am eigenen Schopf aus dem Sumpf ziehen, in den es immer tiefer geraten ist. Man kann Gewalt, Schmerz, Leid, Erniedrigung, alles ausblenden, um nicht verrückt zu werden. Das ist eine Art Selbstschutz der Seele, die oft bei Gewaltopfern auftritt, aber es ist definitiv der falsche Weg. Ich weiß aus eigener jahrelanger Erfahrung, wovon ich spreche.

Kapitel I

LANDUNG IM NEUEN LEBEN

Flughafen Frankfurt, 14. April 2011

GF 0017. Ich werde dieses Kürzel nie vergessen. Gulf Air Flug 0017 brachte mich und meine Kinder in die Freiheit. Aus den Vereinigten Arabischen Emiraten nach Frankfurt. Zwanzig Jahre Familienhölle endeten, als die Maschine am 14. April 2011 um 6:40 Uhr auf deutschem Boden aufsetzte. Eine zweitägige Reise lag hinter uns, eine lange geplante Flucht über mehr als 6 000 Kilometer durch drei Länder. Diese Flucht hatte uns viel Kraft gekostet, sehr viel Kraft – und noch mehr Mut. Es war eine Reise ohne Abschied, ohne Rückkehr. Dennoch fühlte ich eine unendliche Erleichterung und war voller Hoffnung auf das, was kommen würde. Ein Neuanfang, ein selbstbestimmtes Leben. Keine Schläge mehr, keine Gewalt, keine Erniedrigungen, kein Schleier – einfach nur frei und Frau sein ...

Während des Fluges fühlte ich mich zeitweise leicht wie ein Vogel, schaute abwechselnd aus dem Fenster der Boeing in die heraufziehende Dämmerung und auf meine Kinder Abdullah (damals fünfzehn Jahre), Maryam (dreizehn), Hajar (elf) und Adnan (neun), die in der Reihe neben mir saßen, das Bordprogramm schauten oder sich mit dem Gameboy ablenkten. Sie hatten ihre Schulfreunde zurückgelassen und auch das Land, in dem sie den größten Teil ihres Lebens verbracht hatten – ihre Heimat.

Zugleich hatte ich Angst, und meine Gedanken kreisten um das, was Mohamed, mein damaliger Ehemann und Grund für diese Flucht, mir jahrelang angedroht hatte. In der Schule in den Emiraten hatte man das gleichzeitige Fehlen meiner Kinder sicher schon bemerkt, sich womöglich nicht weiter gewundert, bis dann, alarmiert von meinem Mann, zivile Ermittler der Polizei kamen, um die Mitschüler zu befragen, ob einer von ihnen etwas von unserer Flucht wusste. Mohamed hatte gewiss die Polizei alarmiert und mich als mehrfache Kindesentführerin angezeigt. Die Polizei würde als Erstes die Passagierlisten überprüft haben, um herauszufinden, mit welchem Flug wir wann genau wohin verschwunden waren. Unser Fluchthelfer aber hatte auf geniale Weise falsche Spuren gelegt, sonst hätten wir es nie nach Deutschland geschafft.

Der letzte Flug unserer Flucht von Bahrain nach Frankfurt dauerte sechs Stunden. Unsere Stimmung wechselte zwischen Hoffnung, Angst, Beklemmung und Verfolgungsfantasien. Keiner von uns hatte in den letzten zwei Tagen ein Auge zugemacht. Dennoch waren wir nicht müde, wir fühlten uns nicht erschöpft, sondern aufgedreht, so als hätten wir literweise Kaffee getrunken. 33 000 Fuß über der Erde fand in meinem Kopf jedes Mal, wenn ich ein wenig zu dösen begann, ein ganz anderer Flug statt. In Gedanken reiste ich durch mein Eheleben und sprang in diesem Kopfkino von der Vergangenheit in die Zukunft und wieder zurück.

Ich sah mich mit dem Staubsaugerrohr blau und blutig geprügelt am Boden kauern, hörte meinen Mann brüllen, was für eine dreckige Deutsche ich sei. Meine Tränen machten ihn noch wütender. Ich sah die hilflosen Kinder, denen er zur Strafe tagelang zum Essen nur eine Brühe aus abgeschabten Schafsknochen erlaubte. Dann wiederum saßen wir, eindeutig in der Zukunft, als Familie ohne Mohamed irgendwo glücklich und heiter im Grünen oder irgendwo am Meer. Doch schon in der nächsten Szene sah ich Mohamed wieder vor mir, wie er unserer dreizehnjährigen Tochter ankündigte, sie zu verheiraten, und zwar mit einem Mann, der sie so richtig prügle, wenn sie nicht pariere.

»Was kommt jetzt? Was ist, wenn ...? Wohin gehen wir ...?« Ab und an setzten meine beiden älteren Kinder während unseres Fluges zu Fragen wie diesen an, brachen dann aber meist noch im selben Satz ab. Ich konnte sie so gut verstehen. Was hätte ich denn auch antworten sollen? Immer wieder drückte ich ihre Hände, strich über ihre Köpfe und beruhigte sie. »Wir werden eine Lösung finden. Erst einmal müssen wir in Sicherheit sein, dann sehen wir weiter.« Das Ziel unserer Reise war ja noch ungewiss, es würde sich durch die Umstände ergeben. Optionen hatten wir einige, um in mehreren Ländern Europas unterzutauchen. Mein Beruf als Übersetzerin mit Kunden in aller Welt erlaubt es mir, von jedem Platz auf der Erde aus zu arbeiten, wenn es nur einen Computeranschluss und Internet gibt. Doch so weit traute ich mich noch nicht zu denken. Ich musste einen Schritt nach dem anderen tun.

Kurz vor der Landung in Frankfurt kam die nackte Angst zurück. Als es bei der Bordansage hieß: »Rückenlehnen gerade stellen, Tische hochklappen«, ergriff mich die reine Panik. Mein Puls schoss hoch, ich atmete wie eingeschnürt. Seit zwei Tagen waren wir auf der Flucht. Flughäfen, Transitbereiche, Warten im Hotelzimmer, Weiterflug. Wir waren abgeschnitten von all den Informationen darüber, was Mohamed inzwischen unternommen hatte. Klar war nur, dass er Himmel und – naheliegender in seinem Fall – Hölle in Bewegung setzen würde, um mich aufzuspüren und zu stoppen.

War er über Polizei und Fluggesellschaft an unsere Reisedaten gekommen, war er uns in den zwei Tagen gefolgt oder gar nach Frankfurt vorausgeeilt? Was wäre, wenn er uns da draußen in der Ankunftshalle bereits erwarten und zurück in die Emirate zwingen würde? Was, wenn er mich längst bei den deutschen Behörden angezeigt hatte? Immerhin hatten wir ihn, den Sorgeberechtigten der Kinder, und die Emirate ohne die dort nötige Erlaubnis verlassen. Ein guter Schauspieler war er schon immer gewesen, wenn es um das Verdrehen von Tatsachen gegangen war. Wir trauten ihm wirklich alles zu. Am Ende, so fürchtete ich, würde er mit Polizei und Jugendamt an der Passkontrolle stehen, die Kinder in seine Obhut bekommen und mit ihnen zurück in die Emirate reisen, während ich allein in Deutschland zurückbleiben müsste und angeklagt werden würde ... Es gab keinen Gedanken, kein Schreckensszenario, das ich mir nicht ausmalte.

Endlich öffnete eine Stewardess die wuchtige Flugzeugtür. Frische Luft drückte herein, ein kalter, trockener Frühlingswind. Wir froren im Nu, unsere dünnen arabischen Übergewänder waren für diese Jahreszeit nicht warm genug, die Jungen hatten nur T-Shirts an. Wo wir herkamen, war es zu dieser Jahreszeit schon warm, sehr warm, um nicht zu sagen heiß.

Wir verließen das Flugzeug und folgten den anderen Reisenden zur Passkontrolle. Der Beamte legte unsere deutschen Reisepässe kurz auf den Scanner, wünschte einen schönen Tag. Ich konnte es kaum fassen. Aufgeregt holten wir unser Gepäck ab, das nur aus einer einzigen Reisetasche bestand. Wie Luxusschmuggler aus Dubai sahen wir in der Tat nicht aus. Unbehelligt passierten wir die Zollkontrolle.

In der Ankunftshalle standen dicht gedrängt Leute. Abholer hielten Schilder mit Namen hoch, andere umarmten ankommende Freunde und Verwandte. Voller Angst und innerer Anspannung, nach außen hin aber völlig ruhig, konzentrierte ich mich auf die Menschen, die da warteten. Ich suchte in der Menge nach Mohamed. Er war nicht da. Damit hatte ich, ehrlich gesagt, am wenigsten gerechnet. Also kramten wir erst einmal ein paar

Strickjacken und zwei Kinderanoraks aus der Reisetasche und zogen sie hastig über. Dann kauften wir in einer Boutique eine Jacke für meinen Ältesten, der vor Kälte zitterte. Der Preis für die Daunenjacke war happig, aber das spielte in dem Moment keine Rolle. Abdullah war glücklich und unheimlich stolz auf das edle, kuschelige Teil. So etwas Schönes hatte er noch nie besessen – und bisher auch nicht gebraucht.

Nun ging es schnurstracks zur Polizei. Man schickte uns weiter zu einem Revier einen halben Kilometer außerhalb des Flughafengeländes, um Anzeige zu erstatten gegen den Mann, vor dem wir geflohen waren, den Mann, der unser Leben und meinen Kindern die Kindheit zerstört hatte. Auf dem Weg dorthin wurde uns allmählich klar, dass der Albtraum, in dem wir jahrelang gelebt hatten, nun tatsächlich zu Ende sein könnte.

In arabischer Kleidung kamen wir bei dem Revier an. Meine Töchter und ich trugen dunkle Kopftücher und waren in schwarze Abayas gehüllt, die traditionellen islamischen Umhänge, ohne die wir uns jahrelang weder in der Wohnung bewegen noch schlafen oder gar in die Öffentlichkeit gehen durften. Als wir sagten, wir wollten Anzeige erstatten, wurden wir von einem älteren Polizeibeamten freundlich in einen Nebenraum gebeten. Er holte Stühle für uns heran. Dann erzählten wir, dass wir gemeinsam aus den Vereinigten Arabischen Emiraten geflohen waren. Ein Kollege tippte das Protokoll direkt in den Computer. Andere Beamte, die immer wieder dazukamen und still zuhörten, brachten uns Wasser und Snacks.

Die Männer waren ungewöhnlich fürsorglich, fragten immer wieder, ob wir noch Kraft zu erzählen hätten, ob die Kinder lieber draußen spielen wollten, ob wir Hunger hätten. Aber die Kinder wollten sich an der Aussage beteiligen. Wir haben unsere Aussagen gegenseitig ergänzt, und so wurden sie auch schlüssiger. Es kamen wenige Zwischenfragen, zwischendurch wurde mein USB-Stick mit meinen Beweisfotos, die ich über Jahre heimlich gespeichert hatte, kopiert. Je länger wir erzählten, je mehr Fotos von Verletzungen, Prellungen, Blutergüssen und blauen Flecken wir zeigten, umso mehr Bestürzung zeichnete sich auf den Gesichtern der Polizisten ab.

Schließlich fragte mein fünfzehnjähriger Sohn Abdullah, ob man uns denn beschützen und den Verbrecher, seinen Vater, fangen würde, falls er uns nach Deutschland folgen sollte. Die Beamten nickten.

Auch ich hatte Angst. Ich wusste von einem deutschen Konsulatsmitarbeiter in Dubai, dass das, was ich getan hatte, um meine Kinder aus der Hölle zu befreien, juristisch durchaus als Entführung gewertet werden konnte – zumindest nach dem Recht der Emirate.

Einer der Beamten beruhigte mich: »Mit Ihrer umgehenden Anzeige und Ihrem Erscheinen bei den Behörden mit allen Kindern haben Sie sich vor diesem Vorwurf geschützt. Sie sind keine Entführerin, das bestätigen wir Ihnen.« Zumindest nach deutschem Recht stimmte das, nach islamischem Recht aber sah es anders aus, da hätte man mich wegen Kindesentführung anklagen können. Der Beamte versprach, uns nach der Aussage zu einem gemeinnützigen Verein zu bringen, wo wir erst einmal bleiben, uns ausruhen und unsere Weiterreise planen könnten.

Die Aussage dauerte Stunden. Noch auf dem Revier begann ich, mein ebenfalls auf dem USB-Stick gespeichertes Tagebuch in einer Kurzfassung ins Deutsche zu übersetzen. Ich hatte über Jahre hinweg alles, was Mohamed uns angetan hat, dokumentiert – auf Englisch. Er sprach kein Englisch. Wäre ihm die Datei in die Hände gefallen, hätte er ihr deswegen auch keine Beachtung geschenkt und den Text für eine meiner Übersetzungen gehalten, mit denen ich mein Geld verdiente.

Diese Chronik des täglichen Horrors, so hoffte ich damals, würde genügend Beweise enthalten, um Mohamed eines fernen

Tages für lange Zeit ins Gefängnis zu bringen. Aber dazu musste er erst einmal wieder in Deutschland auftauchen. Ein Prozess in den Emiraten hätte meine Anwesenheit erfordert, worauf ich mich sicher nicht eingelassen hätte, und es war obendrein damit zu rechnen, dass Mohamed dort mit einem blauen Auge davonkommen würde.

Kapitel II

EIN KURZES GLÜCK

Eine Studentenliebe

Mohamed und ich lernten uns 1991 an der Ernst-Moritz-Arndt-Universität in Greifswald kennen. Ich war gerade von einem einjährigen Auslandsstudium aus Russland zurückgekehrt. Auch wenn es dieselbe Stadt war, die ich zwölf Monate zuvor verlassen hatte, lag sie nun in einem völlig fremden Land. Aus zwei grundverschiedenen deutschen Staaten war gerade einer geworden. Nichts war mehr so, wie ich es vor der Wiedervereinigung gewohnt gewesen war. Ich war in der damaligen DDR sehr behütet aufgewachsen. Wir bewohnten auf der beschaulichen Insel Usedom ein hübsches Reihenhaus mit Garten am Waldrand, nur wenige Minuten vom weißen Sandstrand entfernt. Mein Leben war in geregelten Bahnen verlaufen, mindestens einmal im Jahr fuhren meine Eltern mit uns Kindern in den Urlaub, und die meisten meiner Wünsche erfüllten sich wie von selbst.

Das Jahr der Wende, in dem ich aus dem Ausland heimkehrte, zehrte stark an meinen Nerven. Mehrere Bekannte aus unserem Umfeld hatten sich das Leben genommen oder dem Alkohol zugewandt. Überall herrschten Unsicherheit und Beklemmung. Meine langjährige Beziehung war zudem kurz vor der geplanten Hochzeit in die Brüche gegangen, und so stürzte ich mich in mein Studium und meine Arbeit als freiberufliche Dolmetscherin für ein Reisebüro, für das ich alle drei bis sechs Monate mit einer Reisegruppe quer durch Ostdeutschland unterwegs war. Nebenher ging ich regelmäßig schwimmen, nahm an einem

Aerobic-Kurs teil, und hin und wieder überredete mich meine Zimmernachbarin Sabine, mit ihr einen der vielen Studentenclubs zu besuchen. Das kam nicht oft vor, aber ab und zu ging ich mit. Die meisten Wochenenden verbrachte ich bei meinen Eltern in unserem Haus am Waldrand. Mein unaufgeregtes Leben war so, wie es war, für mich in Ordnung.

Eines Tages brachte Sabine ihren neuen Freund Hanif mit, einen Marokkaner, der von seinem syrischen Freund Mohamed begleitet wurde, wie ich zweiundzwanzig Jahre alt. Am Anfang nahm ich die beiden kaum wahr, sie interessierten mich nicht. Ich war mit so vielen Dingen beschäftigt, dass ich nicht das Gefühl hatte, in meinem Leben wäre noch Platz für neue Freunde. Schließlich fragte mich Sabine eines Tages:»Sag mal, bist du eigentlich blind? Hast du immer noch nicht gemerkt, wie verliebt dich Mohamed mit seinen großen Augen anschaut?«

Wenn Sabine mich nicht darauf aufmerksam gemacht hätte, wäre aus dem damals so scheuen Mohamed und mir vielleicht nie ein Paar geworden. Anfangs tat ich ihre Bemerkung einfach ab. Irgendwann aber beschlich mich das Gefühl, dass er uns abpasste. Mohamed tauchte immer gerade da auf, wo wir waren. Er kam uns entgegen, strahlte mich an, murmelte schüchtern irgendetwas von wegen »Zufall« und ging schnell weiter, aber so viele Zufälle konnte es gar nicht geben. Ich musste jedes Mal schmunzeln. Mohamed, fand ich, sah sehr gut aus, er wirkte auf mich wie ein Italiener. Er hatte einen hellen Teint, war nicht sehr groß, aber schlank, hatte glattes, dunkelbraun glänzendes Haar, das er modisch nach oben gestylt trug, und große, grüne Augen mit dichten, dunklen Augenbrauen darüber. Er war immer gut angezogen, trug Jeansanzüge und italienische Schuhe und lächelte mich an, wann immer wir uns begegneten.

Im Sommer 1991, ob ich nun wollte oder nicht, hatte mich Mohamed in seinen Bann gezogen. An einem Wochenende, als mich Sabine wieder einmal überredet hatte, in einen der Studentenclubs mitzugehen, suchte er zum ersten Mal das Gespräch mit mir. Ich war sehr vorsichtig damals, wollte keine neue Beziehung, die Wunden der vorigen waren noch zu frisch. Dennoch konnte ich mich dem Charme, mit dem mir Mohamed begegnete, kaum noch entziehen. In den folgenden Wochen lud er Sabine und mich des Öfteren zu einem Kaffee oder Eis ein. Später verabredeten wir uns zu gemeinsamen Kino- und Discobesuchen und waren bald Stammgäste in einem der Studentenclubs. An den Wochenenden tanzten wir bis zum Morgen durch. Manchmal kochte Mohamed für mich. Ich lernte seine exotischen, würzigen Nudelgerichte kennen, wie jenes mit Thunfisch-Tomaten-Bohnen-Sauce.

Ich fühlte mich in seiner Nähe geborgen, beschützt und behütet. Mohamed füllte mein Leben voll und ganz aus. Die Welt, die er mir vormachte, wirkte wie ein orientalisches Märchen auf mich.

Der Kontakt zu Sabine erlahmte allerdings nach und nach, auch weil Mohamed mich geschickt von ihr fernhielt und später den Kontakt ganz unterband.

Wer uns zu jener Zeit sah, hielt uns garantiert für ein Paar. Als mir Mohamed gestand, er hätte sich in mich verliebt, gab ich ihm zunächst keine Antwort. Ich hatte gerade erst in einen normalen Alltag ohne festen Freund zurückgefunden, fühlte mich zunehmend wohler in meinem Leben und brauchte bestimmt keine neuen Probleme. Erst nach Wochen wurde mir klar, dass mein Herz längst an ihm hing, und ich öffnete mich ihm. Es begann eine wunderbare Zeit der Verliebtheit. Wir unternahmen sehr viel zusammen, verbrachten schließlich unsere gesamte Freizeit miteinander, gingen zusammen joggen oder unternahmen Ausflüge.

Er war sehr aufmerksam, kochte jetzt häufiger für mich und erklärte mir mit Begeisterung noch mehr Geheimnisse der syrischen Küche. Ich hörte ihm gern zu, denn er kam aus einem Land, von dem ich eigentlich nichts wusste und mit dem ich allenfalls die Geschichten aus Tausendundeiner Nacht in Verbindung brachte. Wie blauäugig ich doch damals war. Wie schnell ich ihm alles glaubte, was er mir wortreich erzählte. Ich ahnte nicht, wie trügerisch und kurz dieses Glück sein würde.

Vielleicht hätte ich bei so mancher Begebenheit schon viel früher aufhorchen und den Blender an meiner Seite erkennen müssen. Als Liebesbeweis, wie er es nannte, schenkte mir Mohamed in den ersten Wochen unserer Liebe eine schwarzgoldene Citizen-Armbanduhr. Ich freute mich über das Geschenk, da es wirklich eine außergewöhnlich schöne Uhr war. Er wies mich extra darauf hin, dass es sich um ein wertvolles Original handle. Oft wurde ich für dieses schöne Stück bewundert.

Erst als die Uhr Jahre später kaputt ging und ich sie zum Reparieren brachte, machte mich der Uhrmacher auf den Betrug aufmerksam. Die Uhr sei eine ganz billige Fälschung und nicht einmal so viel wert, einen Batteriewechsel zu rechtfertigen. Wie unglaublich hintergangen ich mich damals fühlte – wie musste Mohamed über meine Dummheit innerlich gelacht haben.

Es folgten noch viele weitere Lügen, die ich erst Jahre später aufdeckte, vor allem über die finanzielle Situation und die Lebensumstände seiner angeblich gut situierten Familie in Syrien. Sobald man mit der orientalischen Kultur ein wenig vertraut ist, neigt man dazu, innerlich gut und gern ein Drittel an Glaubwürdigkeit abzuziehen, was Schilderungen und Beteuerungen betrifft. Hier aber erwarteten mich einige erschütternde Erkenntnisse, die weit über die orientalische Lust am blumigen Ausschmücken und Protzen hinausgingen.

Eheschließung auf Islamisch

In den nächsten Semesterferien fuhren Mohamed und ich zusammen nach Köln, in die Stadt, in der sein »Abenteuer Deutschland« begonnen hatte. Aufgewachsen in der DDR, kannte ich den Westen Deutschlands nicht. So war ich sehr aufgeregt und wissbegierig, als wir uns auf den Weg machten. Wir kamen in einer Studenten-WG unter, in der ausschließlich arabische und marokkanische Studenten wohnten, Jungen und Mädchen zusammen. Mohamed besorgte mir ein Bett in einem der Mädchenzimmer und schlief selbst in einem der Jungenzimmer. Das sei der Umstände halber nicht anders möglich, erklärte er mir.

Tagsüber verbrachten wir jede freie Minute miteinander, machten Ausflüge in die Stadt, auf den Kölner Dom, zum grünen Gürtel der Stadt, in den Zoo, gingen italienisches Eis essen und in die angesagten Restaurants. Fast jeder Schritt war Neuland für mich, und ich genoss die täglichen Entdeckungen und vor allem die Zeit, die ich mit diesem lustigen syrischen Studenten verbrachte, der mir einen Teil seines Lebens zeigte. Nebenher arbeiteten wir ein wenig, um diese gemeinsame Zeit in Köln zu finanzieren. Nach ein paar Wochen kehrten wir nach Hause zurück.

In den folgenden Semesterferien, wir waren nun ein Jahr zusammen, fuhren wir wieder nach Köln. Kurz davor hatte mir Mohamed mit einem wirklich grandiosen Auftritt einen Heiratsantrag gemacht und ganz altmodisch meinen Vater um meine Hand angehalten: »Bist du damit einverstanden, dass ich deine Tochter heirate?«, hatte er gefragt. Das hatte mich und erst recht meine Eltern sehr beeindruckt. Sie vermuteten hinter diesem traditionell-stilvollen Auftreten eine gute Erziehung und ein bürgerliches Elternhaus. Ich fühlte mich bestärkt darin, mein Leben mit Mohamed zu teilen.

»Nur eine Bedingung habe ich«, sagte mein Vater damals, »tu meiner Tochter niemals weh, sonst hast du mich zum Gegner.«

In Köln bat Mohamed ein paar Freunde, eine islamische Ehe-schließung in einer Moschee zu organisieren, mit einem Imam, dem Vorsteher der Moschee, Trauzeugen und seinen alten Freunden. Obwohl ich damals sehr wenig über den Islam und die Araber wusste, willigte ich in diese Art der Eheschließung ein. Ich hatte auch gar keinen Grund, dieser traditionellen islamischen Zeremonie – und als mehr betrachte ich sie nicht – mit Misstrauen zu begegnen. Hätte ich einen Christen geheiratet, wäre ich als damalige Atheistin ihm zuliebe in Weiß vor den Traualter einer Kirche getreten. Warum also sollte ich Mohamed dies verweigern? Er war der erste arabische Mann, den ich kannte, und war nicht anders als jeder andere Student auch, er aß nur kein Schweinefleisch. Das war aber nichts Besonderes, schließlich hatte ich eine Tante, die auch keines aß. Ansonsten war er völlig unauffällig. Erkundigte sich jemand aus meiner Familie bei ihm nach seiner Religion, sagte er immer, das hätte ihn nie sehr interessiert und er hätte wenig Ahnung davon. Er betete nicht, er fastete nicht, er tat damals nichts, was mich hätte stutzig machen können. Das entwickelte sich erst viel später und vor allem schrittweise. Jeder, der ihn damals kennenlernte, empfand Mohamed als einen Mann orientalischer Herkunft, der in Deutschland völlig integriert und in unserer Kultur angekommen war. Anfangs nahm er mich überall mit hin, auch zu türkischen und arabischen Freunden und Familien. War ich nicht eingeladen, ging er ebenfalls nicht hin. Kurzum: Ich vertraute Mohamed blind. Warum hätte ich es auch nicht tun sollen?

Leider war die Sache mit der Ehezeremonie nicht so einfach. Aziza, eine marokkanische Freundin, die ich in Köln kennengelernt hatte, erklärte mir, dass ich zuerst eine Buchreligion annehmen müsse. Meine Eltern waren, kein Wunder in der DDR, Atheisten, und einem Muslim ist die Heirat mit einer Ungläubigen nicht erlaubt.

»Du bist eine Ungläubige«, sagte Mohamed traurig. »Damit wir heiraten können, musst du dich für eine der drei Buchreligionen entscheiden. Islam, Christentum, Judentum, welche Religion du wählst, ist deine Sache. Für mich wäre es natürlich am schönsten, wenn du dich für den Islam entscheiden würdest.«

Das war eine Herausforderung. Ich ging in mich und fing an, mich über alle drei Religionen eingehend zu informieren. Einige meiner Kommilitoninnen waren zum Glück mit Theologiestudenten befreundet. Mir wurde bald klar, dass ich mit der christlichen Dreifaltigkeit wenig anfangen konnte und Altes und Neues Testament in mir mehr Fragen aufwarfen als beantworteten. Als hilfreicher erwiesen sich meine neuen Freundinnen, die allesamt Musliminnen waren. Sie brachten mir Bücher, nahmen mich zu Vorträgen in Moscheen und Studentenclubs mit, wo Islamwissenschaftler referierten und neue wissenschaftliche Erkenntnisse mit Aussagen aus dem Koran verglichen, die belegten, dass heutiges Wissen im heiligen Buch der Muslime bereits ausgiebig beschrieben worden war. Das überzeugte mich: Wenn moderne Erkenntnisse bereits im Koran dokumentiert und ausgiebig erläutert waren, dann musste dieses Wissen offenbar von einer höheren Macht kommen. So schilderte ein Referent unter anderem, belegt durch bildliche Darstellungen, die Entwicklung eines Embryos im Mutterleib und erklärte, wie naturgetreu diese bereits im siebten Jahrhundert im Koran beschrieben worden wäre, lange bevor die einzelnen Phasen der Entstehung durch moderne Wissenschaftler erkannt und belegt wurden.

Ich entschloss mich also, zum Islam zu konvertieren. Aziza begleitete mich zu einer Moschee in der Nähe des Kölner Chlodwigplatzes. Es war ein unauffälliges Wohngebäude, dessen untere Etage zu Gebetsräumen umgestaltet worden war. Von außen war gar nicht zu erkennen, dass sich hier eine Moschee befand. Im Flur standen hohe Schuhregale, die ganze Etage war mit weichem Teppichboden ausgelegt, die Wände waren mit Holz getäfelt.

Der Imam war sehr freundlich, als ich ihm mein Anliegen vortrug.

»Den einen Wunsch können wir dir sofort erfüllen«, erklärte er mir. »Du kannst heute hier zum Islam konvertieren. Was den anderen Wunsch betrifft, deine Heirat, musst du dich noch ein wenig gedulden.« Dann forderte er mich auf: »Bitte sprich mir nach, was ich dir sage.«

In kurzen Abschnitten rezitierte er auf Arabisch die *Schahada,* das islamische Glaubensbekenntnis: »Ash-hadu Allah illaha illallah wa ash-shadu ana Mohammadan rasul Allah«, übersetzt: Ich bezeuge, dass es keinen Gott gibt außer Allah und dass Mohamed der Gesandte Allahs ist.

Ich sprach die Worte nach und wunderte mich insgeheim, wie unkompliziert alles war.

»Damit bist du zum Islam konvertiert, und ich gratuliere dir dazu«, meinte der Imam.

»Das war alles?«, fragte ich.

»Ja, mehr braucht es nicht.«

»Gut, und wie sieht es mit der islamischen Eheschließung aus?«, wollte ich wissen.

»Die können wir hier erst durchführen, wenn ihr standesamtlich verheiratet seid.«

Jetzt war ich wirklich enttäuscht. Wieso denn das? Wieso konnten wir nicht einfach erst islamisch heiraten und ein halbes Jahr später standesamtlich?

Aziza beruhigte mich: »Nicht hier, das machen wir woanders. Ich kenne da einen Studenten-Imam, der wird es euch bestimmt ermöglichen.« Noch am selben Tag bekamen Mohamed und ich die Nachricht, dass wir schon am nächsten Tag die islamische Eheschließung vollziehen könnten. Allerdings war ich überhaupt nicht darauf vorbereitet, was mir bei einer Eheschließung nach islamischem Recht alles zustand und was üblich war.

Freundinnen, die ich über unsere WG kennengelernt hatte,

erklärten mir, dass ich Bedingungen stellen könnte. Zum Beispiel wäre es möglich, zur Absicherung bei einer Scheidung eine bestimmte Summe Geldes oder die entsprechende Menge Goldes von seinem zukünftigen Ehemann und dessen Familie zu verlangen. Staunend hörte ich ihnen zu. Mein Verlobter besaß ja nichts, wie ich bereits festgestellt hatte, er lebte ganz allein viele Tausend Kilometer von seiner Heimat entfernt – wie hätte ich da von ihm solche Dinge verlangen sollen?

Ich kannte Mohameds Familie nicht und wusste damals auch nicht, wie deren wirtschaftliche Verhältnisse tatsächlich aussahen. Er hatte mir zwar erzählt, dass sein Vater ein Taxiunternehmer sei (ein sehr dehnbarer Begriff, wie sich zeigen sollte), ein eigenes Gemüsegeschäft habe und ein Haus, aber es war mir nie aufgefallen, dass Mohamed besonders extravagant lebte. Ich ging nicht wirklich davon aus, dass er aus einem übermäßig wohlhabenden Elternhaus kam, das solche Geldforderungen im Rahmen einer Eheschließung erfüllen könnte. Also entschied ich mich, im Ehevertrag nichts dergleichen von meinem zukünftigen Mann zu verlangen.

Allerdings stellte ich dann doch eine Bedingung, die mir wichtiger als alles Geld und Gold der Welt war. Neben einem billigen Gold- und einem eher symbolischen Schmuckring gestand mir mein Ehevertrag zu, dass Mohamed nicht, wie sonst im Islam üblich, bis zu vier Frauen heiraten konnte. Ich hätte es nie ertragen, meinen geliebten Mann mit einer anderen Frau oder gar mehreren zu teilen.

Später sollte ich mein Entgegenkommen noch oft bereuen. Denn so billig, wie Mohamed mich bekommen hatte, so geringschätzig wurde ich in den folgenden Jahren behandelt. Faktisch hatte ich gar keine islamische Brautgabe bekommen, die mich bei einer Scheidung, Trennung oder seinem Ableben in irgendeiner Weise abgesichert hätte. Meine Großzügigkeit empfand er früher oder später als Schwäche. Selbst seine Familie wunderte sich, dass ich kein Vermögen als Brautgabe verlangt hatte. Eine Araberin aus gutem Hause hätte er ohne finanzielle Absicherung für den Fall der Trennung jedenfalls nicht bekommen. Ich war offenbar eine Frau ohne dickes Preisschild.

*

Unsere Eheschließung fand in derselben Moschee statt, in der ich auch das Glaubensbekenntnis abgelegt hatte. Viele junge Männer, vermutlich größtenteils Studenten, und Frauen, außer mir alle mit Kopftüchern, waren bei der Zeremonie und dem anschließenden gemeinsamen Festessen anwesend. Sie hatten alles organisiert und bezahlt, obwohl sie uns gar nicht kannten. Ich war sprachlos und überwältigt angesichts der Herzlichkeit meiner neuen Glaubensbrüder und -schwestern. Auch einen hübsch gebundenen Brautstrauß aus fünfzehn rosafarbenen Rosen hatte man nicht vergessen. Da ich auf die Schnelle kein Hochzeitskleid hatte, begnügte ich mich an diesem Tag mit einem schlichten schwarzen Hosenanzug aus Satin und passenden Schuhen, die ich, wie alle anderen Anwesenden auch, in der Moschee ausgezogen hatte.

Die anwesenden Frauen bestätigten mir, dass das vollkommen in Ordnung sei. Das Haar trug ich wie gewohnt offen, niemand nahm Anstoß daran. Alles in allem verlief diese Eheschließung für mich sehr angenehm. Ich freute mich über die vielen Menschen, die sich mit uns freuten und alles so wundervoll für uns vorbereitet hatten. Über fünfzig Leute hörten zu, wie der islamische Ehevertrag besprochen, niedergeschrieben und dann verlesen wurde, zwei Zeugen unterschrieben ihn. Für den Paragrafen, der einvernehmlich die Mehrehe ausschloss, sollte ich später noch viel erleiden müssen, so als hätte ich meinen Mann gezwungen, mich zu heiraten.

Mein kurzes Glück

Wieder zu Hause, gingen wir gemeinsam zur Verwaltung des Studentenwohnheims, in dem wir beide in verschiedenen WGs wohnten, und beantragten ein gemeinsames Zimmer. Für ein Jahr war dies nun unser erstes Zuhause. Wir beschlossen, zum Standesamt zu gehen, um auch mit meiner Familie die amtliche Eheschließung zu feiern. Eine islamische Eheschließung allein gilt ebenso wenig als legale Ehe wie eine rein kirchliche Trauung.

Es gab einige Papiere zu besorgen, aber das ging relativ schnell, und schon im Frühjahr 1992 heirateten wir. Es war eine kleine Hochzeit im Kreise meiner Familie und unserer engsten Freunde. Wir feierten im Haus meiner Eltern auf Usedom, mein Onkel wurde mein Trauzeuge. Mein Mann hatte seinen damals besten Freund Ahmed, einen in Kuwait aufgewachsenen Syrer, als Trauzeugen bestimmt. Mohamed und mir war das alles gar nicht so wichtig. Das Wichtigste für uns war, nun endlich auch nach deutschem Recht verheiratet zu sein.

Mohamed erhielt auf diesem Weg eine längerfristige, später sogar unbefristete Aufenthaltserlaubnis, im Studentenheim hatten wir nun offiziell Anspruch auf eine größere »eheliche Wohnung«, und später konnte er durch die Heirat mit mir überhaupt erst die deutsche Staatsbürgerschaft bekommen.

Wir waren so unendlich glücklich. Zumindest glaubte ich, dass mein Mann es auch war. Mein einziger Wunsch zur Hochzeit war ein weißes Brautkleid mit weit abstehendem bodenlangen Rock und engem gerafften Oberteil aus weiß schillerndem Satin, wie aus einem Märchen. So hatte ich es mir immer erträumt, dazu ein kleiner, nur angedeuteter Schleier auf dem hochgesteckten Haar.

Zum Einkaufen fuhren wir bis nach Berlin ins KaDeWe, weil ich sonst nirgends ein solches Kleid in Größe vierunddreißig bekommen konnte. Es war unbeschreiblich teuer, aber da mir diese

Heirat so wichtig war, kauften wir es trotzdem. Ich sah traumhaft darin aus, sagten mir alle, vor allem mein Mann, dessen Augen glänzten, als ich vor ihm darin erschien: »Du siehst aus wie eine Prinzessin.« Er selbst trug einen deutlich einfacheren mintgrünen Anzug aus Mikrofaser.

Ein professioneller Fotograf wurde bestellt. Die Bilder von der Trauungszeremonie, den Gästen, den üblichen Hochzeitsüberraschungen, wie dem Baumstamm-Durchsägen, dem Über-die-Schwelle-Tragen der Braut, der Feier und von Mohamed und mir als Brautpaar füllten ein dickes Album.

Wir schwammen damals im Glück, konnten es kaum fassen, dass wir jetzt wirklich verheiratet waren. Wir sprachen über Kinder und unsere Zukunft nach dem Studium. Alles war wunderbar.

Mein Mann war sehr aufmerksam und las mir jeden Wunsch von den Augen ab. Es war eine Zeit der Zärtlichkeit.

Aber dieses Glück währte nicht lange. Mohameds jüngerer Bruder Hassan war unangekündigt aus Syrien zum Studium nach Deutschland gekommen, sollte zunächst die deutsche Sprache lernen und dann sehen, an welcher Universität er Medizin studieren könnte. Mein Mann blieb eine Zeit lang bei Hassan in Köln, den er jahrelang nicht gesehen hatte, um ihm bei den ersten Schritten im fremden Land zu helfen.

Ich weiß bis heute nicht, was in diesen wenigen Wochen passiert ist. Als mein Mann zurückkehrte, war er ein anderer. Plötzlich fand er es unpassend, dass ich die freien Nachmittage mit meinen Freundinnen verbrachte, dass ich allein in einem Café saß oder durch die Stadt bummelte, um einzukaufen. Er sagte mir immer wieder, das schicke sich nicht für eine verheiratete Frau. Um Streit zu vermeiden, fügte ich mich schweren Herzens und blieb erst einmal bei ihm zu Hause. Nur zur Uni ging ich nach wie vor täglich. Ich dachte damals, das würde sich alles bald wieder legen, ich sprach viel mit ihm, erklärte ihm meine Lebensweise, beruhigte ihn. Nach langen Diskussionen durfte ich schließlich wieder allein raus und auch Freundinnen besuchen. Er wollte aber immer wissen, wo ich mit wem war und wie lange. Das kannte ich auch von zu Hause nicht anders, dass man Bescheid sagt, wo man hingeht, insofern war es für mich absolut in Ordnung.

Als ich mit meinem Studium fertig war und Mohamed mit seinem Studienkolleg, räumten wir unser Zimmer im Studentenwohnheim, um für den Anfang zu meinen Eltern zu ziehen. Da tauchte plötzlich – und wie üblich unangemeldet – Hassan auf. Ich war etwas ratlos, denn mein Mann hatte ihm in meinem Beisein am Telefon erklärt, was wir vorhatten, und ihn gebeten, uns in dieser Zeit nicht zu besuchen, bis wir eine eigene Wohnung hätten. Mit ein paar Telefonaten brachte Mohamed seinen Bruder vorläufig bei Freunden unter, anschließend nahmen wir ihn einfach zu meinen Eltern mit. Die staunten nicht schlecht, denn wir hatten sein Kommen nicht angemeldet. Da Hassan als mein Schwager nun quasi zur Familie gehörte, luden meine Eltern ihn ein, im Zimmer meines Bruders zu übernachten, der sowieso gerade nicht daheim war. Hassan blieb zwei oder drei Tage, dann fuhr er zurück nach Köln. Wir wohnten noch eine Weile bei meinen Eltern, genossen die ersten Ferienwochen, schrieben Bewerbungen für meinen Mann. Da wir so schnell nicht mit Antworten rechnen konnten, schlug Mohamed vor, dass wir doch ein paar Wochen in Köln verbringen könnten, ein bisschen jobben, Urlaub machen, und ich war einverstanden.

Die Hinterhofmoschee

In Köln empfing uns Hassan mit der Nachricht, er hätte eine Wohnung für uns besorgt. Die Freude darüber sollte nicht lange währen. Wir fuhren zusammen dorthin. Es war aber gar keine Wohnung, vielmehr handelte es sich um zwei Hinterzimmer in einer türkischen Hinterhofmoschee in Köln-Nippes. Ich hatte so eine Moschee noch nie gesehen. Ein Eisentor, so groß, dass man mit einem LKW hindurchfahren konnte, wenn es geöffnet war, schützte sie vor den Blicken Neugieriger. Das Tor war meistens geschlossen, und die Leute gingen durch eine Seitentür in die Moschee. Links hinter dem Tor befand sich ein kleiner Laden, in dem es Misabahas, die islamischen Rosenkränze, Perlenschnüre, Parfümöle, Häkelmützen und anderen Kleinkram zu kaufen gab. Dahinter lag ein Raum für Frauen, in dem man die rituelle Gebetswaschung durchführen konnte. Muslime beten fünfmal am Tag. Davor werden zuerst die Hände und das Gesicht gewaschen, dann werden Mund, Nase und Ohren ausgespült, mit feuchten Händen wird über den Kopf gestrichen, und anschließend werden die Oberarme und die Füße zwischen den Zehen und bis zu den Knöcheln dreimal gewaschen.

Hinter dem Frauenraum gab es einen riesigen Waschraum und Toiletten für die Männer, und daran schloss sich der noch größere, mit dicken Teppichen ausgelegte Gebetssaal für die Männer an. Vor diesem befanden sich unter einer Art Vordach Holzregale für die Schuhe, denn es ist verboten, eine Moschee mit Schuhen zu betreten.

Die beiden Zimmer, die mein Schwager als Wohnung bezeichnete, waren wohl eine Art Bibliothek, sie hatten jedoch weder ein Badezimmer noch eine Küche, noch einen Kühlschrank. Wer hier zur Toilette musste, ging über den langen Flur des Gebäudes, in dem strenggläubige muslimische Männer, hauptsächlich wohl Studenten, lebten und in dem es für eine Frau allein unmöglich war, sich zu bewegen.

Als wir in unsere Zimmer traten, sagte Mohamed mir, ich solle mich ausruhen und dort auf ihn warten, er würde kurz mit seinem Bruder weggehen.

Der Raum war dunkel, da die Fenster mit einer bunten Folie dick beklebt waren, sodass sie anmuteten wie die Butzenfenster einer Kirche. An den Fenstern hingen außerdem schwere Vorhänge, die halb zugezogen waren. Ich war nach der langen Autofahrt sehr erschöpft und schlief wohl einige Stunden. Als ich aufwachte, war es Abend geworden, aber mein Mann war immer noch nicht aufgetaucht. Draußen im Flur waren laute Männerstimmen zu hören, es wurde in einer Sprache gesprochen, die ich nicht verstand, und der Gedanke an die vielen bärtigen Männer in den langen Gewändern, die dort herumliefen, machte mir Angst und hinderte mich daran, den Raum zu verlassen. So fing ich schließlich an, mich in den großen, hölzernen Bücherregalen umzusehen und einige der teilweise auch deutschen Broschüren über den Islam zu lesen, in denen das Gebet und einige Gebote und Verbote im Islam erklärt wurden.

Spätabends kehrte schließlich mein Mann zurück – aber er kam nicht allein, sondern mit seinem Bruder. Sie unterhielten sich die ganze Zeit auf Arabisch, sodass ich weder etwas verstehen, geschweige denn an der Unterhaltung teilnehmen konnte. Ich fühlte mich ausgeschlossen, war hungrig, unglaublich müde und konnte mich nicht schlafen legen, da meine Sachen immer noch im Auto waren. Schließlich unterbrach ich das Gespräch der beiden.

»Ich brauche meine Sachen aus dem Auto, außerdem habe ich seit zwölf Stunden nichts gegessen, mein Magen knurrt.«

Unwirsch antwortete mein Mann: »Kannst du es denn nicht mal eine Nacht ohne Essen und Schlafanzug aushalten?«

»Ich habe Hunger und brauche meine Sachen. Ich will endlich aus diesen verschwitzten Klamotten raus. Außerdem möchte ich vor dem Schlafen duschen.«

Nach langem Hin und Her gab Mohamed klein bei. »Ich gehe jetzt mit meinem Bruder und hole paar Sachen aus dem Auto. Du bleibst hier und wartest auf uns.«

»Warum soll ich denn hierbleiben? Ich war schon den ganzen Tag allein. Ich will hier raus.«

»Nein, das geht nicht, es sind jetzt zu viele Männer in der Moschee. Du kannst nicht vor denen hin- und herlaufen. Die müssen nicht unbedingt wissen, dass du hier bist.«

»Aber ich will mich duschen, und ich muss auf die Toilette.«

»Das geht nicht, du kannst hier nicht duschen. Wir müssen erst die Männer wegschicken, dann kannst du zur Toilette.« Eskortiert von meinem Mann, durfte ich endlich zur Toilette gehen. Sobald ich wieder in unserem Zimmer war, verschwanden Mohamed und Hassan für drei Stunden. Sie aßen draußen in aller Ruhe im Restaurant; mir brachten sie ein Sandwich und die Koffer aus dem Auto mit.

Als Hassan weit nach Mitternacht endlich gegangen war, platzte es aus mir heraus. Ich war verletzt, wütend und zugleich traurig. Bitterlich weinend schluchzte ich: »Ich habe vor dieser Ehe jahrelang selbstständig gelebt, ich war ein ganzes Jahr lang allein im Ausland. So eine Situation wie diese hier ist für mich einfach unerträglich. Ich kann und will nicht stundenlang warten, wenn ich zur Toilette muss, und ich will nicht allein in diesem Zimmer sitzen. Du bist dauernd weg, und wenn du kommst, sprichst du mit deinem Bruder auf Arabisch. Ich verstehe davon nichts und fühle mich total ausgeschlossen und einsam.«

Mohameds Gesichtsausdruck wurde immer genervter. »Beachte bitte, dass mein Bruder und ich uns jahrelang nicht gesehen haben. Es gibt einfach viel zu erzählen. Das wird mit der Zeit nachlassen, und Hassan wird dann nicht mehr so viel Zeit mit mir verbringen.«

Was die Wohnung anginge, so hätte er sich schon umgehört. Er würde sicherlich bald etwas Besseres finden. Sein Wort in Allahs Ohr.

*

Zwei Wochen vergingen. Morgens brachte mein Mann mich in den Frauenraum im Hof, damit ich mich ungestört waschen konnte. Ab und zu führte er mich tagsüber in die Moschee, wo ich in dem separaten Frauenraum beten sollte. Da ich aber nicht wirklich wusste, wie das ging und was ich dabei zu sagen und zu tun hatte, wartete ich einfach, bis er mich abholte, und ging dann wieder mit ihm in unser Zimmer zurück. Meine Eltern und Freunde ahnten nichts von meiner Einsamkeit, wie auch. Sie alle dachten, ich sei, wie es ursprünglich geplant war, mit meinem Mann im Urlaub und würde erst gegen Ende der Semesterferien zurückkommen.

In der Moschee betete des Öfteren eine junge Türkin, die mich schließlich ansprach. Hamide trug ein buntes Seidenkopftuch und einen hellen, modern geschnittenen Mantel, ihr Lächeln war einnehmend. Sie nahm sich vor, mich das Gebet zu lehren. Erst stand Hamide aufrecht, dann beugte sie sich nach vorn, die Hände auf den Knien, setzte sich nieder, beugte sich aus der Sitzposition nach vorn und berührte mit der Stirn den Boden, setzte sich wieder hin und bewegte ihren rechten Zeigefinger. Zum Schluss drehte Hamide den Kopf seitwärts, erst nach rechts, dann nach links. Ich beobachtete sie, und so lernte ich das islamische Gebet. Nach dem Gebet erzählte mir Hamide, sie würde auch in diesem Hof wohnen und hätte hinter der Moschee eine kleine Wohnung mit Bad und Küche, in die sie mich einlud. Natürlich wollte ich sie besuchen, und so sagte ich meinem Mann, ich würde zu Hamide gehen. Er willigte ein.

Mit Hamide, die von Beruf Journalistin war, unternahm ich einiges. Die Freundschaft mit ihr war mein kleines Tor zurück zur alltäglichen Freiheit. Wir besuchten Ausstellungen, sprachen über Frauen im Islam, und über Hamide kam ich schließlich auch an eine kleine Wohnung mit Balkon. Endlich hatte ich ein Duschbad, eine Kochnische und ein normales Wohnhaus, in dem ich mich ohne Angst vor fremden Männern normal bewegen konnte. Leider wurde ich auch hier das Problem namens Hassan nicht los. Wenn mein Mann nach Hause kam, brachte er ihn mit, und wenn er aus dem Haus ging, ging er mit Hassan. Ich wurde so gut wie nie in ihre Unterhaltung einbezogen. Ich musste für sie kochen und auch Hassans Kleidung waschen und hatte langsam das Gefühl, eine niedere Angestellte zu sein – mit dem Unterschied, dass ich für meine Dienste nicht mit Geld, sondern mit Nichtachtung bedacht wurde. Während Mohamed privatisierte, nahm ich einen Job an, um überhaupt die Miete bezahlen zu können. So lief das.

Dann nahte der Tag, an dem bei mir eigentlich alle Alarmglocken hätten schrillen müssen. Mohamed kam mit einem riesigen schwarz-lila Seidenkopftuch nach Hause und meinte aus heiterem Himmel, ich könnte so unanständig nicht mehr herumlaufen.

»Du musst ein Kopftuch tragen. Du hast ja jetzt genügend Freundinnen, die du über den Islam befragen kannst. Das Kopftuch ist für eine verheiratete Frau Pflicht. Mein Bruder schämt sich schon, dass du ihm immer so unbedeckt begegnest.«

Ich weinte, denn ich war verzweifelt. Mohamed veränderte sich, und ich konnte nicht begreifen, warum das so war. Ich hoffte, das sei alles nur ein böser Albtraum, eine Phase, die vorübergehen würde, wenn er merkte, wie sehr mich das alles verletzte. Ich hatte Angst, unsere Ehe könnte in die Brüche gehen. Wir hatten eine so schöne Zeit gehabt, bis Mohameds Bruder und seine strenggläubigen Freunde aufgetaucht waren. Wenn Mohamed doch nur eine Arbeit oder einen Studienplatz in der Nähe meiner Familie bekommen würde und wir diese Leute wieder los wären, so dachte ich, könnten wir unser altes Leben weiterleben. Ein fataler Trugschluss.

»Was habe ich dir denn getan, was habe ich falsch gemacht, dass du dich so verändert hast? Das bist doch nicht du.«

»Gehorche, fürchtest du nicht Gott und deinen Mann?«

Es half kein Reden, ich musste wohl das Kopftuch tragen, wenn ich nicht riskieren wollte, dass er sich noch mehr von mir entfernte. Hassan meinte lapidar, ich würde bestimmt auch mit dem Kopftuch gute Arbeit finden. Es gäbe genügend marokkanische und arabische Studentinnen, die mir als Beispiel dienen könnten. Mohamed aber drohte schließlich: »Entweder, du trägst das Kopftuch, oder ich lasse dich hier nicht mehr raus – du Skandal!« Ja, genauso sagte er das in seinem Wutdeutsch.

Jedes weitere Wort meinerseits war verloren. Ich willigte ein, zog das Kopftuch aber nur an, wenn Mohamed da war, ansonsten steckte ich es in die Tasche. Wo ich auch nach Arbeit fragte, wurde mir gesagt, Bedingung sei, dass ich das Kopftuch ausziehe. Natürlich – ich war Deutsche. Da erwartete man, dass ich mich wie alle Deutschen kleidete.

Wenn ich in Mohameds Gegenwart mit dem Kopftuch auf die Straße trat, fühlte ich mich unglaublich unwohl. Da ich so unverwechselbar deutsch aussehe und auch noch von Natur aus eine extrem helle Haut habe, wurde ich oft von Vorübergehenden angestarrt. Als ich einmal zur Bank ging, um Geld von meinem Konto abzuheben, während Mohamed draußen wartete, sagte mir die Bankangestellte, ich würde mein Geld nur bekommen, wenn ich mein Kopftuch ausziehen würde. Als ich sie fragte, ob sie das denn auch von allen türkischen Frauen verlange, die ein Konto bei ihrer Bank hätten, antwortete sie:

»Die haben ja in ihrem Pass auch ein Bild mit Kopftuch, ich würde Ihnen raten, entweder das Kopftuch wieder abzunehmen oder in Ihrem Pass ein Foto mit Kopftuch einfügen zu lassen.«

Wütend verließ ich die Bank und zog mein Geld fortan nur mehr am Automaten.

»Die meisten Insassen der Hölle sind Frauen«

Einen gut bezahlten Job fand ich bald, das Kopftuch blieb in der Handtasche. Zu meinem Pech ließ sich Mohamed von seinem Bruder und Freunden aufhetzen, er solle mich besser zur Arbeit begleiten, um mich zu überwachen. So kam schließlich heraus, dass ich das Kopftuch nicht trug. Ein heftiger Streit war die Folge.

»Ich kann hier in Deutschland so nicht herumlaufen. Ich werde als Deutsche mit dem Tuch weder eine Arbeit bekommen noch für voll genommen. Das habe ich in der Jobvermittlung und auch bei den Arbeitgebern deutlich gesagt bekommen. Ich fühle mich mit dem Kopftuch außerdem einfach nicht wohl, und überhaupt: Ich lasse mir von deinem Bruder doch nicht vorschreiben, wie ich herumlaufe. Ich habe dich geheiratet und nicht Hassan.«

»Hör mal, du bist Muslimin, und damit musst du jetzt auch das Kopftuch tragen. So ist das nun mal. Komm damit klar.«

Meine Argumente interessierten ihn gar nicht. Es brodelte in mir.

»Weißt du was, Mohamed? Entweder dein Bruder oder ich. Ich habe dich erst vor wenigen Monaten geheiratet, und wir waren kaum eine Minute allein. Ich möchte keine Ehe zu dritt.«

Das war's. Mohamed schlug auf mich ein. Ohne jede Vorwarnung. Zum ersten Mal. Er schlug mich ins Gesicht, auf die Arme, die ich zum Schutz erhob, schlug mit den Fäusten auf mich ein, bis mein Gesicht und meine Arme grün und blau waren. Die Hiebe prasselten nur so auf meinen Körper nieder. Ich schrie vor Schmerz und gleichermaßen vor Entsetzen. »Hör auf, hör auf!«

Ich hatte meinen Mann so noch nie erlebt. Er war wie nie zuvor explodiert, von null auf hundert in einem Augenblick. Ich taumelte. So abrupt dieser Gewaltschauer auf mich niederging, so abrupt endete er. Dann schloss Mohamed mich ins Bad ein und ging weg. Ich hörte die Wohnungstür zuknallen.

Wie ein Kind, das Schutz sucht, kauerte ich neben der Toilette. Nur allmählich berappelte ich mich, trommelte mit den Fäusten weinend gegen die Tür, schrie um Hilfe, aber niemand hörte mich oder reagierte. Niemand kam.

Nach Stunden hatte ich mich einigermaßen beruhigt und wusch mein blutunterlaufenes Gesicht mit eiskaltem Wasser ab, um die Schwellungen zu kühlen. Als mein Mann am Abend zurückkam und die Badtür aufsperrte, war er allein, aber er würdigte mich keines Blickes, grüßte auch nicht. Nachdem ich ihm eine Weile zugesehen hatte, ging ich zur Tür – ich wollte einfach nur weg. Der Schlüssel steckte im Schloss. Da packte er mich und stieß mich aufs Bett. »Versuch einmal, von hier abzuhauen. Versuch es, und ich bring dich um.«

Mein Gesicht und meine Arme schmerzten, ich hatte solche Angst, dass ich vor Schreck gar nicht mehr reagieren konnte. Ich war wie gelähmt. So ging es ein paar Tage. Ich dachte immer wieder daran, Mohamed zu verlassen. Ja, aber wo sollte ich hin, wie weit würde ich kommen? Was würde er mit mir tun, wenn er mich aufspürte?

Mir war klar: Wenn ich die Tür hinter mir zuschlug, dann wäre auch meine Hoffnung verloren, ihn doch noch den schlechten Einflüssen seines Bruders und seiner Freunde entziehen zu können. Ich wollte mein altes, glückliches Leben an seiner Seite wiederhaben – dafür hätte ich alles gegeben. Aber wie sollte es jemals wieder so werden?

Schließlich kam Hassan und redete auf mich ein.

»Kerstin, du musst Mohamed eine gute und gottesfürchtige Frau sein und auf deinen Mann hören. Dann wird er sich auch ändern und dich wieder hinauslassen.«

»Wie sollte ich deinem Bruder noch vertrauen? Er hat mich geprügelt wie einen Hund, hat mich eingesperrt und erniedrigt. Ich will nach Hause. Unter solchen Umständen will ich nicht hierbleiben. Wir können nicht zu dritt in dieser Ehe leben – entweder du oder ich.«

Da fing Hassan an zu weinen und sagte, er hätte doch sonst niemanden. Er hatte gar nicht begriffen oder wollte es nicht wahrhaben, wie einsam ich durch seine Anwesenheit in dieser Ehe geworden war. Aus Hassans Tränen speiste sich meine neue Hoffnung, dass vielleicht doch alles wieder gut werden könnte.

Der Kompromiss, der folgte, sollte für mich ein Pyrrhussieg werden. Die beiden Männer einigten sich, dass Hassan nur mehr alle zwei bis drei Tage für ein paar Stunden zu uns kommen sollte – aber dafür nahm Hassan nun Mohamed zu Vorlesungen eines Scheichs mit, der ihm den Islam noch näher bringen sollte. Nach diesen Vorlesungen war mein Mann mir gegenüber in seinen Ansichten immer besonders hart. Der Scheich hieß Abu Bakr. Er kam wie mein Mann aus Syrien, erzählte den Leuten eine haarsträubende Geschichte über seine Vergangenheit, verbreitete Angst vor dem Höllenfeuer unter jungen arabischen Studenten und sollte in dieser Ehe noch oft zwischen uns stehen. Dass der Scheich mit seinen ultrakonservativen Ansichten ein waschechter Salafist war, wurde mir erst später klar.

Damals kannten allenfalls Islamwissenschaftler den Begriff Salafismus für die Anhänger der frühislamischen Lehre. Salafisten eifern in ihrer strikten Rückbesinnung den namensgebenden »al-salaf al-salih«, den rechtschaffenen Altvorderen, nach, akzeptieren als wegweisend nur den wortwörtlichen Koran und die Lebensweise des Propheten Mohammed, die Sunna. Religionswissenschaftliche Interpretationen des im siebten Jahrhundert unserer Zeitrechnung von Gott offenbarten Korans lehnen sie ebenso ab wie Reformen des Islam insgesamt. Wer ihren Regeln nicht folgt, wird als Ungläubiger verdammt und für vogelfrei erklärt. Von sich selbst behaupten die Salafisten, sie seien die einzigen Menschen, die nach dem Tod direkt ins Paradies kämen.

Auf die meisten Muslime dürften Salafisten so anachronistisch wirken wie auf uns die täuferisch-protestantische Glaubensgemeinschaft der Amischen in den USA. Wie sich aber frühislamischer Lebensstil nach dem Vorbild von Mekka und Medina in ein Familienleben im 21. Jahrhundert übersetzt, sollte ich noch erfahren.

In jenen Wochen in Köln begann ich mir jedenfalls Gedanken zu machen, ob diese Vorlesungen bei Scheich Abu Bakr die

Ursache für unsere Probleme seien. Ab und zu erzählte mein Mann, was er mit Hassan in der Moschee gehört hatte. Anfangs ging es um die theoretischen Grundlagen des Islam. Das klang so abgehoben und verquast und so fern von den freundlichen Zügen dieser Religion, die mich vor unserer Eheschließung überzeugt hatten.

Später folgte die praktische Nutzanwendung. Mohamed kam mit einer Liste verbotener Lebensmittel nach Hause. Neben Alkohol und Schwein waren beispielsweise Gummibärchen wegen der Schweinegelatine *haram*, also religiös verboten. Fleisch durfte nur von geschächteten Tieren stammen. So weit, so gut. Beim Essen durfte ich nur noch meine rechte Hand benutzen, mein Trinkglas mit der Rechten halten. Ich sollte auf der rechten Seite schlafen und mich ausschließlich mit der linken Hand waschen. Beim Essen durfte ich mich nicht mehr anlehnen und beim Sitzen die Beine nicht übereinanderschlagen, für mich eine jahrelang gewohnte Haltung. Mohamed begann, Regeln zu verkünden, mit welchem Fuß ich zuerst aufstehen und mit welchem ich das Bad betreten und wieder verlassen sollte – mit dem rechten hinein und mit dem linken heraus. Verboten war mir jede Art von Musik, bis dahin hatte ich für mich selbst Gitarre und Blockflöte gespielt. Selbst mit den Fingern auf dem Tisch zu trommeln oder eine Melodie zu summen erklärte Mohamed für *haram*.

Ich empfand vieles als völlig überzogen, folgte den Anweisungen absichtlich nicht und sagte ihm das auch. Hin und wieder handelte ich mir dafür Schläge und Beschimpfungen ein. Irgendwann sprach ich nicht mehr darüber und ignorierte diese unsinnigen Regeln einfach; ich bewahrte mir einen Freiraum.

Angesichts der vielen Regeln und Vorgaben, die Mohamed bei uns einzuführen versuchte, hatte ich immer mehr das Gefühl, er würde bei seinen Vorlesungen einer Gehirnwäsche unterzogen. Sein Verhalten mir gegenüber änderte sich ebenfalls fundamental;

Rolle und Wert der Frau standen häufig im Mittelpunkt der Vorlesungen. Ein Kernsatz wird für immer in meinem Gedächtnis bleiben: »Die meisten aller Insassen der Hölle sind Frauen.«

Auch optisch veränderte sich mein Mann sehr stark. Er rasierte sich nicht mehr, bei seinem spärlichen Bartwuchs sah er einfach nur ungepflegt und schmuddelig aus: hier ein paar Fussel, dort ein paar Fussel, es wurde nie und nimmer ein normaler voller Bart. Auf meine Frage, ob er sich denn nicht langsam mal wieder rasieren wolle, wurde er schrecklich wütend und brüllte: »Dein Empfinden für Schönheit ist völlig entstellt und von westlichen Idealen geprägt. Für mich ist nur schön, was für Allah schön ist, und Allah hat den Männern das Tragen eines Bartes zur Pflicht gemacht.«

»Wo steht denn das geschrieben?«, fragte ich.

»Allah hat dem Mann den Bartwuchs gegeben, und der Prophet, *alaihi as-salaam,* Friede sei mit ihm, hat befohlen, den Bart wachsen zu lassen. Wer Allahs Schöpfung verändert, der ist des Teufels.«

*

Mohamed, der Dreiviertelbärtige, bekam schließlich einen Studienplatz in Aachen und schickte mich voraus, um eine Wohnung zu suchen, da er gerade einmal arbeitete und Geld verdiente. Wie ich mich darüber freute! Endlich, so hoffte ich, würde alles wieder so werden wie früher. Wir würden in Aachen wohnen und sein Bruder Hassan in Köln. Wir würden wieder mehr Zeit miteinander verbringen, alles würde gut werden.

Mohamed schrieb sich an der Universität zum Studium ein und ich mich als Gasthörerin, um mich auf meine letzte Literatur-Prüfung vorzubereiten. Nebenher fand ich eine nette Studentenwohnung in einem ganz neuen Wohnheim für uns, die allerdings meinen gesamten BAföG-Satz verschlang. Wir waren nun daraufangewiesen waren, dass Mohamed neben seinem Studium

arbeitete, um nicht nach und nach all meine Ersparnisse aufzu-
brauchen.

Mein Mann veränderte sich weiterhin, ließ sich den Bart immer struppiger wachsen und das Haar ganz kurz schneiden. Er
sah verwahrlost aus. Außerdem stellte ich schließlich fest, dass
er gar nicht zu seinen Vorlesungen in die Fakultät ging, sondern
stattdessen in die Moschee, wo er bis zu sechs, sieben Stunden
verbrachte. Auch abends ging er regelmäßig weg und kam oft
erst sehr spät zurück. Um Arbeit kümmerte er sich überhaupt
nicht mehr, sodass ich äußerst umsichtig haushalten und mein
Erspartes antasten musste. Das machte mir Angst. Was würde
sein, wenn dieses Geld einmal aufgebraucht war? Ich sprach ihn
darauf an, er schwieg einfach.

Also ersann ich eine neue Taktik. Ich fing an, mit Mohamed
zu dieser Moschee zu gehen. So konnte ich vielleicht erfahren,
was dort vor sich ging und warum sich mein Mann so veränderte.
Ich stellte fest, dass er ähnlich aussehende Männer mit langen
struppigen Bärten traf, die lange weiße Gewänder und Häkelmützen aus Baumwolle trugen. Sie sprachen alle Arabisch. Ich
verstand damals noch kein Wort – erst nach der Geburt unseres
ersten Kindes lernte ich die Sprache –, aber irgendwie machte mir
der Anblick dieser Männer Angst. Ich sprach Mohamed darauf an.

»Was machst du denn den ganzen Tag mit diesen Männern?«

Er brüllte. »Du beleidigst mich. Du kannst nicht einfach so
irgendwelche Leute verdächtigen. Diese Männer sind religiöse
Leute, und ich besuche ihre Vorlesungen, um mehr über den
Islam zu lernen.«

»Und was passiert so lange mit deinem Studium an der Universität?«

»Ich werde es unterbrechen, denn diese Vorlesungen sind
wichtiger.«

»Sind sie denn auch wichtiger als unser Lebensunterhalt? Von
dir kommt kein Geld mehr dafür.«

Als Antwort zog Mohamed blitzschnell den dicken Ledergürtel aus den Schlaufen seiner Hose und benutzte ihn als Peitsche. Ich schrie vor Schmerz und weinte, aber es half mir nichts. Er schlug wie im Wahn auf mich ein. So sehr ich auch versuchte, mich zu schützen, am Ende war ich am ganzen Körper grün und blau, mein Gesicht war blutunterlaufen, die Lippen aufgeplatzt. Wie beim ersten Mal schloss er mich ein und ging weg. Als er zurückkam, konnte ich mich vor Schmerzen kaum bewegen. Ich flehte ihn an, mich zum Arzt zu bringen, aber er weigerte sich. Er drohte mir, er würde mich nicht rauslassen, bis alle Flecken wieder weg wären. Ich schrie um Hilfe, hämmerte gegen die Tür, aber niemand im Studentenwohnheim schien mir helfen zu wollen. Zu überhören war mein Flehen eigentlich nicht.

Von nun an wurde ich für jede Kleinigkeit bestraft. Wenn ich nicht gebetet oder nicht gekocht hatte, oder wenn die Wohnung nicht blitzblank geputzt war. Mohamed schloss mich ein, blieb stundenlang weg, sagte nie, wo er war. Meine Vorlesungen als Gasthörerin konnte ich abschreiben. Ab und zu – Handys gab es damals noch kaum – ließ mich Mohamed vom Münzfernsprecher aus meine Eltern anrufen, damit sie sich keine Sorgen machten und nicht etwa überraschend angereist kamen, um nach mir zu schauen. Er stand dabei immer neben mir, sodass ich nur sagen konnte, was er mir vorschrieb, und er alles mit anhören konnte, was meine Eltern sagten. Es gab nicht einen Moment und nicht einen Menschen, den ich hätte nutzen können, um ungestört zu telefonieren und um Hilfe zu rufen.

Nun auch noch das: Scheich Abu Bakr zog für einige Wochen in unser Zwei-Zimmer-Apartment ein und hörte jede Nacht bis zwei oder drei Uhr morgens laut Aufnahmen von Koran-Rezitationen, sodass ich weder schlafen noch lernen konnte. Glücklicherweise stand bald Weihnachten vor der Tür. Meine Eltern luden uns ein. Das war für mich die Chance, um Mohamed loszuwerden. Ich würde meinen Eltern alles erzählen. Mein Vater würde Mohamed hinauswerfen, und er könnte mich nie wieder schlagen.

Ich hatte so viele Nächte lang in mein Kopfkissen geweint, mein Körper war voller blauer Flecken. Ich konnte einfach nicht mehr. Durch die vielen heftigen Prügelattacken und das Eingesperrt-Werden war ich bereits so eingeschüchtert, dass ich nicht mehr die Kraft hatte, mich allein aus dieser unerträglichen Lage zu befreien. Ich brauchte tatkräftige Unterstützung, um diese Situation zu beenden. Ich brauchte meine Eltern, Freunde und meinen Bruder Jens, um wieder Selbstvertrauen und Mut aufzubauen.

*

Vier Wochen lang gab ich nun die mustergültige islamische Ehefrau, las meinem Mann jeden Wunsch von den Augen ab, bis ich – mit einem Kopftuch und von meinem Mann und Kerkermeister begleitet – die Wohnung wieder verlassen durfte und auch die Weihnachtsferien bei meinen Eltern fix verabredet waren.

Dort angekommen, erwies sich Mohamed als guter Schauspieler, indem er meinen Eltern den braven, aufmerksamen Schwiegersohn vorspielte und mich hinter ihrem Rücken schwer bedrohte, beschimpfte und beleidigte. An einem Abend, als wir schließlich allein in unserem Schlafzimmer waren, startete ich einen letzten Versuch. Ich fragte ihn, ob er denn gar nichts mehr für mich fühle.

Die Antwort war: »Wie soll ich so eine Frau wie dich lieben – eine Frau, die sich meinen Regeln nicht beugt. Ich hasse dich!«

Das war der Auslöser für mich: Ich tat so, als müsste ich ins Bad, ging aber ins Schlafzimmer meiner Eltern, schloss die Tür hinter mir und erzählte ihnen alles. Danach schlief ich in meinem alten Kinderzimmer, die Tür zum Schlafzimmer meiner Eltern blieb die ganze Nacht offen. Am Morgen ging mein Vater mit mir zu meinem Mann, und ich sagte ihm, ich würde mich von ihm trennen und die Scheidung einreichen. Er könne allein zurückfahren, ich würde bei meinen Eltern bleiben. Als ich anfing vor Angst zu zittern, schob mich mein Vater in mein Kinderzimmer zurück und sprach noch eine Weile ruhig mit Mohamed. Dann gingen sie nach unten in die Küche, und schließlich klappte die Haustür.

Anfang 1993 reichte ich die Scheidung ein und brauchte Monate, um mich von meiner Angst und den Folgen der vielen Schläge und Erniedrigungen zu erholen. Lange Zeit nahm ich jedes Mal, wenn ich aus dem Haus ging, die ausgewachsene Schäferhündin unserer Nachbarn mit. Ich fühlte mich einfach nicht mehr sicher. Meine Eltern standen mir in dieser schwierigen Phase liebevoll zur Seite. Mein Vater begleitete mich zu meiner letzten Prüfung, denn ich hätte allein nicht mehr den Mut dazu gehabt. Mein ganzes Selbstvertrauen war dahin. Nur durch die Hilfe und Unterstützung meiner Familie erholte ich mich nach und nach. Schließlich fand ich eine gut bezahlte Stelle als Dolmetscherin und Übersetzerin: Mein Leben fing wieder an, in normalen Bahnen zu verlaufen.

Während all dieser Zeit versuchte Mohamed den Kontakt zu mir wiederzubeleben. Er schickte mir Briefe voller Vorwürfe.

»Warum willst du gleich alles wegwerfen und die Ehe beenden, nachdem was schiefgelaufen ist?«, schrieb er. »Du bist selbst schuld, du hast mich ständig provoziert und nicht auf mich gehört.«

Ich beantwortete seine Briefe, da ich damals fand, er müsse lernen, meine Position zu verstehen, und begreifen, wie sehr ich unter seiner Missachtung und Gewalt gelitten hatte. Ich schrieb ihm aber auch, ich würde nicht zurückkommen.

»Ich habe jetzt eine Arbeit und ein geregeltes Leben, und es ist besser, wenn wir uns scheiden lassen.« Er wollte das nicht akzeptieren, rief bei Nachbarn an und fand schließlich heraus, wo ich arbeitete, um meinem Chef sein Leid zu klagen.

Nach einem halben Jahr – ich hatte mich gerade halbwegs von den Strapazen meiner Ehe erholt, hatte durch meine Arbeit und mein Umfeld ein gesundes Selbstvertrauen zurückgewonnen, die Scheidung war bereits eingereicht – rief Mohamed mich plötzlich bei meinen Eltern an. Er würde am nächsten Tag kommen, er müsse dringend mit mir reden.

»Ich arbeite jetzt auch und verdiene Geld.«

»Lass es sein, es wird nichts bringen, ich will eigentlich gar nicht mit dir sprechen. Außerdem, es sind starke Unwetter angekündigt, fahr besser nicht.«

Am Tag seiner geplanten Anreise war der Sturm so stark geworden, dass dicke Bäume entwurzelt wurden und selbst im Radio davon abgeraten wurde, mit dem Auto zu fahren. Mohamed machte sich trotzdem auf den Weg. Auf halber Strecke erfasste ihn eine Windböe und trug ihn mitsamt dem Auto von der Autobahn. Der Wagen überschlug sich mehrfach und blieb schließlich schrottreif auf einem Feld liegen. Mohamed selbst war nichts weiter passiert, er hatte nur eine leichte Platzwunde am Kopf und ein paar Beulen. Zur Sicherheit wurde er in eines der umliegenden Krankenhäuser eingewiesen und nutzte dies gleich als Druckmittel und seine Mitleidsmasche. Er rief mich bei der Arbeit an, behauptete, er hätte einen schweren Autounfall gehabt und würde mit »kaputtem Kopf und gebrochenem Bein« im Krankenhaus liegen. Ich rief in der Klinik an. Der Arzt meinte, ihm sei eigentlich gar nichts passiert und Mohamed würde am nächsten Tag entlassen werden, ein Freund hole ihn ab.

Wenige Tage später erhielt ich einen Brief voller Vorwürfe über meine Herzlosigkeit. Ich hätte ihn im Stich gelassen, als er in Lebensgefahr geschwebt habe.

Ich hatte keine Lust, auf diesen Schwachsinn zu antworten, und meldete mich nicht. Mohamed rief daraufhin nicht mehr an und schrieb auch nicht mehr. Wochen vergingen. Ich hoffte schon, jetzt würde endlich Ruhe einkehren, als er sich mit den Worten meldete, es gäbe ein Problem. Am Telefon eröffnete mir mein Mann, er hätte Probleme mit seiner Steuerkarte. Da ich als Alleinverdienerin in dieser Ehe die bessere Steuerklasse hatte, würde ihm zu viel abgezogen, und ich müsste dringend nach Aachen kommen, um mit ihm beim Finanzamt seine Steuerklasse zu ändern. »Ich verlange sonst nichts von dir, aber du musst doch wenigstens so gerecht sein, mir bis zur Scheidung dieselbe Steuerklasse zuzubilligen.«

Als Neuling im wiedervereinten Deutschland war ich bar jeder Ahnung, wie das mit den Steuerklassen im Westen lief, wenn man getrennt lebte. Im Übrigen wollte ich ihm das Recht zugestehen, sein eigenes Leben wieder in den Griff zu bekommen, so wie ich es gerade getan hatte. Es sah ganz so aus, als sei er auf dem besten Weg dahin, und dabei wollte ich ihm kein Hindernis sein: Je eher er wieder auf eigenen Beinen stand, umso eher würde ich ihn ein für alle Mal los sein. Er hatte mehrfach angedeutet, er würde sich eine neue Frau suchen, wenn ich kein Interesse mehr an ihm hätte, Angebote gäbe es genug. Für mich war diese Ehe so schiefgelaufen, dass ich sie lieber heute als morgen zum Abschluss bringen wollte. Wenn dem nur noch Formalitäten beim Finanzamt im Wege standen, dann wollte ich gern helfen. Guten Willens fuhr ich nach Aachen. In eine neue, nicht ungeschickte Falle.

Jeder verdient eine zweite Chance

Ich nahm mir einen Tag frei und lieh mir den Zweitwagen meiner Eltern aus. Vorher hatte ich ihnen versprechen müssen, am nächsten Morgen zurück zu sein. Sie mahnten mich zur Vorsicht, fanden die Reise aber richtig, um die Sache endgültig zu beenden. Mohamed und ich hatten vereinbart, uns am Hauptbahnhof in Aachen zu treffen, denn ich wollte nicht, dass er wusste, wie und mit wem ich nach Aachen gekommen war. Es ging ihn nichts an, und die Öffentlichkeit eines belebten Bahnhofs bot mir Schutz. Ich würde mich nicht mit Gewalt irgendwohin verschleppen lassen – nicht mehr. Die Stadtverwaltung war ganz in der Nähe.

Als ich auf dem Bahnsteig stand, brauchte ich nicht lange zu warten. Er kam in seinem Hochzeitsanzug an, ja, seinem mintgrünen Hochzeitsanzug, völlig abgemagert und mit schwarz umränderten Augen. Seinem letzten Brief hatte ich entnommen, dass er in den nächsten Tagen eine Türkin heiraten wollte, da ich nicht zu ihm zurückkehren wollte, und so nahm ich an, er wäre gerade von seiner Verlobten gekommen oder auf dem Weg zu ihr – in demselben Anzug, den er auf unserer Hochzeit getragen hatte. Er wirkte wie drei Nummern zu groß, so sehr hatte Mohamed abgenommen. Ein langer, zotteliger Bart verunstaltete sein Gesicht – ein echtes Bild der Verwahrlosung. So stand er vor mir. In der Hand hielt er einen überdimensionalen Blumenstrauß. Die roten Rosen sollten wohl für mich sein, aber er schaute mich nur mit großen Augen an und sagte gar nichts. Leise fragte ich ihn, wie man denn so pietätlos sein könne – denselben Anzug für zwei Frauen für zwei Hochzeiten zu tragen. Da fiel er vor mir auf die Knie, küsste meine Hände und sagte, es gäbe gar keine andere Frau, er würde nur mich lieben und mich bitten zurückzukommen.

Ich war baff und einfach nur verwirrt. Ich hatte nicht erwartet, dass er sich noch mal so ins Zeug legen würde, um mich zurückzugewinnen. Es imponierte mir schon sehr, wie er die Vorfälle der Vergangenheit zu bereuen schien. Ich wollte ihm aber keine klare Antwort geben, weder Ja noch Nein sagen, nicht nach all dem, was zwischen uns passiert war – nicht nach all der Gewalt, die ich ertragen hatte. Dennoch sagte ich: »Ich brauche Zeit, um herauszufinden, ob ich dir noch eine Chance geben kann.« Wir liefen ein Stück durch die Stadt, und er griff scheu, als sei die Berührung versehentlich, nach meiner Hand. Ich zog sie zurück, zu tief war ich noch verletzt, zu groß war meine Angst, wieder in eine Abhängigkeit zu geraten, die ich niemals mehr wollte. Ich hatte meine Arbeit, hatte beruflich Fuß gefasst und verdiente obendrein gutes Geld, viel mehr als jemals zuvor. Und es tat mir gut, bei meinen Eltern zu wohnen, zumindest fürs Erste. So fuhr ich wieder zurück. Die Sache mit dem Finanzamt konnte an diesem Tag gar nicht geklärt werden, da das Amt für Besucher geschlossen war. Außerdem ließ sich die Sache auch auf dem Briefweg erledigen, wie ich erfuhr.

Durch das Treffen war mir bewusst geworden, dass ich überraschenderweise noch Gefühle für Mohamed hegte, wenn ich mir auch nicht sicher war, um welche Gefühle es sich handelte. Ich glaube, letztlich waren es hauptsächlich Mitleid und die Erinnerung an die guten Zeiten am Anfang unserer Beziehung. Mohamed wusste ganz genau, dass er mich über die Mitleidsschiene kriegen konnte. Er kannte mich leider viel zu gut, ich hatte meine Gefühle und Gedanken nie verborgen, sondern immer alles frei herausgesagt.

Prima eingefädelt, Mohamed.

*

Ich ließ ihn erst einmal schmoren und meldete mich eine Weile nicht. Ich wollte mir über meine Gefühle klar werden, brauchte Raum zum Nachdenken, gleichzeitig wollte ich ihm aber keine Hoffnung machen, weil ich nicht wusste, wie ich mich entscheiden würde. Nach zwei Wochen rief er mich bei der Arbeit an. Er wollte eine Antwort. Ich hatte nachgedacht, wollte nichts überstürzen. Andererseits wollte ich ihm aber auch eine letzte Chance geben, denn schließlich bekommt jeder Verbrecher, sogar ein

Totschläger, nach verbüßter Strafe eine neue Chance – so dachte ich damals. Außerdem hoffte ich, den fürsorglichen und zärtlichen Mann in ihm wiederzufinden. Ich wollte den Traum, den ich kurze Zeit mit ihm erlebt hatte, nicht so schnell aufgeben. Alles andere wollte ich nicht wahrhaben. Die warnenden Stimmen meiner Eltern und Freunde gaben mir zwar zu denken, aber ich hatte damals das Gefühl, Mohameds Reue sei ehrlich, und ich fühlte mich gefestigt genug, um von vornherein Grenzen setzen zu können. Ich wollte allen beweisen, dass es funktionieren kann, wenn jeder den anderen aufrichtig respektiert und nicht versucht, ihn zu verbiegen.

Als Bedingung stellte ich Mohamed, dass ich zunächst weiterarbeiten würde. Das musste er akzeptieren. Als ich mich von ihm getrennt hatte, war von meinem kleinen Finanzpolster, mit dem ich in diese Ehe getreten war, nichts mehr übrig gewesen. Es hatte gerade noch für ein paar Kleinigkeiten gereicht, einen Computer, ein wenig Ausstattung für mein Büro. Meine Arbeit brachte nicht nur gutes Geld ein, sondern machte mir auch viel Freude.

Mit Mohamed ging ich es behutsam an. Ich besuchte ihn ab und zu für eineinhalb Tage, wenn ich am Wochenende Zeit hatte. Im Sommer begann ich dann ein Referendariat als Lehramtsanwärterin an einem Gymnasium. Ich arbeitete nun hauptberuflich als Lehrerin und nebenberuflich als Übersetzerin und Dolmetscherin. Ich hatte wenig Freizeit, aber ich war glücklich. Allmählich füllte sich auch mein Geldbeutel wieder.

Nach einem halben Jahr jedoch musste ich den Lehrerberuf aufgeben. Er kostete mich zu viele Nerven, es machte mich kaputt, mit Kindern zu arbeiten, die überwiegend gar nicht aufs Gymnasium gehörten und die auf einer Realschule viel besser aufgehoben waren. Es machte mir keinen Spaß, vor einer Klasse zickiger Teenager zu stehen, die gar keine Freude an Fremdsprachen hatten, und die Methode meiner Mentorin, die aus sturem Auswendigpauken von Grammatik und Wörtern bestand, konnte ich nicht akzeptieren. Ich hatte eine ganz andere Auffassung vom Fremdsprachenunterricht. Für mich war Sprache Leben, und sie sollte den Schülern Freude bereiten. So konnte und wollte ich nicht weitermachen. Ich schrieb Übersetzungsbüros quer durch Deutschland an und bewarb mich als freie Mitarbeiterin.

Zum Winter kündigte ich meinen Job als Referendarin und zog zurück in den Südwesten Deutschlands. Meinen Eltern hatte ich schonend beigebracht, dass ich meinem Mann noch eine Chance geben wollte. Meine Mutter war zutiefst verzweifelt, weinte die ganze Nacht und flehte mich an zu bleiben – aber ich konnte nicht anders. Mohamed war ja nicht immer so aggressiv gewesen, und er hatte mir vor Zeugen, von denen einer sein Bruder Hassan war, mit der Rechten auf dem Herzen geschworen: »Ich werde dich nie wieder schlagen, dich nie wieder gegen deinen Willen zu etwas zwingen, vor allem nicht zum Tragen eines Kopftuches in Deutschland.«

Ich glaubte ihm, denn insgeheim hoffte ich nach wie vor, unser Leben könnte trotz allem wieder so werden, wie es einmal gewesen war. Hätte ich doch nur damals schon seine Familie gekannt und mehr über seine Herkunft und seine eigene Kindheit gewusst! Ich hätte mich niemals auf dieses »Experiment« eingelassen. Doch ich kannte seine Eltern und übrigen Geschwister nicht. Mohamed hatte vor unserer Trauung Fotos von uns nach Syrien geschickt. Als wir geheiratet hatten, hatte sein Vater am Telefon nur zu ihm gesagt: »Du bist nicht mehr mein Sohn« – weil ich keine Araberin und Muslima von Geburt an war. Danach war der Kontakt für lange Zeit abgerissen. Mein Schwiegervater wollte lange Zeit mit uns nichts zu tun haben. Ich sollte die Familie erst vier Jahre nach unserer Hochzeit kennenlernen, nachdem über Hassan ganz behutsam der Kontakt wiederhergestellt worden war und man sich mit unserer Ehe abgefunden hatte.

Solange ich nicht wieder fest mit Mohamed zusammenwohnte, ging alles gut. Dann war ich bereit für den nächsten Schritt. Wir fanden eine gemeinsame Wohnung in Aachen in einem netten, ruhigen Randgebiet der Stadt, mit schönen grünen Vorgärten und inmitten einer parkähnlich angelegten Gegend. Es dauerte ziemlich lange, bis wir die Wohnung eingerichtet hatten, anfangs arbeitete Mohamed auch fleißig, suchte sich Nebenjobs, schrieb sich wieder an der Universität ein. Alles schien sich zu normalisieren. Wir waren wieder ein Paar, und Mohamed stutzte seinen Bart auf eine Handbreit Länge.

An den Wochenenden und an den Nachmittagen unternahmen wir Spaziergänge, besuchten seine Freunde, fuhren mit dem Auto ins benachbarte Holland oder nach Belgien. Wir waren wieder glücklich, verstanden uns wortlos, und nichts konnte unser Glück stören. Oft brachte er mir kleine Geschenke mit, ging mit mir zum Essen aus oder brachte etwas aus einem der türkischen Restaurants mit nach Hause. Er überhäufte mich förmlich mit Komplimenten und Nettigkeiten. Wenn ich über meinen Büchern saß und für eine Weiterbildung lernte, traf mich oft ein stolzer Blick von ihm, der mir durch und durch ging. Alle zwei Wochen fuhr er übers Wochenende zu islamischen Vorlesungen nach Eindhoven in Holland. Später erwähnte er immer häufiger den Namen des Scheichs, den er besuchte. Erst Jahre später erkannte ich, dass hier die Wurzeln seiner neuerlichen Veränderung lagen: Abu Sohaib alias Ahmed Salam, Schüler des berühmten Islamgelehrten Sheikh Al Albani, war jener Gelehrte, dessen Name mit Foto im November 2004 durch die Medien ging, als er Rita Verdonk, der damaligen niederländischen Integrationsministerin des Landes, den Handschlag verweigerte. Schon damals habe ich mich gefragt, welch ein Problem solche Männer eigentlich mit Frauen haben? Warum geben sie uns partout nicht die Hand? Die Antwort ist wie so oft Auslegungssache und auf jeden Fall erhellend. Es gibt eine – nicht unumstrittene –

Überlieferung eines Gefährten des Propheten Mohammed, die folgendermaßen lautet: »Es ist besser, dass einer von euch mit einem Eisenstachel in den Kopf gestochen wird, als dass er eine Frau berührt, die er nicht berühren darf.« Das bedeutet im Klartext: Einem muslimischen Mann ist es nicht erlaubt, den Körper einer solchen Frau zu berühren, weil dies zur Versuchung und Verdorbenheit führe. Hat ein Handschlag tatsächlich die Qualität einer solchen Intimität? Das in Europa und besonders in Deutschland zur Höflichkeit gehörende Händeschütteln zwischen Personen unterschiedlichen Geschlechts wird von manchen strengen Muslimen dazugezählt. Um keine Sünde zu begehen und die Frau damit nicht zu schänden, reichen diese Muslime aus Respekt nicht die Hand, was von betroffenen Europäerinnen häufig mit Empörung wahrgenommen und als Beleidigung aufgefasst wird, zumal nur die wenigsten männlichen Muslime, wie ich bei meinem eigenen Mann feststellen musste, den Hintergrund erklären können.

War Mohamed wieder einmal in Holland unterwegs, lud ich Freundinnen zu mir ein, unternahm Spaziergänge in die Umgebung, ging einkaufen. Ich war völlig arglos, denn alles schien gut zu laufen. Das Kopftuch trug ich zunächst nur, wenn wir zur Moschee gingen, oder aus Höflichkeit, wenn wir bei seinen Freunden eingeladen waren, deren Frauen alle ein Kopftuch trugen.

Die lieben Verwandten in Syrien

1995 fuhren wir zum ersten Mal nach Syrien, um Mohameds Familie in Aleppo zu besuchen. Meine Erwartungen waren durch die Schilderungen meines Mannes hoch, irgendwie sah ich uns in einem kleinen orientalischen Paradies entspannen. Ich freute mich auf historische Städte und quirlige Basare, wofür Syrien vor dem Bürgerkrieg bekannt war. Doch, ich sage es geradeheraus,

für mich war es ein tiefer Schock zu sehen, in welchen Verhält-
nissen Mohameds Familie dort wirklich lebte. Kaum hatten wir
den Flughafen Aleppo hinter uns gelassen, befanden wir uns
auf einer Reise ins Mittelalter. Der Vater fuhr einen uralten un-
lackierten Mitsubishi Colt, den er als Taxi angemeldet hatte. Das
Gemüsegeschäft hatte er zu einem Niedrigstpreis an seinen Bruder vermietet. Das vermeintliche »Haus«, von dem mein Mann
immer in so blumiger Sprache erzählt hatte, erwies sich als
kleine Eigentumswohnung, vier Zimmer im dritten Stock, von
denen eines ein Durchgangszimmer und ein weiteres nur über
ebendieses Durchgangszimmer oder einen der Balkone zu erreichen war. In diesem Zimmer schliefen wir auf einer Matratze
auf dem Boden, die morgens wieder weggeräumt wurde. Es gab
keinen Platz, an den man als Fremde, die ich nun einmal war,
wenigstens für ein paar Minuten ungestört blieb. Alle saßen ständig aufeinander. Für mich war das eine äußerst gewöhnungs-
bedürftige Situation, denn durch das heiße Klima war ich ständig
müde und hätte mich gerne ab und an für ein Nickerchen zu-
rückgezogen.

Die Toilette war eine Kammer mit einem in den Boden ein-
gelassenen Becken, über dem man hocken musste. Dieser Raum
sowie auch das mit einem Milchglasfenster in der Tür versehene
Bad waren nicht abschließbar. Die Küche war ärmlich eingerichtet, es gab nicht einmal einen funktionierenden Backofen. Ich
kannte so etwas nicht und war darüber schockiert, zumal mein
Mann mich auf diese Umstände in keiner Weise vorbereitet
hatte. Ich war stinksauer auf ihn, aber ich beklagte mich nicht,
sondern versuchte mich den Gegebenheiten anzupassen, so gut
es eben ging. Alle waren ausgesprochen nett zu mir, und ich
wollte diese Leute, die mich so herzlich bei sich aufgenommen
hatten, nicht vor den Kopf stoßen. Durch die freundliche Hilfe
meiner beiden Schwägerinnen Bayan und Layan und meiner
Schwiegermutter Khadija lernte ich in diesem Urlaub schon

ein wenig Arabisch, viel Küchenvokabular wie *khiar* (Gurke), *banadora* (Tomate), *leymon* (Zitrone), *na'na* (Minze) und *kusbara* (Koriander).

In Jeans, Trenchcoat und meinen bestickten Seidenblusen war ich für die Frauen hypermodern gekleidet. Die meisten von ihnen waren seit der Hochzeit voll verschleiert, ganz in Schwarz, auch im Sommer mit Handschuhen, und selbst die Augen waren von einem dünnen schwarzen Tuch bedeckt. An diesen Anblick musste ich mich erst gewöhnen. Bis heute fällt es mir schwer, voll verschleierte Frauen an ihrem Gang, ihren Gebärden und ihrer Stimme zu erkennen. Keinen Augenkontakt herstellen zu können ist ein irritierendes Gefühl, genauso wie bei einem Gegenüber, das eine voll verspiegelte Sonnenbrille trägt.

Letztendlich waren alle sehr freundlich zu mir, wir unternahmen viel zusammen, besuchten sämtliche Verwandten in der Stadt, und so fühlte ich mich trotz der beengten Verhältnisse anfangs irgendwie glücklich.

Allerdings hatte Mohameds Familie eine ganz andere Auffassung nicht nur von Privatsphäre, sondern auch von Eigentum. So musste ich ständig meine Hausschuhe suchen. Es war nämlich üblich, die Hausschuhe vor dem Zimmer stehen zu lassen, aber wenn ich herauskam, waren meine stets verschwunden. Praktisch trug jeder meine Latschen, nur ich selbst nicht. Da es sich um orthopädische Anfertigungen handelte und ich in diesem Sommer arg an geschwollenen, schmerzenden Füßen litt, bat ich Mohamed, mir zu helfen.

»Ich kann nicht barfuß auf den harten Fliesen laufen, ohne höllische Schmerzen zu haben.«

Anstatt aber seiner Familie zu erklären, welche Probleme ich mit den Füßen hatte, beschimpfte er mich.

»Was soll das Theater – kannst du dich nicht beherrschen? Sonst läufst du auch kilometerweit.«

»Bitte versteh doch, Mohamed, ich sage das nicht, weil ich eingebildet oder geizig bin, sondern weil ich wirklich Schmerzen habe und meine ergonomischen Latschen selbst brauche.«

Ich zeigte ihm meine geschwollenen Füße. Je mehr ich jedoch versuchte, ihn zu überzeugen, umso wütender wurde er. Schließlich schlug er die Haustür hinter sich zu und ward für den Rest des Tages nicht mehr gesehen.

Kurz darauf spielte Mohameds jüngster Bruder Anwar in diesen Schuhen auf der Straße Fußball, und als er zurückkehrte, waren sie völlig zerschlissen. Als ich meinem Mann die kaputten Latschen zeigte und ihm deswegen Vorwürfe machte, schrie er mich an: »Was fällt dir eigentlich ein? Meine Eltern lassen dich hier kostenlos wohnen und essen, und du machst ein Theater wegen ein paar Latschen?«

Nicht genug. Als der Vater mitbekam, worum es ging, nahm er seinen kleinen Sohn und prügelte ihn mit einem Schuh grün und blau. So sehr ich auch bettelte, er möge damit aufhören, es würde ja reichen, dem Kind zu erklären, dass es seine eigenen Schuhe anziehen solle – es nützte nichts.

Der Kleine schrie herzzerreißend, ich weinte, und als mein Schwiegervater mit seiner Bestrafung fertig war, fragte er mich auch noch, ob ich jetzt zufrieden sei. Er würde mir neue Latschen kaufen. Es war zwecklos zu erklären, dass es dieses orthopädische Schuhwerk in Syrien gar nicht gab. Er verstand mich nicht, und mein Mann weigerte sich, für mich zu übersetzen.

Für Mohamed war das, was sein Vater getan hatte, ganz normal. Das war die Welt, in der er aufgewachsen war. Jedes übersetzte Wort von mir hätte ihn in dieser aufgeladenen Situation bloßgestellt. Ich schüttelte nur den Kopf und ging weinend aus dem Zimmer. Es hatte keinen Zweck, am Ende war ich nun die Böse. Diese Leute verstanden mich einfach nicht, daran hätte sich auch nichts geändert, wenn ich damals schon Arabisch gesprochen hätte. Sie hätten nicht verstanden, dass ich Gewalt und prügelnde Eltern nicht kannte und dass ich durch das, was ich soeben mit ansehen musste, innerlich völlig aufgewühlt war. Für sie war es normal.

Dieser Vorfall hing wie ein dunkler Schatten über unserem weiteren Aufenthalt. Die Stimmung wurde noch angespannter, als man auf das Thema aller Themen zu sprechen kam. Mohamed und ich wären doch schon so lange verheiratet und hätten immer noch kein Kind. Ob ich denn überhaupt Kinder bekommen könnte? Diese Frage sollte eine Frauenärztin klären, zu der mich meine Schwiegereltern schleppen wollten. Ich lehnte ab, denn ich hatte bereits in Deutschland drei verschiedene Frauenärztinnen aufgesucht, die mir alle unabhängig voneinander bestätigt hatten, dass ich absolut gesund sei. Eine weitere Untersuchung war also nicht nötig. Die Familie meines Mannes ging trotzdem davon aus, dass in meiner vermeintlichen Gebärunfähigkeit die Ursache all unserer Eheprobleme und unserer zwischenzeitlichen Trennung läge.

»Wenn du erst ein Kind hast, wird alles anders«, meinte meine Schwiegermutter immer wieder. Manchmal musste ich innerlich lachen, was sich die Familie alles einfallen ließ, um mir, der Gebärunwilligen, die heute vier Kinder hat, auf die Sprünge zu helfen. Immer wieder sprachen sie Bittgebete für uns und legten mir das winzige Neugeborene einer Kusine in den Arm, um in mir Muttergefühle zu wecken.

Am Ende der Semesterferien kehrten wir nach Deutschland zurück. Als schönster Ort Syriens blieb mir bis heute die Abflughalle des Flughafens von Aleppo in Erinnerung.

Hochwasserhosen für Allah

In Syrien hatte sich mein Mann sieben Anzughosen schneidern lassen, Bundfaltenhosen aus feinstem Stoff. Der Schnitt war eigentlich recht schick, aber als er die Hosen anzog, sahen sie irgendwie aus, als wären sie eingelaufen. Anfangs dachte ich, das sei wieder so eine neue Arabermode, weil auch mehrere seiner Freunde in Deutschland ähnlich herumliefen, aber nachdem auch seine Brüder darüber gewitzelt hatten, fragte ich irgendwann: »Sag mal, die Hosen reichen ja nur bis zum Knöchel! Hast du denn nicht richtig Maß nehmen lassen, als du beim Schneider warst?«

Wütend und mit einem eiskalten Blick, der mir durch und durch ging, sah mich mein Mann an. »Die Hosen dürfen nur bis zum Knöchel reichen, und zwar genau bis dahin und nicht über den Knöchel hinaus!« Er deutete mit dem Finger auf die gedachte Linie, wo der Saum von gottesfürchtig in gotteslästerlich umschlug.

»Aber das passt irgendwie gar nicht zusammen, das sind doch Bundfaltenhosen«, beharrte ich. »Dieser Schnitt muss bis auf die Schuhe reichen, sonst sieht es unmöglich aus.«

Nun wurde er richtig wütend und zischte: »So seid ihr Frauen. Deshalb kommen auch die meisten von euch in die Hölle, weil ihr nie das wollt, was Pflicht ist. Die Hosenlänge ist *Fard;* alles, was länger ist als bis zum Knöchel, verdammt den Träger zum Höllenfeuer.«

Ich war angesichts dieser explosiven Reaktion erschrocken und kannte das Wort *Fard* auch nicht, traute mich aber nicht, weiter zu fragen, weil ich Angst hätte, dann würde er noch wütender werden und womöglich wieder auf mich einschlagen. Ich wollte, das hatte ich mir fest vorgenommen, jeden möglichen Streit entschärfen, bevor es überhaupt so weit kommen konnte. Also fragte ich später bei Zara, einer marokkanischen Bekannten, nach, die mir erklärte: »*Fard* bedeutet Pflicht – es ist eine Pflicht für die

Muslime. Mein Mann rennt neuerdings auch so rum«, meinte Zara noch. »Die schönen Bundfaltenhosen so zu versauen, eine Schande ist das. Alle Hosen musste ich ihm so kürzen, dass es aussieht, als hätte ich sie zu heiß gewaschen. Aber da kannst du reden und reden, es ändert nichts, außer dass sie sauer werden.«

Ich sagte nichts mehr, obwohl ich mich mit diesem merkwürdig anmutenden Kleidungsstil, der offenbar von Mohameds Scheichs propagiert wurde, überhaupt nicht anfreunden konnte. In der Folge kamen weitere seltsame Verhaltensweisen hinzu, die ich bislang bei meinem Mann nicht gekannt hatte.

Mohamed, der vor der Ehe regelmäßig Diskotheken und Studentenclubs besucht hatte und im Studentenwohnheim fast jedes Mädchenzimmer kannte, blickte jetzt verschämt weg, wenn er sich im Gespräch mit einer Frau befand. Er weigerte sich, Frauen mit Handschlag zu begrüßen. »Ich reiche Frauen doch nicht die Hand«, hieß es plötzlich. »Das gehört sich für einen gläubigen Mann nicht.«

War mir dieses Verhalten letztlich egal, so geriet in der Folge jedoch meine eigene Lebensweise immer stärker in den Fokus von Mohamed und den Leuten, die ihn den angeblich wahren Islam lehrten.

Mohamed verbot mir nun, mit meinem Arbeitgeber im selben Arbeitszimmer zu sitzen, selbst dann, wenn dessen Frau ebenfalls anwesend war oder die Tür weit offen stand. Auch in Ämtern durfte ich nach seiner Vorstellung mit keinem männlichen Beamten in einem Raum sitzen. Ebenso durfte ich nun keinem Mann mehr die Hand geben. Das wäre eine große Sünde, stellte er unnachgiebig fest. Mich brachte das im Alltag in unzählige absurde und peinliche Situationen, weil ich mehrfach die ausgestreckte Hand meines Gegenübers ignorieren musste. Auch zu meinem männlichen Kieferorthopäden durfte ich nicht mehr gehen, ich musste mitten in der Behandlung zu einer Ärztin wechseln.

Meine Zugeständnisse sah ich als Kompromiss, als Zeichen meines guten Willens. Ich hatte ja nichts zu verlieren, glaubte ich. Ich merkte nicht, dass ich mit jedem Kompromiss ein Stück meiner Freiheit und meiner Eigenständigkeit verlor. Angst hatte ich dabei keine.

Mohamed hatte inzwischen ganz aufgehört, sich den Bart zu stutzen. Ich versuchte immer wieder, ihn darauf anzusprechen und ihm zu erklären, dass er ungepflegt wirkte, was ihn unglaublich aggressiv machte. Erneut – und nicht zum letzten Mal – hörte ich seinen neuen Leitspruch: »Deshalb kommen auch die meisten Frauen in die Hölle, weil ihr immer alles ablehnt, was eure Pflicht ist.«

Wie soll man solch ein Mantra kontern? Ich entschied mich dafür, mich für Diskussionen zu wappnen, und kaufte nach und nach immer mehr islamische Literatur, Werke der großen Gelehrten und berühmter Sammler der Prophetengeschichten, um zu verstehen, welche Pflichten es wirklich im Islam gibt. Ich fand bei den angesehenen Autoren jedoch so gut wie nie bestätigt, was Mohamed mir erzählte. Nirgends stand, dass ein ungepflegtes Aussehen die Pflicht eines Muslims ist. Im Gegenteil: Immer wieder las ich in den Beschreibungen des Propheten Mohammed, dass dieser sehr gepflegt und gut aussehend war. Ebenso legten die Gefährten des Propheten Mohammed stets großen Wert auf ein makelloses Äußeres. Aber wehe, wenn ich meinem Mohamed damit kam, dann wurde ich jedes Mal beschimpft und wüst beleidigt, bis ich es schließlich aufgab.

Als mich später jedoch einmal Mohameds Vater, der dem Sufismus, einer spirituellen Glaubensrichtung des Islam, angehörte und die Richtung seines Sohnes weder verstand noch akzeptierte, in seiner Gegenwart fragte: »Ist dieser Zottelbart etwa schön? Gefällt es dir an deinem Mann, dass er wie eine Ziege aussieht?«, da schüttelte ich wahrheitsgemäß den Kopf. Welch ein Fehler, denn für diese von Herzen kommende Zustimmung sollte ich später bezahlen. Mohamed fasste mein Verhalten nicht nur als illoyal, sondern wortwörtlich als »Gotteslästerung« auf – und dafür gab es Prügel, sobald wir unter uns waren. Es war der erste erneute Ausbruch. Mohamed betrachtete diesen heftigen Schlag auf meinen Oberarm nicht als Prügel, sondern »nur als eine Warnung«, wie er sagte. So oder so, das eine wollte ich so wenig wie das andere in meiner Ehe haben.

Fernsehen ist haram!

Von einem Auftraggeber, für den ich schon eine Weile übersetzt hatte, bekam ich einen älteren Fernseher geschenkt, weil einige Mitarbeiter darauf aufmerksam geworden waren, dass ich keinen besaß und über Shows und Serien, die alle ansahen, kaum mitreden konnte. Mein Mann holte das Geschenk ab, bedankte sich auch freundlich, aber nachdem er ein weiteres Wochenende in Holland verbracht hatte, giftete er: »Fernsehen ist nicht gut für uns Muslime. Es zeigt Bilder von Menschen und Tieren, die alle Geschöpfe Allahs sind. Das ist verboten, denn Allah wird diejenigen, die diese Bilder gemacht haben, am Jüngsten Tag auffordern, ihnen Leben einzuhauchen. Da sie das nicht können, werden sie dafür in die Hölle geworfen«, erklärte er mir.

»Ja, aber was ist dann mit Spiegeln? Was ist mit Wasser in einem See oder Brunnen, in dem man sein Gesicht sehen kann? Was ist mit Fotos?«, wandte ich ein.

Für sich selbst hatte Mohamed kürzlich einen Videorecorder gekauft. Jeden Abend saß er mehrere Stunden vor unserem Fernseher und sah sich Vorlesungen von Islamgelehrten an. Also fragte ich ihn: »Was ist denn zum Beispiel mit diesen Videoaufnahmen, die man in jeder Moschee kaufen kann?«

»Das verstehst du nicht«, antwortete er genervt. »Das ist eine Sache der Notwendigkeit.«

»Aha?!«

»Nachrichten kann man auch lesen, man muss die Sprecher nicht sehen.«

»Und warum muss man den Scheich sehen, der die Vorlesung hält? Warum seid ihr denn nicht konsequent? Entweder man hält sich ganz an eine Regel oder gar nicht.«

Ende der Diskussion. Für meine »Unverschämtheit« kassierte ich Faustschläge und Tritte. Ich erinnere mich an keine Details, ich weiß nicht, ob es Sekunden oder Minuten dauerte, die er auf mich eindrosch. Anschließend verschwand Mohamed, um seinen Bruder Hassan abzuholen, der zu Besuch gekommen war. Die beiden wollten am Abend die Vorlesung eines Islamgelehrten in Aachen besuchen. Ich weiß noch heute, wie ich am Boden lag und für mich eine Begründung zurechtlegte, warum ich nicht flüchten konnte: Wir wohnen am Rande der Stadt, beschwichtigte ich mich selbst, Busse gehen nur halbstündlich Richtung Bahnhof, und Taxis sind nicht leicht zu bekommen, sonst würde ich jetzt auf Nimmerwiedersehen verschwinden.

Wir wohnten in einem Randgebiet Aachens, in Richterich, einem sehr biederen Viertel. In unserer Straße lebten vorwiegend ältere, wohlhabende Leute, zu denen wir schon wegen des Altersunterschieds keinen Draht hatten. Kontakte zu Freunden unterhielten wir per Brief und zu einigen wenigen auch per Telefon. Wir telefonierten aber meist sehr kurz, weil wir die Rechnungen immer nur gerade so bezahlen konnten. Internet und Skype, Chatmöglichkeiten, all das war damals nicht existent oder noch wenig verbreitet. Vielleicht wäre es sonst einfacher gewesen zu gehen?

Ich hatte nicht die Energie, irgendetwas gegen diesen Prügelangriff zu unternehmen. Ich fühlte mich schon seit einiger Zeit kraftlos und legte ich mich einfach ins Bett. Außerdem schämte ich mich für diese Situation, in der ich mich befand. Ich hatte doch zeigen wollen, allen voran meinen Eltern, dass eine bikulturelle

Ehe funktionierte, wenn man sich vertraute und achtete. Ich sah keine Möglichkeit, dieser Situation zu entkommen, betrachtete das Bett als meinen einzig sicheren Zufluchtsort. Wenn ich schlafen würde, konnte ich nichts falsch machen, und somit würde er mich nicht nochmals angreifen, dachte ich.

Ich liebte Mohamed über alle Maßen und wollte nicht wahrhaben, dass der Psychopath, zu dem er sich immer mehr entwickelte, nie wieder zu dem Menschen mutieren würde, den ich geheiratet hatte. Diese Erkenntnis war so demütigend, dass ich es nicht wagte, mit irgendjemandem darüber zu sprechen und mir dabei die Bestätigung abzuholen, dass ich versagt hatte – beim ersten wie beim zweiten Versuch.

Fotos verschwinden spurlos

Als mein Mann mit Hassan nach Hause kam, wurde ich durch einen fürchterlichen Lärm geweckt. Es hörte sich an, als explodiere etwas, und schließlich hörte ich sehr undefinierbare kratzende Geräusche. Ich hatte keine Kraft aufzustehen, um nachzusehen, und so blieb ich im Bett. Sein Bruder war bei ihm, der würde schon aufpassen, dass nichts passierte. Als kurze Zeit später die Wohnungstür ins Schloss krachte und ich das übliche Schlüsseldrehen hörte, stand ich auf und schleppte mich ins Wohnzimmer. Mohamed hatte meinen Fernseher kurz und klein geschlagen. Der Bildschirm war in tausend Splitter zerborsten, und überall lagen Elektronikteile und Drähte herum, als sei das Gerät explodiert. Ich legte mich wieder ins Bett, ich hatte überall Schmerzen. Relativ bald schlief ich wieder ein und bekam bis zum Morgen nichts mehr um mich herum mit. Als ich aufwachte, lag Mohamed schlafend neben mir. Es war schon hell, aber ich hatte keine Kraft aufzustehen, und so drehte ich mich auf die andere Seite und versuchte wieder einzuschlafen.

»Willst du kein Frühstück für uns machen?«, fragte mich

Mohamed unvermittelt. Er hatte gar nicht geschlafen, sondern nur die Augen geschlossen gehalten, um zu sehen, was ich tat.

»Mach dir dein Frühstück selbst«, sagte ich zu ihm. »Ich habe keine Lust, dich dafür zu belohnen, dass du meinen Fernseher zerstört und mich verprügelt hast. Mir tun alle Knochen weh – lass mich einfach in Ruhe.«

»Okay. Macht nichts«, antwortete er. »Du hast mich provoziert. Du sprichst immer schlecht über den Islam. Ich wollte dich nicht verletzen. Aber du hast mich dazu gebracht.«

»Aha, und was ist mit dem Fernseher?«

»Du weißt ja schon, dass Fernsehen *haram* ist. Hassan und ich haben entschieden, dass wir keine Vorlesungsvideos mehr gucken. Wir können auch Hörkassetten kaufen.«

Er stand auf und begab sich ins Wohnzimmer, um Hassan zu wecken. Nachdem dieser sich gewaschen und angezogen hatte, ging er in die Küche, um Frühstück zu machen. Dann saßen die beiden Männer etwa eine Stunde in der Küche und aßen. Bevor sie weggingen, kam Mohamed ins Schlafzimmer und sagte zu mir: »Wir gehen jetzt zur Moschee. In der Küche ist noch Kaffee für dich, das Essen haben wir für dich auf dem Tisch gelassen« – und weg war er. Ich schleppte mich in die Küche. Der Küchentisch sah schrecklich aus: vollgekrümelt, verschmierte Marmelade, Essensabfälle – mir verging der Appetit. Zudem hinderten mich die Schmerzen daran, diese Sauerei aufzuräumen. Ich ließ einfach alles so, wie es war, und ging wieder ins Schlafzimmer. Nachdem ich mein Gesicht und meine Arme im Spiegel gesehen hatte, traute ich mich auch nicht, die Polizei zu rufen. Ich war fern von Gewalt aufgewachsen. Die Beamten, die Nachbarn, alle würden mich jedoch als asozial einstufen, redete ich mir selbst ein, und mein Mann würde zurückkommen und sich für eine Anzeige bitter an mir rächen.

Ich legte mich ins Bett, in mein Nest, und nahm mir vor, Mohamed einfach eine Weile zu ignorieren und möglichst gar nicht

mit ihm zu sprechen. Ich war vor unserer Heirat zum Islam über-
getreten, aus Überzeugung. Ich hatte nie schlecht über diese Religion gesprochen, sondern lediglich Fragen zu Dingen gestellt,
die Mohamed meiner Ansicht nach völlig verdreht sah, zumal
ich in den Büchern der Gelehrten, die ich gelesen hatte, keinerlei
Bestätigung für dieses Verhalten gefunden hatte. Im Gegenteil.
Frauen dürften sehr wohl die eheliche Wohnung verlassen, um
ihre alltäglichen Besorgungen zu erledigen, Ärzte aufzusuchen,
einzukaufen, zu arbeiten, Nachbarn und Freunde sowie Familien-
angehörige zu besuchen, schrieben die Gelehrten. Auch die Pro-
phetenlänge des Bartes beim Mann sei nicht vorgeschrieben,
sondern nur empfohlen. Ich kassierte jedoch immer wieder Prügel für mein kritisches Denken, dafür, dass ich alles hinterfragte
und Erklärungen verlangte, die Mohamed mir nicht geben konnte
oder wollte.

Doch siehe da, mein Schweigen wirkte. Nach ein paar Tagen
entschuldigte sich Mohamed für sein Verhalten und versuchte
alles Mögliche, um wieder gut Wetter zu machen. Sogar einen
hübschen silbernen Ring mit einem grünen Achat und ein Parfüm kaufte er mir. Es dauerte einige Monate, ehe ich wieder Vertrauen zu ihm fassen konnte. Meine Gefühle für ihn hatten
durch diese Erlebnisse einen deutlichen Riss bekommen, den ich
wohl insgeheim immer noch für kittbar hielt, obwohl sich neue
Merkwürdigkeiten ereigneten.

Nach und nach verschwanden sämtliche Fotos aus meinen Al-
ben, aus meiner Handtasche, aus den Schubfächern. Als ich Mohamed darauf ansprach, leugnete er, etwas damit zu tun zu haben.

»Ich weiß nicht, wovon du sprichst«, beteuerte er. Es war aber
außer uns niemand in der Wohnung, und es verschwanden auf-
fälligerweise zuerst die Fotos, auf denen ich kurzärmelige Kleidung trug, dann alle, auf denen ich allein zu sehen war, dann
nach und nach weitere Bilder. Ich fing an, Fotos zwischen meinen Kleidungsstücken zu verstecken, um sie vor seinem privaten

Bildersturm zu retten. Als meine Eltern zu Besuch kamen, erklärte ich ihnen die Lage und gab ihnen meine geretteten Erinnerungen mit. Um sie nicht allzu sehr zu beunruhigen, tat ich die Sache so ab, als hätte Mohamed gerade einen Spleen. Von den Prügeln erzählte ich nichts. Ich schämte mich zu sehr.

Kapitel III

MEIN MANN, DER SALAFIST

Endlich ein Kind

Anfang 1995 hatte ich über das Arbeitsamt eine Stelle bei einem gemeinnützigen Verein bekommen, der Spenden und Kleidung für Kriegswaisen sammelte, Essen und Schulsachen kaufte und in Kriegsgebieten Schulen sowie Waisenhäuser errichtete. Vier Stunden täglich arbeitete ich im Büro des Vereins und übersetzte Briefe, die Waisenkinder und ihre Paten austauschten, und verfasste Schreiben an Behörden. Die Arbeit machte mir Spaß, und endlich kam genug Geld herein, sodass wir uns mit den Nebenjobs, die Mohamed hin und wieder aufnahm, ein ganz normales Leben leisten konnten. Endlich waren wir finanziell in der Lage, zusätzliche Möbel zu kaufen, eine Kommode fürs Schlafzimmer, einen Schuhschrank, eine neue Küche mit modernem Ceranfeld-Herd.

Unsere Ehe lief einigermaßen gut, als ich schwanger wurde. Wir hatten angefangen, bestimmte Themen, die verlässlich zu Streit führten, zu meiden. Mohamed schlug mich nicht mehr, sondern gab sich große Mühe, auf meine Bedürfnisse einzugehen und nicht auszurasten. Wenn er über etwas wütend war, ging er hinaus und kam später entspannt zurück.

Wir freuten uns beide sehr auf das Kind, und die ersten Monate der Schwangerschaft änderte sich bis auf meine Heißhungerattacken nichts an meinem körperlichen Zustand. Ich arbeitete weiter wie bisher, doch ging es mir im weiteren Verlauf gesundheitlich von Tag zu Tag schlechter. Ich bekam Kreislaufstörungen, Wassereinlagerungen im ganzen Körper, meine Hände, Arme und Füße schwollen an. Oftmals taten mir die Finger weh, die geschwollen, rot und heiß waren. Bei einer Routineuntersuchung im dritten Monat hatte ich einen viel zu hohen Blutdruck, was der Ärztin so sehr Angst machte, dass sie mich persönlich ins Krankenhaus fuhr. Um eine Gestose, eine Schwangerschaftsvergiftung, auszuschließen, sollte ich eine Woche lang zur Überwachung in der Klinik bleiben. Voller Angst um das Kind und mich rief ich Mohamed an. Er sollte mir einen Schlafanzug, meine Waschtasche und Wäsche zum Wechseln ins Krankenhaus bringen. Er kam auch, aber mit leeren Händen, und sagte nur: »Ich nehme dich wieder mit. Wie willst du denn hier schlafen, hier gehen Männer ein und aus.«

»Mohamed, das kommt nicht infrage, das kann ich nicht verantworten«, erwiderte ich. »Es geht nicht nur um mich, sondern vor allem um unser Kind, das durch die hohen Blutdruckwerte in Lebensgefahr schwebt.«

»Sag denen, du gehst auf eigene Verantwortung nach Hause.«

»Mohamed, das Kind ist winzig klein. Ich habe wirklich Angst um sein Leben.«

Schließlich willigte er ein, mich in der Klinik zu lassen.

Am nächsten Tag kam er vorbei und schlug mir einen Spaziergang im Park des Krankenhauses vor. Hassan war inzwischen zu Besuch zu uns gekommen, der Fastenmonat Ramadan hatte begonnen, und die Brüder fasteten und beteten gemeinsam. Mohamed, der früher nie gebetet hatte, achtete jetzt akribisch darauf, die Gebetszeiten einzuhalten.

Wir gingen auf dem Krankenhausgelände spazieren. »Ich habe etwas für dich im Auto vergessen, komm doch mit«, sagte er, als erwarte mich eine freudige Überraschung. »Wir holen es zusammen, das Auto steht direkt vor dem Krankenhauseingang.«

Am Auto angekommen, wurde sein Ton barsch, herrisch.

»Los, steig ein.«

»Ich darf das Gelände des Krankenhauses nicht verlassen, das habe ich unterschrieben. Wenn mir oder dem Kind irgendetwas zustößt, bin ich nicht versichert.«

»Steig ein! Immer hast du Angst, was soll denn schon passieren. Wir fahren nach Hause, trinken Tee und kehren dann zurück, ein kleiner Ausflug.«

Es ging mir nicht gut, aber ich stieg ein, nur um keinen Ärger zu bekommen. Mohamed fuhr nach Hause und trank mit seinem Bruder im Wohnzimmer Tee, während ich allein im Schlafzimmer sitzen musste. Dann schloss er mich in der Wohnung ein und fuhr mit Hassan zum Ramadan-Gebet in die Moschee. Erschöpft schlief ich ein und wachte erst auf, als die beiden zurückkamen. Dann brachte mich Mohamed wortlos zurück in die Klinik. So ging es die ganze Woche lang: Klinikbesuch, Spaziergang, Fahrt nach Hause. Natürlich erwartete Mohamed, dass ich, während er betete, das Geschirr spülte und die Wohnung putzte.

»Ich bin in der Klinik, weil es mir nicht gut geht«, sagte ich ganz ruhig zu Mohamed. »Ich kann solche Arbeiten momentan nicht machen, wenn ich das Kind nicht gefährden will.«

Es blieb ihm nichts anderes übrig, als es zu akzeptieren. Ich schlief jedes Mal gut zwei Stunden, bis er mich schließlich zurückbrachte, und Hassan übernahm den Putzdienst. Instinktiv blieb ich damals ruhig, dachte nur an mein Kind und seine Gesundheit und ließ mich von meinem Mann nicht provozieren. Als sich mein Blutdruck nach einer Woche stabilisiert hatte und es dem Kind nachweislich gut ging, wurde ich aus dem Krankenhaus entlassen. In den folgenden Wochen arbeitete ich zunächst von zu Hause aus.

Die Wehen setzten zwei Wochen nach dem errechneten Termin ein. Mohamed befand sich in der Aachener Bilal-Moschee zum Freitagsgebet. Ich arbeitete gerade zu Hause für den Verein, als unvermittelt die Fruchtblase platzte. Ich war allen Ernstes im Zwiespalt, ob ich ihn anrufen und stören sollte. Da er aber mit dem Auto weggefahren war und mir unter allen Umständen verboten hatte, ein Taxi zu nehmen, weil unser Haus so weit vom nächsten Krankenhaus entfernt war, entschied ich mich schließlich doch dazu. Wir hatten damals kein Handy, und so musste ich im Sekretariat der Moschee anrufen und darum bitten, dass mein Mann per Durchsage ausgerufen würde. Der Mann am Telefon war äußerst unfreundlich, obwohl ich gleich gesagt hatte, dass es ein Notfall sei und mein Mann mich wegen der Wehen ins Krankenhaus bringen müsse.

Ich möge mich gedulden, sagte der Mann, das Freitagsgebet, das wichtigste Gebet der Woche, würde gleich beginnen. Erst als ich ihm drohte, ich würde ihn persönlich dafür verantwortlich machen, wenn meinem Kind irgendetwas zustieß, ließ er meinen Mann ausrufen.

Innerhalb von wenigen Minuten war Mohamed zu Hause und fuhr mich ins Krankenhaus. Unterwegs hatte ich immer wieder starke Wehen. Im katholischen Krankenhaus empfing uns nach mehrfachem Klingeln schließlich eine unfreundliche Nonne, die meinen mittlerweile völlig verstörten und verängstigten Mann, der noch in seiner Gebetskleidung war, in die Schranken wies und meinte, hier hätte sie das Kommando, und islamische Fundamentalisten hätten bei ihr nichts zu suchen. Sie ließ uns ein und füllte in aller Ruhe zuerst einmal das Anmeldeformular aus, anstatt mich zu untersuchen. Als sie meinen Mutterpass öffnete, sah sie meinen ostdeutschen Geburtsort und fing an zu meckern. »Auch noch aus Ostdeutschland!«, polterte sie. Bei ihr herrschten »ordentliche« Verhältnisse, Kommunisten und islamische Fundamentalisten müssten sich in dieser Klinik unterordnen. Ich war viel zu schwach, um unter diesen Umständen mit dieser Dame zu diskutieren, aber den einen Satz gönnte ich mir: »Hören Sie, ich bin zur Geburt hergekommen und nicht, um mit Ihnen über meine Weltanschauung oder die meines Mannes zu diskutieren. Wenn Sie mir nicht helfen, fahre ich zum nächsten Krankenhaus.« Da erst gab sie klein bei. Mohamed atmete erleichtert auf und fuhr zurück zu seinem Freitagsgebet.

Da meine Wehen bereits sehr heftig waren, wurde ich erst einmal in die überdimensionale Badewanne gelegt, um die Schübe zu dämpfen und die Öffnung des Muttermundes zu beschleunigen. Leider ließen die Wehen unter der Wärme des Wassers wieder nach, und es ging kaum noch voran, sodass diese Aktion schnell wieder abgebrochen wurde. Zwei Rückenmarkspritzen und eine freundliche Hebamme, welche die Nonne beim Schichtwechsel ablöste, halfen die Geburt einzuleiten, als ich bereits total erschöpft war und mein Herzschlag immer schwächer wurde.

Von der eigentlichen Geburt bekam ich nicht mehr so viel mit. Mohamed, zurück von der Moschee, blieb die ganze Zeit neben mir. Er gab mir immer wieder einen Eiswürfel zu lutschen und rief Hassan zur Hilfe, als ich Traubenzucker brauchte, um meinen immer stärker abfallenden Kreislauf in Gang zu bekommen. Mein Schwager kam spätabends ins Krankenhaus und blieb die ganze Nacht. Wann immer ich etwas brauchte, rannte er los und kam mit dem Gewünschten zurück. Das beeindruckte mich damals tief.

Es war eine schwere Geburt. Ich verbrachte etwa vierundzwanzig Stunden im Kreißsaal, bis mein winziger Sohn, der nur knapp zweieinhalb Kilogramm wog, endlich zur Welt kam. Ich merkte, wie meine Kraft mich mehr und mehr verließ, nachdem ich all die Stunden nichts hatte essen oder trinken können. Mohamed sorgte schließlich dafür, dass ich bekam, was ich brauchte, und schickte Hassan und einen Freund los, um alles zu besorgen.

Als unser Sohn endlich auf der Welt war, badeten Hassan und Mohamed gemeinsam den Kleinen. Und sie gingen erst nach Hause, als ich meinte, sie müssten sich nun ausschlafen, denn sie könnten doch nichts weiter für mich und das Baby tun. Wegen der Schwere der Geburt und der zeitweiligen Unterversorgung meines Sohnes – er hatte bei der Geburt die Nabelschnur mehrfach um den Hals gewickelt und war ganz blau, als er auf die Welt kam – mussten wir, Mutter und Kind, drei Tage zur Überwachung im Krankenhaus bleiben. Hassan erzählte mir später, dass Mohamed beim Morgengebet in der Moschee vor Erschöpfung zusammengebrochen war, was mich in meiner Ansicht bestätigte, dass doch eher Frauen das starke Geschlecht sind.

Abdullah – einen Namen kriegt das Kind

Unseren Sohn wollte Mohamed unbedingt Abdullah nennen, weil das, so erklärte er mir, einer der beiden Namen sei, die Allah am meisten liebe. Für mich als Europäerin war dieser Name, der übersetzt Sklave Gottes bedeutet, damals schwer gewöhnungsbedürftig.

»Mein Sohn soll nicht wegen seines Namens gehänselt werden«, begann ich das Gespräch mit Mohamed. »Es gibt doch Namen, die für uns hier in Deutschland viel einfacher sind und mit denen auch meine Eltern und mein Bruder klarkommen, zum Beispiel Anas oder Jonas oder Adam.«

»Hör mal, ich habe ja schon den leichteren Namen gewählt«, gab Mohamed ausnahmsweise mit ruhiger Stimme zurück. »Der zweite Name, den ich in Erwägung gezogen habe, ist Abdurrahman. Ein anderer Name kommt für mich nicht infrage – wähle also zwischen Abdullah und Abdurrahman.«

Den zweiten Namen, der »Diener des barmherzigen Gottes« bedeutet, konnte ich damals kaum aussprechen, und so stimmte ich dem für mich kleineren Übel zu – die Hauptsache war ja, dass das Kind gesund war. Alles Weitere würde sich finden, sicher könnte man den Namen später immer noch standesamtlich ändern lassen, beruhigte ich mich.

Am Tag nach der Entlassung aus dem Krankenhaus lud Mohamed ein paar Freunde ein und schlachtete ein kleines Schaf für die islamische Tauffeier. Einen großen Teil des Fleisches verschenkte er in der Moschee an Freunde, einen kleineren Teil sollte ich für seine Freunde kochen. Vier Tage nach Abdullahs Geburt stand ich den halben Tag in der Küche und bereitete das Essen für Mohameds Gäste zu. Am Abend nach dem Festessen, als bis auf einen alle Freunde gegangen waren, bekam ich plötzlich hohes Fieber und Schüttelfrost, es war der Tag des Milcheinschusses. Als ich mein Kind ins Bett legen wollte, wurde mir plötzlich schwarz vor Augen, und ich konnte mich kaum noch auf den Beinen halten. Voller Angst rief ich Mohamed. Ich rief einmal, zweimal, fünfmal, bis er endlich kam.

Er war ziemlich wütend darüber, dass ich so laut gerufen hatte.

»Sag mal, schämst du dich eigentlich überhaupt nicht?«, polterte er los. »Alle haben dich gehört.« Als er jedoch mein bleiches Gesicht und mein starkes Zittern bemerkte, nahm er Abdullah auf den Arm und ging mit ihm ins Wohnzimmer. Mich ließ er einfach so zurück. Kraftlos sank ich auf den Boden, kroch auf allen vieren auf die dicke Matratze, auf der wir immer noch schliefen, da wir als Erstes alles für das Kind gekauft hatten, und wickelte die warme Decke um mich. Zu mehr war ich in diesem Moment einfach nicht imstande.

Eiligst verabschiedete sich der Freund, der eben noch im Wohnzimmer gesessen hatte, und Mohamed kam ins Schlafzimmer, um mir Abdullah zu bringen. Ich lag zitternd im Bett, bat um ein Fieberthermometer und um noch eine Decke.

»Was ist denn los?«, fragte Mohamed. »Mein Freund ist

durch dein Geschrei so erschrocken, dass er geflüchtet ist.«
Stumm zeigte ich auf das Quecksilber, es stand bei über vierzig
Grad. Das kapierte sogar Mohamed. Am nächsten Morgen kam
die Hebamme, die eine Brustentzündung feststellte und sofort
für Abhilfe sorgte. Mohamed verabschiedete sich eilig in die
Moschee.

Zwei Wochen später kamen meine Eltern zu Besuch, um sich
ihren ersten Enkel anzusehen. Sie brachten viele Geschenke mit
und halfen, wo sie nur konnten. Mohamed verbot ihnen, Fotos
von Abdullah zu machen: »Fotos sind Abbilder von Geschöpfen
Allahs, und diese sind im Islam verboten.«
    Meine Eltern nahmen das mit Verwunderung auf, reagierten
jedoch sehr gefasst. Sie wussten ja, dass ihr Schwiegersohn aus
einer anderen Kultur stammte und in einiger Hinsicht andere
Ansichten vertrat als sie. Auf den Namen Abdullah hatte ich
sie schon am Telefon vorbereitet. Die nächsten Wochen konzentrierte ich mich ganz auf mein Kind, und Mohamed gab sich als
stolzer Vater.

Beschneidung beim Pfuscher

Etwa zwei Monate nach der Geburt, als es meinem kleinen Abdullah immer besser ging und er ein wenig zugenommen hatte,
teilte mir Mohamed aus heiterem Himmel mit, er hätte unseren
Sohn bei einem Arzt zur Beschneidung angemeldet. Obgleich
ich von diesem Ritual gehört hatte, das Juden wie Muslime auf
den Stammvater und Propheten Abraham und seinen darin sym-
bolisierten Bund mit Gott zurückführen, war ich überhaupt nicht
darauf vorbereitet. Es traf mich wie ein Schlag.
    »Bitte, muss das denn sein?«, fragte ich. »Er ist doch noch so
klein und gerade mal aus dem Gröbsten heraus, das tut doch bestimmt unglaublich weh.«

»Stell dich nicht so an«, bekam ich zur Antwort. »Das machen alle so, und ich habe ja nicht irgendeinen Arzt ausgesucht, sondern einen Chirurgen, zu dem die meisten Leute, die ich kenne, mit ihren Söhnen gehen. Der weiß schon, was er tut. Der hat Erfahrung darin.«

Ohne weiter von meinen Einwänden Notiz zu nehmen, packte er Abdullah am nächsten Tag, und wir fuhren ins nahe gelegene Düren, um die Voruntersuchung und Besprechung der Beschneidung in Angriff zu nehmen. Ich nutzte diesen Termin und stellte dem Arzt alle meine Fragen, bis mein Mann mich schließlich mit einem strafenden Seitenblick bedachte und durch die Zähne zischte: »Schluss jetzt!«

Der Arzt, ein Syrer, erklärte uns, dass der Eingriff für die Kinder völlig schmerzfrei sei, da er unter Narkose erfolge. In der Regel hätten die Kinder danach ein bis zwei Tage leichte Schmerzen beim Wasserlassen.

Leider verlief die Beschneidung nicht wie erhofft.

Als Abdullah auf dem OP-Tisch lag, hörten wir plötzlich lautes Wimmern, mein Baby weinte vor Schmerz. Ich stellte mich vor die Tür des OP-Saals und ließ mich durch nichts und niemanden von dort vertreiben.

»Sie dürfen hier nicht rein«, sagte eine Arzthelferin.

»Aber das ist doch mein Sohn, der da weint. Er schreit vor Schmerzen, hören Sie das denn nicht?«

»Das ist nicht Ihr Sohn, der schläft bereits tief und fest«, log die junge Frau. Ich war mir sicher, ich kannte die Stimme meines Kindes, ein zweites Baby hatte ich auch nicht gesehen. Nach über zwei Stunden wurde mein schlafender Sohn aus dem OP-Saal gefahren. So lange konnte keine normale Vorhautbeschneidung dauern.

Als Abdullah schließlich aus der Narkose erwachte, schrie der arme kleine Kerl herzzerreißend und wollte sich überhaupt nicht mehr beruhigen. Da wir noch mehrere Stunden zur Überwachung mit ihm dort bleiben sollten, fragte ich schließlich nach einem Raum, in dem ich ihn ungestört stillen konnte. Ich werde nie vergessen, wie sich mein Kind mit weit aufgerissenen Augen regelrecht an mir festkrallte. Abdullah hatte offenbar starke Schmerzen und Angst. Irgendwann trank er und weinte sich schließlich in den Schlaf, aber selbst dann hielt er meinen Zeigefinger ganz fest umklammert.

*

Während der ganzen Rückfahrt weinte und schrie Abdullah, bis er zu Hause schließlich so erschöpft war, dass er auf meinem Arm einschlief. Als ich am späten Nachmittag die Windel wechseln wollte, war alles voller Blut. Das Blut war bereits getrocknet und verklebt, und der Verbandsmull klebte an der Haut. Das winzige Geschlechtsteil war zu einem blutigen, eitrigen Klumpen angeschwollen – ich konnte den Anblick kaum ertragen. Erschrocken rief ich meinen Mann.

»Schau dir bitte mal an, was dieser Schlachter mit meinem Kind gemacht hat! Das ist total entzündet, und so viel Blut ist bei einer einfachen Vorhautbeschneidung bestimmt nicht normal. Das muss überprüft werden.«

Mohamed war genauso beunruhigt wie ich und rief sofort die Praxis an, wo wir erst für den nächsten Vormittag einen Kontrolltermin bekommen konnten. Bis dahin versuchte ich Abdullah mit Schmerzzäpfchen und Stillen zu beruhigen, was mir aber nur bedingt gelang. Immer, wenn ich seine Pampers wechselte, weinte ich mit meinem kleinen Sohn. Es zerriss mir das Herz, mein Baby so leiden zu sehen. In der Arztpraxis stellte sich schnell heraus, dass sich die Wunde entzündet hatte. Beim behutsamen Reinigen und Wickeln am Morgen hatte ich festgestellt, dass die Vorhaut nicht nur beschnitten, sondern auch wieder angenäht worden war. Davon zeugte ein dicker Knoten nahe der Eichel.

Rings um diesen Knoten verlief der Entzündungsherd. Der Arzt tat nichts anderes, als den Knoten zu entfernen und eine Wundsalbe aufzutragen. Dann gab er uns ein Rezept mit, außerdem weitere Schmerzzäpfchen und die Anweisung, so oft wie möglich die Windel und die Mulleinlagen zu wechseln, als ob ich das nicht schon von selbst getan hätte.

Auf meine Frage, warum die Vorhaut ohne Absprache mit uns angenäht worden sei, erwiderte der Arzt völlig unberührt, das wäre eine kosmetische Entscheidung seinerseits, und es würde hinterher viel »schöner« aussehen.

»So ein Quacksalber«, flüsterte ich vorwurfsvoll meinem Mann zu. »Davon hat er vor dem Eingriff mit keiner Silbe gesprochen, und ich hätte es auch nie erlaubt. Wie kann man einem Baby wissentlich solche Qualen bereiten!«

»Schluss jetzt!«, gab Mohamed zurück, wie immer, wenn ich mich in der Öffentlichkeit über etwas aufregte. »Nachher können wir reden.«

Leider stimmte Mohamed meinem Vorschlag nicht zu, den Arzt anzuzeigen. Nachdem er mehrere Bekannte in seiner Moschee gefragt hatte, hatte er erfahren, dass dieser Eingriff bei etlichen anderen Familien ähnlich verlaufen war. Mohamed glaubte, das sei normal, und ein Junge müsste so etwas ertragen. Es vergingen Wochen, bis die Wunde endlich verheilt war, es blieb noch lange ein grünlich gelber Fleck zurück.

Ich betete inständig, keinen Sohn mehr zu bekommen.

Eine Zweitfrau soll her!

Abdullah tat unserer Ehe tatsächlich gut, sei es nun, dass Mohamed für mich durch die Belastungen als Mutter ein wenig in den Hintergrund rückte, sei es, dass er sich zusammenriss. Mein Mann liebte seinen Sohn und widmete ihm viel Zeit. Ich weiß nicht, ob das mit einem Mädchen als erstgeborenem Kind genauso gewesen wäre, jedenfalls begann ich Hoffnung zu schöpfen, dass nun doch noch alles wieder gut werden würde. Hatte am Ende meine Schwiegermutter recht gehabt, als sie mir in Syrien gesagt hatte, dass so ein Kind eine Ehe bereichern und Probleme lösen könne?

Mohamed nahm den Kleinen mit, wenn er zum Gebet in die Moschee ging, zum Einkaufen, zu Besuchen bei Freunden und war überhaupt sehr stolz auf seinen Sohn. Nachts, wenn Abdullah aus unergründlichem Anlass immer wieder fürchterlich zu schreien anfing und ich vom vielen Schaukeln und Im-Arm-Wiegen taumelig wurde, zog er sich an, wickelte sein Kind ein und fuhr mit ihm ein Stück auf der Autobahn – komischerweise beruhigte sich das Kind, sobald der Motor gestartet wurde, und schlief nach kurzer Fahrt fest ein. Dieses Ritual wiederholte sich fast jede Nacht. Wir waren beide ziemlich kaputt, aber alles lief doch ruhig und friedlich ab.

Doch dann wiederholte sich ein bekanntes Spielchen. Plötzlich verschwanden wieder Fotos, sogar alte Studentenausweise und mein Mofa-Führerschein. Als ich Mohamed darauf ansprach, gab er erneut vor, nichts davon zu wissen. Ich schaute ihm nur in die Augen; er konnte meinem Blick nicht lange standhalten.

Im Sommer 1996 wechselte Mohamed für zwei Monate nach Stuttgart. Er hatte einen gut bezahlten Studentenjob ergattert. Anfangs war er allein dort, dann holte er uns nach. Wir mieteten ein kleines Blockhaus im Studentendorf in Vaihingen, genossen die Natur und die Stille ringsum. Es war ein idyllischer Sommer, und Abdullah lernte in dieser Zeit das Laufen, mit knapp einem halben Jahr. Da er nicht krabbeln wollte, zog er sich hoch und hielt sich fest, während er sich seitlich vorwärtsbewegte. Überhaupt war mein Sohn sehr begabt, er plapperte mit einem guten halben Jahr bereits überdurchschnittlich viel und verstand noch wesentlich mehr – und zwar sowohl auf Arabisch als auch auf Deutsch.

Wenn er das Gefühl hatte, ich hörte ihm nicht mit ungeteilter Aufmerksamkeit zu, nahm Abdullah mein Gesicht in seine kleinen Händchen und drehte es zu sich hin. »Mama, hattu das verstanden?« So ein schlaues Kerlchen. Leute, die ihn im Kinderwagen sahen, trauten oft ihren Ohren nicht, wenn dieser kleine Junge so deutlich sprach.

Wir gingen viel im angrenzenden Naturschutzgebiet spazieren, beobachteten Vögel und genossen auch noch den herrlich sonnigen Spätsommer. Es war eine sehr unbeschwerte Zeit, bis wir schließlich zu Beginn des neuen Semesters nach Aachen zurückkehrten.

Im darauffolgenden Fastenmonat Ramadan frühstückten Mohamed und ich jeden Tag zusammen vor Tagesanbruch, fasteten tagsüber und brachen, wenn es mit Sonnenuntergang Zeit dafür wurde, unser Fasten. Dann fuhr Mohamed in die Moschee zum Ramadan-Gebet, und ich blieb bei dem Kleinen. Mit Freunden hatte Mohamed inzwischen eine neue Moschee in Aachen gegründet, in der Glauben nicht mit Politik gleichgesetzt werden sollte, wie er mir ziemlich schwammig erklärte. Er investierte viel Energie in diese Aufgabe und bald immer weniger Zeit in seine Familie.

*

Zum Eid el-Fitr, dem Fest am Ende des Ramadan, kauften wir zusammen, wie es Tradition ist, neue Kleidung ein, für mich ein hübsches bodenlanges Kleid im Lagenlook, passende Schuhe und einen Mantel, für ihn neue Hosen, eine Jacke und Schuhe. Als wir zum Festgebet gehen wollten, hatte ich natürlich diese Sachen angezogen, so wie alle Frauen in der Moschee zum Fest immer ihre beste Kleidung trugen. Als mich Mohamed darin sah, beschimpfte er mich und herrschte mich an, dieses Kleid sei skandalös und eine Katastrophe. Ich dürfe auf keinen Fall in so einem gottlosen Aufzug zur Moschee gehen.

»Warum hast du dann mit mir zusammen dieses Kleid ausgesucht? Was sonst soll ich anziehen, wo doch alle in neuen Sachen kommen und ich ansonsten nichts habe, was ich nicht schon mindestens zehnmal gewaschen habe?«

Wie ich auch bat und bettelte, es half nichts. Ich musste eine alte Hose und eine lange Bluse tragen und bekam die strikte Weisung, ich dürfte meinen Mantel in der Moschee nicht ausziehen.

»Wehe, wenn ich herausbekomme, dass du ihn ausgezogen hast«, drohte er. In der überheizten und überfüllten Moschee stand ich in meinem dicken Schurwollmantel und war nach zehn Minuten klatschnass geschwitzt. Als das Gebet zu Ende war, blieben wir noch eine kleine Weile, ich im überfüllten Frauenraum, er mit seinem Sohn im wesentlich größeren Männerraum. Dann brachte er Abdullah und mich nach Hause und wandte sich erneut zum Gehen. Er selbst war zu einer reinen Männerrunde eingeladen. Als Abdullah eingeschlafen war, buk ich Mohameds Lieblingskuchen und Plätzchen und dekorierte die Wohnung. Schließlich kam Mohamed, doch anstatt mit mir zu feiern, brüllte er los.

»Ich habe jetzt die Schnauze voll! Ich nehme mir eine zweite Frau.«

Ich war fassungslos, er war nicht zu stoppen.

»Ich habe schon eine Frau gefunden, kapier endlich, dass muslimische Männer vier Frauen heiraten dürfen.«

»Wir haben einen Ehevertrag, Mohamed.«

»Du kannst mich nicht aufhalten. Der Ehevertrag ist in diesem Punkt nicht rechtskräftig.«

Für mich brach eine Welt zusammen. Wie konnte er das auch nur in Erwägung ziehen, wo ich doch immer alles getan hatte, was er von mir verlangt hatte? Wo ich ihn unterstützte, wie ich nur konnte. Was war geschehen, dass er mich nicht mehr liebte? Wie konnte er diese einzige Bedingung, die ich jemals für diese Ehe gestellt hatte, so mit Füßen treten?

Ich weinte und weinte und konnte mich nicht mehr beruhigen. Er wurde immer wütender, rannte aus dem Haus. Ich überlegte hin und her, was ich wohl tun könnte, um diese Ungeheuerlichkeit zu verhindern, zumal die Mehrehe in Deutschland strafbar ist.

In meiner Not fiel mir keine andere Lösung ein, als unseren Ehevertrag an die Moschee zu faxen, sodass ihn jeder seiner Glaubensbrüder lesen konnte. Wer würde schon einem Mann seine Tochter zur Frau geben, wenn dieser einen solchen Ehevertrag akzeptiert hatte und die vorhandene Ehefrau die Zweitehe konsequent ablehnte?

Tags darauf rief ich eine Freundin an, deren Mann in der Verwaltung der Moschee arbeitete. Sie erzählte mir im Vertrauen, dass alle in der Moschee bereits das Fax kannten, dass mein Mann mit aller Kraft versuchte, eine Zweitfrau zu finden, und in den Vorlesungen immer wieder gefragt hatte, ob es nicht möglich sei, den mit mir geschlossenen Ehevertrag zu umgehen. Ich war zutiefst geschockt. Für mich war das ein so großer Vertrauensbruch, dass ich mich fragte, ob diese Ehe überhaupt noch irgendeinen Sinn hatte.

Als Mohamed an diesem Abend nach Hause kam, war er kreidebleich, er begrüßte mich nicht und sah mich nicht mal an. Das einzige Wort, das er mir entgegenschleuderte, war *Fediha*, das arabische Wort für Skandal. Wie ich später herausfand, hatten sämtliche Vorstandsmitglieder der Moschee den Ehevertrag gelesen und Mohamed zu verstehen gegeben, dass er kein Recht hätte, eine Zweitehe einzugehen. Das und die Tatsache, dass ich in meiner Not zu einem solchen Mittel gegriffen hatte, um meine

Rechte durchzusetzen, machten ihm schwer zu schaffen. In den arabischen Familien ist es üblich, dass man sich an seine Familie wendet und die Mitglieder dann gemeinsam nach einer Lösung suchen, bei der die Frauen meistens den Kürzeren ziehen. Dass ich per Fax die Öffentlichkeit suchte, war für Mohamed eine Erniedrigung.

*

Es dauerte mehrere Wochen, bis er überhaupt wieder mit mir sprach, wenngleich er nicht wieder zu Hause aß. Irgendwann wurde mir das zu viel, und ich kochte nur noch für Abdullah und mich. Eines Tages kam Mohamed nach Hause, schaute in die Töpfe, als sei nichts geschehen.

»Wann gibt es denn was zu essen?«

»Warum sollte ich denn für dich kochen? Du hast schon seit Wochen nicht mehr zu Hause gegessen, geschweige denn überhaupt mit mir geredet. Wir haben schon gegessen.« Ich redete mich in Rage. »Ich koche nicht für einen Ehebrecher. Geh du mal schön zu deiner zukünftigen Zweitfrau, und nimm auch gleich deine schmutzige Wäsche mit. Ich werde dich nicht mehr bedienen, wenn du es nicht für nötig erachtest, dein Eheversprechen einzuhalten.«

Er schwieg. Für mich war sein Traum von der Zweitfrau der Gipfel, das Überschreiten der letzten Schmerzgrenze.

»Mohamed, ich sehe keinen Sinn mehr darin, diese Ehe fortzusetzen, geschweige denn dafür zu kämpfen«, sagte ich schließlich.

Allmählich fand Mohamed beschwichtigende Worte. »Ich habe ja die Ehe nicht gebrochen, sondern nur darüber nachgedacht, eine Zweitfrau zu heiraten. Ich würde dies aber nie ohne deine Zustimmung tun.«

»Die wirst du niemals bekommen. Diese Bedingung habe ich nicht umsonst als einzige in unserem Ehevertrag gestellt. Ich würde daran zerbrechen, wenn ich meinem Mann als Ehefrau nicht genügen würde.«

Wir einigten uns schließlich, dass das Thema Zweitfrau vom Tisch sei.

Den Kampf hatte ich gewonnen, erst einmal.

Kurz nach dieser Auseinandersetzung meinte Mohamed, es würden so viele Missverständnisse zwischen uns bestehen, weil ich seine Sprache nicht kannte. Es würde vieles leichter werden, wenn ich Arabisch spräche. Ich hatte ja bereits drei Fremdsprachen studiert, es würde mir bestimmt nicht schwerfallen, noch eine vierte dazuzulernen. In der Moschee hatte er gesehen, dass eine Arabischlehrerin Privatkurse anbot, und so fragte er mich, ob ich mich nicht dort anmelden wolle. Ich war von der Idee begeistert. Da ich in Syrien festgestellt hatte, dass ich dringend Arabisch lernen musste, um mich überhaupt mit meinen neuen Verwandten verständigen zu können, schrieb ich mich für den Kurs ein. Außer mir hatten sich erstaunlicherweise etliche andere deutsche Frauen angemeldet. Ich lernte schnell, und so konnte ich schon bald einigermaßen fließend sprechen, noch wesentlich besser verstehen und vor allem auch ein wenig lesen und schreiben. Ich frage mich bis heute, ob Mohamed mir diesen Kurs nur deshalb schmackhaft machte, weil er damals schon Arabien-Pläne im Kopf hatte, von denen ich nichts ahnte und erst erfuhr, als es schon zu spät war.

Das zweite Kind

Mitte 1997 war ich wieder schwanger. Ich spürte gleich, dass es diesmal ein Mädchen werden würde, so vieles fühlte sich anders an in dieser Schwangerschaft. Als ich mir ganz sicher war, erzählte ich Mohamed davon. Er freute sich aufrichtig und schenkte mir einen Silberring mit einem hübschen Stein. In seiner Freude rief er all seine Verwandten an, um die Neuigkeit zu verbreiten.

Diese Schwangerschaft verlief komplikationslos, ich fühlte mich großartig, hatte diesmal überhaupt keine Gewichtsprobleme und keine Wassereinlagerungen. Ich arbeitete wieder von zu Hause aus, und Mohamed, der neuerdings für eine Bäckerei Brot ausfuhr, war immer bis zum frühen Nachmittag weg. Kam er heim, gingen wir spazieren oder zusammen einkaufen, und samstags fuhren wir alle gemeinsam nach Brüssel zum Großmarkt, wo Mohamed für einen Kunden Ware abholte. Für uns war das wie ein Familienausflug, wir packten einen Picknickkorb und genossen die Fahrt zu dritt.

Bis kurz vor der Geburt meiner Tochter arbeitete ich weiter für den gemeinnützigen Verein, dann beschloss ich auf Grund der zunehmenden Rückenschmerzen, Mutterschaftsgeld bei der Krankenkasse zu beantragen und mich intensiv auf die Geburt vorzubereiten. Etwa zwei Wochen vor dem Geburtstermin, als es mir gar nicht mehr gut ging, eröffnete mir Mohamed, dass er für zwei Wochen zu einem Islam-Seminar nach Holland fahren würde. Ich hatte Sorge, dass er dort noch tiefer in den Salafistensumpf hineingezogen würde, hatte Angst vor einer Frühgeburt und versuchte ihn davon abzubringen, aber es nützte nichts. Er kaufte für mich an Lebensmitteln ein, was er für nötig befand, füllte den Kühlschrank, stieg ins Auto und fuhr los. Mich ließ er mit Abdullah und dem dicken Bauch allein.

Kaum war er weg, bekam ich starke Brechanfälle, ein Magen-Darm-Virus. Ich hatte kaum noch die Kraft, mich um meinen kleinen Sohn zu kümmern, der mich ängstlich ansah und immer wieder fragte: »Mama, was hast du? Hast du Aua?«

»Ja, mein Kind, ich hab Aua«, sagte ich müde und strich ihm beruhigend über den Kopf. Da ich meinen Mann telefonisch nicht erreichen konnte, rief ich eine Bekannte an, die eine gleichaltrige Tochter hatte, und bat sie, Abdullah für eine Nacht zu sich zu nehmen. Sie kam mit ihrem Mann und holte ihn ab, sodass ich erst einmal entlastet war. Die ganze Nacht setzten sich die Brechanfälle fort, und jedem einzelnen folgte eine Wehe. Ich dachte, ich würde mein Kind noch in dieser Nacht bekommen, aber am nächsten Morgen hatten die Wehen aufgehört.

Abdullah hatte die ganze Nacht kein Auge zugetan und immer wieder nach seiner Mama verlangt. Mohamed meldete sich erst Tage später telefonisch und fiel aus allen Wolken, dass ich mein Kind über Nacht weggegeben hatte. Es interessierte ihn gar nicht, wie schlecht es mir gegangen war, er war einfach nur schrecklich wütend, dass ich meinen Sohn, ohne ihn zu fragen, zu meiner Bekannten gegeben hatte. Ich war so schwach, dass ich weder Zeit noch Lust hatte, mit ihm zu diskutieren. Meiner Bitte, doch früher zurückzukehren, kam Mohamed natürlich nicht nach.

»Ich kann jetzt nicht einfach dieses Seminar abbrechen, dazu ist es viel zu wichtig.«

Traurig und zutiefst enttäuscht fragte ich: »Ist dir dieses Seminar wichtiger als deine Kinder und deine Frau? Ich hätte Abdullah nicht weggeben müssen, wenn es mir gut gegangen wäre und wenn du dich als sein Vater um ihn gekümmert hättest.« Am Nachmittag rief Mohamed an, er würde am nächsten Tag zurückkommen. Er hätte mit »seinem« Scheich gesprochen, und der hätte gemeint, wir würden ihn jetzt brauchen. Ich atmete auf.

Bis zur Geburt unserer Tochter hatte ich nun einen mustergültigen Ehemann. Er arbeitete als Aushilfe im Geschäft eines Freundes, kam pünktlich nach Hause und kümmerte sich um seinen kleinen Sohn. Am Wochenende, ein paar Tage vor dem ausgerechneten Geburtstermin meiner Tochter, kamen mein Schwager Hassan und seine Frau Iman aus Köln zu Besuch und halfen beim Aufbauen des zweiten Kinderbettchens, beim Vorbereiten der Wohnung und bei der Versorgung meines Sohnes. Wir hatten gerade eine neue Sitzecke für unser Wohnzimmer gekauft,

so konnte das Bettsofa ins Schlafzimmer wandern und die überdimensionale Matratze entsorgt werden, auf der wir bis dato
geschlafen hatten, damit mehr Platz für die beiden Kinderbett-
chen war. Hassan fuhr am Sonntag zurück nach Köln, Iman blieb
bei uns, um bei der Geburt dabei zu sein, aber auch, um mich
notfalls ins Krankenhaus zu bringen, falls Mohamed nicht zu
Hause wäre.

*

Wie immer, wenn ich meinen Mann brauchte, war er in der Moschee, natürlich auch, als die ersten regelmäßigen Wehen ein-
setzten. Wir riefen ein Frauentaxi und fuhren ins Krankenhaus.
Die Wehen waren jetzt bereits so heftig, dass ich Probleme hatte
zu laufen, weil alle paar Schritte eine heftige Senkwehe kam.
Aber es war noch nicht so weit, und so schickte uns die Ärztin in
den Garten des Krankenhauses spazieren. Vorher riefen wir meinen Mann an und teilten ihm mit, wo wir waren. Eine Stunde
später kam er und holte uns vom Krankenhaus weg. Er brachte
uns zu Zara, einer Bekannten, die in der Nähe des Krankenhauses wohnte, und meinte, dort könnten wir erst einmal frühstü-
cken. Aber ich konnte nichts essen. Es kam eine Wehe nach der
anderen, sodass ich Mohamed, der noch in der Stadt unterwegs
war, wieder anrief und sagte, ich würde wieder hinüber ins Krankenhaus gehen. Das wollte er aber nicht, ich sollte auf ihn warten,
er würde sofort kommen und mich bringen. Aber er kam und
kam nicht, und so machten Iman und ich uns allein auf den Weg,
denn ich wollte mein Kind nun wirklich nicht auf der Straße ge-
bären oder bei Zara zu Hause.

Kaum in der Klinik angekommen, ging es los. Binnen einer
halben Stunde war meine Tochter zur Welt gekommen, am
26. Februar 1998. Kurz nach der Geburt tauchte mein Mann mit
Abdullah im Krankenhaus auf. Der Kleine wollte unbedingt sofort sein Schwesterchen sehen. Er freute sich so sehr über sie

und hätte sie am liebsten gleich mit nach Hause genommen: »Da issa Ma-yam. Jetzt kann der ja mit mir spielen.«

Am nächsten Morgen durfte ich nach Hause. Mohamed hatte zusammen mit seinem Bruder die Wohnung aufgeräumt und kam mit Abdullah, um Maryam und mich vom Krankenhaus abzuholen.

Eine richtige Familie

Diesmal wurde die islamische Tauffeier anders organisiert, da Mohamed bereits wusste, wie es mir wenige Tage nach der Geburt gehen würde. Er brachte das geschlachtete Schaf in die Moschee, wo es von einem seiner marokkanischen Freunde zubereitet wurde. Ich kam wie ein Ehrengast zum fertigen Geburtstagsmahl. Das war doch mal eine schöne Feier! Wir bekamen viele Geschenke von den eingeladenen Familien, vor allem niedliche Babykleidung, die speziell für Mädchen mit vielen Rüschen und Blümchen und vor allem rosa und weiß war, aber auch Goldschmuck, darunter ein dicker Taufring für meine Tochter. Alle bewunderten die Kleine und überbrachten gute Wünsche. Das war sehr rührend, und ich genoss diese Feier wirklich sehr.

Den Namen hatte diesmal ich ausgesucht, da mein Mann schon beim ersten Kind allein entschieden hatte, und zum Glück war er mit meiner Wahl zufrieden. Es war ein für Araber und Deutsche gleichermaßen aussprechbarer und klangvoller Name: Maryam.

Ich drängte Mohamed, schnellstmöglich alle Papiere für das Kind fertig zu machen. Ich hatte eine merkwürdige Vorahnung, die sich als richtig erweisen sollte. Kaum hatten wir die Papiere für unsere Tochter fertig, rief Mohamed seine Eltern in Syrien an, um sie über die Geburt seiner Tochter zu informieren. Postwendend kam die erste negative Reaktion auf den gewählten Namen: »Warum Maryam? So heißen in Syrien die Christentöchter.

Ändert diesen Namen, nennt sie Rulla oder Aisha oder Khadija oder ...« Es folgten noch viele Namen, die für mich als Europäerin einfach unmöglich klangen, insbesondere für ein Kind, das in Deutschland aufwuchs. Nachdem Mohamed den Hörer aufgelegt hatte, fragte ich: »Und jetzt? Was hast du deinem Vater geantwortet? Was wirst du jetzt tun?«

»Ich habe meinem Vater gesagt, die Papiere seien schon ausgestellt, und eine Namensänderung im Nachhinein wäre sehr teuer. Ich werde den Namen unserer Tochter nur dann ändern, wenn er die Kosten übernimmt.« Damit war das Thema erledigt, zum Glück. Dieses Mal war mein Mann auf meiner Seite.

*

Nun waren wir eine richtige Familie, und mein Mann fing endlich an, Verantwortung zu übernehmen und mehr zu arbeiten. Er sah ein, dass ich als Mutter mit zwei Kindern nicht mehr allein unseren Lebensunterhalt bestreiten konnte. Ich hatte den Eindruck, dass diese Herausforderung Mohameds Selbstbewusstsein und Verantwortungsgefühl stärkte. Er ging regelmäßig zum Arbeitsamt und suchte nach Aushilfstätigkeiten. Ab und zu half er einem Freund, der ein Lebensmittelgeschäft betrieb, Waren zu holen. Ich nutzte die Zeit, wenn meine Kinder schliefen, und suchte im Internet nach Arbeit als freiberufliche Übersetzerin. Innerhalb von vier Wochen schrieb ich mehr als sechshundert Bewerbungen und verschickte sie an Agenturen auf der ganzen Welt. Ich wollte endlich selbstständig sein, von zu Hause aus arbeiten und vor allem mehr verdienen, da mit zwei Kindern unsere Ausgaben gestiegen waren.

Nach nur zwei Monaten hatte ich Erfolg. Mohamed bekam vom Arbeitsamt ein Angebot für eine Umschulung zum Programmierer/Netzwerkadministrator mit einem Abschluss als Microsoft Certified Engineer. Da er ein Studienabbrecher war, übernahm das Arbeitsamt die Kosten für die sechsmonatige Ausbildung, aber keinerlei Unterhaltskosten für die Zeit der Ausbildung. Ich sagte ihm, ich könnte das finanziell stemmen, das sei eine sinnvolle Investition in unsere Zukunft. Danach hätte er mit Sicherheit sehr viel mehr Chancen auf eine qualifizierte Arbeit.

Anfangs war Mohamed sehr fleißig dabei, wiederholte abends, was er am Tag gelernt hatte, testete es zu Hause an unserem eigenen PC-System und ging regelmäßig zum Unterricht. Nach einem Monat aber ließ sein Elan deutlich nach, er meldete sich krank, holte sich vom Arzt Krankschreibungen. Mehrfach kamen Beschwerden vonseiten der Kursleitung. Das Ende vom Lied: Zur Microsoft-Prüfung ging Mohamed ohne wirkliche Vorbereitung – und fiel erwartungsgemäß durch. Nun wollte ihm die Kursleitung ein Zeugnis ausstellen, damit er wenigstens einen Abschluss vorweisen könne. Da aber in einem Fach eine schlechte Note darauf gestanden hätte, lehnte Mohamed dies ab und ließ sich stattdessen nur eine Teilnahmebestätigung ausstellen. Die sechsmonatige Ausbildung war damit vergebens. Mit diesem Zertifikat konnte er auch nach einem Jahr keine Anstellung als Netzwerkadministrator oder Programmierer bekommen.

»Frauen die Hand geben? Niemals!«

Sein Versagen kompensierte er auf seine Weise. Er trug jetzt auch außerhalb der Moschee, zum Einkaufen und bei Spaziergängen, das Gebetshemd und die Häkelmütze. Ich machte mir Sorgen, denn viele Leute in Aachen waren zu dieser Zeit schon nicht mehr so gut auf die vielen Ausländer in der Stadt zu sprechen, insbesondere nicht auf Araber und Türken mit deutlich zur Schau gestelltem islamischem Glauben. Ich begann, mir um unsere Zukunft und die Entwicklung meines Mannes ernste Sorgen zu machen. Statt intensiv nach Arbeit zu suchen, arbeitete Mohamed an der Planung und Eröffnung einer Moschee in Aachen, deren Leitung er mit übernehmen sollte. Wovon sollten wir dann seiner Meinung nach leben?

Für uns als Familie blieben diese Monate aber in guter Erinnerung, da unsere beiden kleinen Kinder eine unbeschwerte, frohe Zeit hatten und viel draußen an der frischen Luft tollten. Des Öfteren besuchten uns Bekannte, die ebenfalls Kinder hatten, oder wir fuhren zu ihnen oder meinem Schwager Hassan nach Köln, der mittlerweile auch einen Sohn hatte. Mohamed liebte seine beiden Kinder über alles und verbrachte viel Zeit mit ihnen.

Nachdem er keine Arbeit hatte finden können, hatte sich Mohamed erneut an der Hochschule als Student eingeschrieben, diesmal im Fach Mathematik, um vor allem in den Bereich Informatik einzusteigen. Anfangs ging er regelmäßig zu den Vorlesungen, und nach kurzer Zeit bekam er eine Stelle als wissenschaftlich-technischer Assistent. Er arbeitete zusammen mit anderen Mathematik- und Informatikstudenten an der Entwicklung eines umfangreichen Computerprogramms, das an der Universität eingesetzt werden sollte. Zunächst war er davon sehr begeistert und ging wie alle anderen täglich für mehrere Stunden in die Universität. Er trug Hose und Pulli, darüber eine unauffällige Jacke. So glaubte ich wieder einmal, es würde jetzt endlich alles gut werden, und er könne mich etwas entlasten.

Nach einigen Wochen aber bemerkte ich, dass Mohamed viel zu Hause war.

»Musst du nicht arbeiten?«

»Ich gehe später, ich kann auch am Wochenende oder abends arbeiten – das ist egal. Ich habe ja einen Schlüssel.«

Aber stattdessen begab er sich in die neue Moschee, ein wichtiger ausländischer Scheich hielt eine Reihe islamischer Vorlesungen, an denen er unbedingt teilnehmen wollte. Eines Tages kam er nach Hause und sagte: »Mein Chef hat mich abgemahnt –

ich habe zu wenig Arbeitsstunden geschafft. Ich muss eine Lösung finden und wieder regelmäßig arbeiten.«

Nun ging er plötzlich nur noch abends arbeiten, wenn außer ihm niemand mehr dort war, oft bis dreiundzwanzig Uhr – oder ganz früh am Morgen. Ich begann mir ernsthaft Sorgen zu machen.

»Warum gehst du nicht so wie früher zu normalen Zeiten zur Arbeit? Irgendwann werden die Wachleute denken, du planst etwas Gefährliches. Du mit deinem Bart machst dich doch sofort verdächtig.«

Nachdenklich sah er mich an. »Ja, das könnte passieren, aber ich habe nichts zu verbergen. Es ist auch nicht meine Schuld, dass da ein Mädchen arbeitet, das halb nackt zur Arbeit kommt. Ich kann das nicht mehr ertragen – die sitzt so provokant vor mir, in kurzen Hosen und bauchfreiem T-Shirt, und spricht mich ständig an.«

»Die will sicher gar nichts von dir«, meinte ich und verkniff mir zu sagen, dass ich mir nicht vorstellen konnte, wie er mit seinem struppigen Bart und seiner hageren Erscheinung auf irgendeine Europäerin anziehend wirken könnte.

»Das Mädchen denkt sich wahrscheinlich gar nichts dabei und will nur freundlich zu ihren Kollegen sein.«

»Nein, das geht einfach nicht. Ich kann nicht neben so einer Frau arbeiten. Das ist *haram*, aus religiösen Gründen verboten.«

»Mohamed, wir leben hier nun mal in Deutschland. Da muss man sich schon ein bisschen anpassen.«

»Ja, und Frauen wie der die Hand geben«, erwiderte er wütend. »Das können die vergessen, lieber schmeiß ich die Arbeit hin.«

Vorwurfsvoll redete ich auf ihn ein. »Das ist mal wieder typisch. Übernimm doch endlich mal dauerhaft Verantwortung. Du hast eine islamische Pflicht deinen Kindern und deiner Frau gegenüber. Die solltest du erfüllen. Es kann doch nicht sein, dass ich dir den Haushalt führe, die Kinder erziehe und auch noch das

Geld verdiene. Worin liegt denn dann der Sinn der Ehe – wenn ich eh alles allein machen muss?«

»Nerv mich nicht, sonst werfe ich gleich alles hin. Deine scheiß-deutsche Mentalität geht mir auf die Nerven. Die haben bei dir immer recht, nie bist du auf meiner Seite. Das hab ich davon, dass ich eine Deutsche geheiratet habe.« Mit diesen Worten knallte er die Tür ins Schloss, und bis zum Abend sollte ich Mohamed nicht mehr sehen.

Als ich einer Freundin von diesem Streit erzählte, sagte sie nur, ihr Mann, der im Vorstand derselben Moschee saß, befolge auch diese Regel und hätte deswegen schon mehrmals Probleme im Job bekommen.

Als ich versuchte, Mohamed in einer ruhigen Minute die Konsequenzen seines Tuns zu erklären, rastete er vollkommen aus.

»Halt deinen Mund, du unverschämte Frau. Ich bekomme die Belohnung von Allah *ta'aala*, Gott dem Erhabenen, das ist mir wichtiger als Geld.«

»Nur leider werden wir davon nicht satt«, antwortete ich bemüht ruhig, obwohl ich innerlich kochte.

»Oho! Hast du etwa Hunger? Wir können auch zum Sozialamt gehen, wenn du nicht genug verdienst. Hier in Deutschland muss keiner verhungern.«

»Wie typisch für dich. Aber du bist für deine Kinder verantwortlich und nicht die Deutschen. Du musst für sie sorgen.«

»Schweig endlich«, zischte er. »Viele Leute sind arm, die leben alle von Sozialhilfe. Und ich wäre auch lieber arm, wenn ich dafür ins Paradies komme.« In diesem Moment hob er seine Hand zum Schlag. »Pass auf, halt lieber deinen Mund, bevor ich dich schlage. Hab Angst vor Allah! Die meisten Bewohner der Hölle sind Frauen.«

Der Rest ist schnell erzählt: Mohamed schmiss den Job hin, um Gott noch mehr zu gefallen.

Eine Pilgerfahrt, die macht traurig

Als Maryam eineinhalb Jahre alt war, fing mein Mann an, über eine gemeinsame Pilgerfahrt nach Mekka zu sprechen. Der Hadsch, wie sie im Arabischen heißt, ist einer der fünf Pfeiler des Islam, allerdings eine Pflicht nur unter der Voraussetzung, dass man sich die Reise leisten kann und sich dafür nicht verschulden muss. Den Hadsch, meinte Mohamed, sollten wir so schnell wie möglich unternehmen, ehe noch mehr Kinder kämen. Ab jetzt würden wir monatlich einen gewissen Betrag dafür zurücklegen.

»Das ist aber kein Urlaub«, sagte Mohamed streng zu mir. »Du musst bestimmte Abläufe lernen und wissen, was du an welchem Ort zu tun und zu sagen hast. Ich muss auch lernen, wie man die Kaaba umrundet und den Teufel steinigt. Dann können wir zusammen den Hadsch machen.«

Mohamed brachte mir Bücher über die Pilgerfahrt nach Mekka, und es gab einen Film, den wir uns gemeinsam ansahen. Nach einem Jahr hatte ich etwa die Hälfte der Summe zusammen, als ich plötzlich das Gefühl hatte, Mohamed organisiere etwas hinter meinem Rücken. Ich fing an, ihn aufmerksamer zu beobachten, und hörte Teile eines Telefongesprächs mit seinem Vater mit an; inzwischen verstand ich einiges auf Arabisch.

»Ja, also dann treffen wir uns dort. Ich habe schon mein Ticket gebucht«, sagte Mohamed in den Hörer.

Ticket? Was für ein Ticket? Was sollte das denn? Wo wollte er seinen Vater treffen? Mit vielen Fragezeichen im Kopf stellte ich Mohamed zur Rede.

»Sag mal, was hast du vorhin mit deinem Vater besprochen? Wo wollt ihr euch treffen?«

»Ach, nichts weiter. Das hast du falsch verstanden.«

Wenige Tage später hörte ich erneut ein Telefongespräch mit an, das er offensichtlich mit einem Reisebüro führte: »Ja, ich habe schon ein Visum bei Ihrem Büro beantragt, Bruder. Wann bekomme ich eine Antwort, ob es geklappt hat? Also, dann komme ich nächsten Montag vorbei. Danke, Bruder.«

Nach diesem Gesprächsfetzen war ich ganz sicher – er plante eine Reise mit dem Geld, das wir zusammen gespart hatten. Wieder fragte ich ihn: »Habe ich das eben richtig verstanden, du hast ein Visum beantragt? Was denn für ein Visum?«

Ich hatte ihn in die Ecke gedrängt, und schließlich rückte er mit der Wahrheit heraus.

»Ja, weißt du«, begann er, »ich habe mit meinen Eltern telefoniert, und die wollen dieses Jahr zum Hadsch nach Mekka fahren. Deshalb habe ich für mich auch ein Visum beantragt und ein Ticket gebucht, damit wir uns dort treffen können. Das ist aber alles noch gar nicht sicher, weil ich bisher keine Antwort von der saudischen Botschaft habe.« Die letzten Worte stammelte Mohamed, da er sah, wie schockiert ich war.

»Was? Du willst mit dem Geld, das wir für unsere gemeinsame Reise gespart haben, allein nach Mekka? Wir wollten doch nächstes Jahr zusammen fahren«, legte ich los. »Wie kannst du einfach über unsere Ersparnisse verfügen, ohne das mit mir abzusprechen?«

»Ja, tut mir leid, ich habe meine Eltern schon so lange nicht mehr gesehen, da hab ich gleich zugesagt, als mein Vater vorschlug, wir könnten uns dort treffen.«

»Und was ist mit mir? Mich lässt du jetzt einfach hier zurück, ja? Warum hast du mir nicht die Wahrheit gesagt, als ich es schon gemerkt hatte?« Er hatte mich betrogen, und das nahm ich ihm zutiefst übel.

»Ich hab nicht weiter darüber nachgedacht«, gestand er widerwillig.

Mir liefen die Tränen über die Wangen. »Dann fahr doch, wohin du willst, aber ich werde dir nicht verzeihen, dass du mich so hintergangen hast. Das ist ein schwerer Vertrauensbruch. Am besten, du kommst gar nicht mehr zurück.«

Wenige Tage später reiste Mohamed ab, nachdem er auch noch das letzte Geld von unserem Konto geräumt hatte. »Du bekommst ja nächste Woche wieder Geld, und ich habe euch genug eingekauft, das wird bis dahin reichen«, verabschiedete er sich und war auf und davon nach Mekka.

Das Essen reichte nicht, die erhoffte Zahlung meines Kunden verspätete sich. So saß ich mit zwei Kindern ohne Geld vor einem leeren Kühlschrank, während mein Mann in Saudi-Arabien jeden Tag im Restaurant speiste, wie er mir stolz am Telefon erzählte. Wie konnte er wegfahren, all unsere Ersparnisse mitnehmen und uns hier mittellos zurücklassen?! Zähneknirschend rief ich meinen Schwager Hassan und seine Frau Iman in Köln an und bat um 50 Euro, um die nächste Woche mit den Kindern zu überstehen. Sie besuchten uns am nächsten Tag mit Lebensmitteln und einem Paket Pampers und gaben mir 100 Euro. So kamen wir bis zum nächsten Zahlungseingang über die Runden.

*

Als Mohamed nach zehn Tagen von seiner Pilgerfahrt zurückkehrte, bat er mich um Entschuldigung. »Es tut mir leid, mein Liebling, dass ich euch darüber vergessen habe. Ich hatte mich einfach so sehr darauf gefreut, meine Eltern wiederzusehen, dass ich gar nicht über die Folgen nachgedacht habe, die sich für euch daraus ergeben würden. Wenn ich gewusst hätte, dass ihr hier ohne Geld sitzen würdet, hätte ich nie so viel mitgenommen. Das Schlimmste ist, dass alles umsonst war. Meine Eltern wurden an der Grenze abgewiesen und mussten wieder umkehren.«

So gehässig das auch klingen mag, diese Nachricht verschaffte mir ein wenig Genugtuung. Ich wusste nicht, ob ich ihm seine Entschuldigung glauben konnte, aber ich freute mich über die vielen Dinge, die er uns mitgebracht hatte. Wenn er während der Pilgerfahrt so viel Zeit auf den Märkten verbracht hatte, um all diese Sachen für uns auszusuchen, hatte er viel an uns gedacht: Spielsachen und hübsche Sommerkleidung für die Kinder, teuren Goldschmuck und indonesische Batikkleider für mich, dazu einige landestypische Lebensmittel, Wasser aus der heiligen Quelle Zamzam in Mekka und Datteln. Er musste wirklich viele Stunde mit diesen Einkäufen verbracht haben, denn wenigstens in dieser Beziehung kannte ich meinen Mann sehr gut. Alles war erlesen und ohne Blick auf das Preisschild gekauft.

In der Folgezeit strengte sich Mohamed an, seinen Pflichten als Familienvater nachzukommen. Erneut holte er vom Großmarkt aus Brüssel frische Ware für den Freund, der ein Lebensmittelgeschäft betrieb, und arbeitete des Öfteren dort mit. Nebenher betrieb er ein Gewerbe und stellte Computer nach Maß zusammen, reparierte defekte PC-Systeme und Laptops und konfigurierte Systeme für Bekannte, vor allem Studenten, was ihm mit der Zeit ein recht ansehnliches Einkommen einbrachte. Es war ein gutes Gefühl, finanziell endlich entlastet zu werden.

Im Frühjahr 2000 wurde unser drittes Kind geboren, wieder ein Mädchen, Hajar. Ohne dass ich gefragt worden war, wählte den Namen ein marokkanischer Freund Mohameds aus. Im Gegenzug für diese Ehre bezahlte der Marokkaner das zu schlachtende Schaf für die Geburtstagsfeier. Schon während Mohameds Pilgerfahrt hatte ich die Schwangerschaft festgestellt, die Neuigkeit jedoch bis zu seiner Rückkehr für mich behalten. Ich hatte sehr stark abgenommen, fühlte mich unglaublich wohl, und Mohamed las mir in dieser Schwangerschaft jeden Wunsch von den Lippen ab. Manchmal fuhr er nachts in die Stadt, weil ich plötzlich Heißhunger auf die merkwürdigsten Dinge hatte und ich mir Krabben in süßsaurer Soße oder Krabbenchips einbildete. Jetzt kochten wir auch manchmal wieder zusammen – es machte uns beiden viel

Spaß, und wir unternahmen viel mit Abdullah, Maryam und bald auch Hajar. Unsere Jüngste war schon in der Schwangerschaft völlig problemlos gewesen, als Baby war sie die reinste Freude. Sie strahlte fast immer, trank gut und schlief sehr friedlich.

Für die beiden größeren Kinder kaufte mein Mann endlich wieder einen Fernseher und einen Videorecorder, auf dem sie Trickfilme auf Arabisch ansehen durften. Diese Filme hatten keine Musikbegleitung von Instrumenten, Kindergesang war die einzige Tonuntermalung. »Musik ist *haram,* verboten«, war eine Ansicht, die mein Mann sich angeeignet hatte, seit er zu den Vorlesungen des Abu Sohaib und anderer Salafisten ging.

Seltsame Übernachtungsgäste

Als richtig große Familie brauchten wir dringend eine geräumigere Wohnung. Aber so sehr wir uns auch bemühten, wir konnten einfach kein angemessenes Zuhause in ruhiger Lage finden. Entweder der Schnitt der Wohnungen gefiel uns nicht, oder man wollte uns nicht haben.

»In diesem Stadtteil sind keine weiteren Ausländer erwünscht«, bekamen wir des Öfteren zu hören, oder es wurde irgendeine fadenscheinige Ausrede erfunden, nachdem wir uns die Wohnung angesehen hatten. Das war sehr erniedrigend. Insbesondere nach den Terroranschlägen auf das World Trade Center in New York am 11. September 2001 wollte kaum noch jemand Arabern eine Wohnung vermieten. Wenn mein Mann mit seinen dunklen Haaren, den dunklen Augen und dem langen Bart bei einem Makler auftauchte, wurden wir angesehen, als gehörten wir zu Al-Qaida. Die Absage folgte auf den Fuß.

Zu allem Überfluss kamen plötzlich in unsere viel zu kleine Zweizimmerwohnung jeden zweiten Samstag vier bis sechs Männer zu Besuch, für die ich kochen musste. Sie schliefen in unserem

Wohnzimmer auf dem Teppich und verschwanden im Morgengrauen. Das war für mich immer sehr unangenehm, da ich mich jedes Mal komplett anziehen musste, wenn ich oder die Kinder nachts zur Toilette mussten. Zudem bestand Mohamed darauf, dass ich ihn weckte, damit er auf dem Flur wie ein Wächter wartete, bis ich wieder ins Schlafzimmer zurückgekehrt war. Auf meine Frage, wer diese Leute seien, erfuhr ich nur, dass die Gruppe aus Leipzig kam. Sie gehörte zu den Schülern des »Imam von Leipzig«, mit dem mein Mann sich bei einer der Vorlesungen angefreundet hatte und der ebenfalls mehrfach zu uns zum Essen kam, wenn er in Aachen seine Vorlesungen hielt oder Leute für den Islam anwarb.

Abgesehen davon, dass die Nachbarn mittlerweile ungeniert vor unserem halbgeöffneten Fenster über uns redeten, gefielen mir diese Besuche gar nicht. Nachdem Mohamed eine Zeit lang ruhig und ausgeglichen wirkte, bat ich ihn: »Bitte, lass doch diese Besuche nicht mehr zu. Wir haben ja kein Hotel, und mit den Kindern ist es eine Katastrophe, dass man nicht schnell genug ins Bad kommt. Die Männer können doch ebenso gut in der Moschee auf dem Boden schlafen, die Teppiche dort sind deutlich dicker als unsere.« Mohamed stimmte schließlich zu, und die Männer kamen nicht mehr. Auch andere Frauen hatten sich beschwert, nachdem sich diese Gruppe wie Nomaden nicht nur bei uns, sondern auch bei ihnen eingenistet hatte.

Nach 9/11 war es wie gesagt nicht einfacher geworden. Ich hatte damals im Fernsehen verfolgt, wie der zweite Jet in das World Trade Center gerast war. Ich war so erschüttert, dass ich sofort Mohamed anrief, der gerade arbeitete. Ich sagte zu ihm: »Geh irgendwohin, wo ein Fernseher ist, schalte ihn ein, und schau dir an, was da gerade in New York passiert.«

Nachdem klar war, dass es sich um islamistische Terroranschläge handelte, sagte Mohamed: »Wir haben mit solchen Sachen nichts zu tun. Das sind Irre, die das getan haben. Da waren doch auch viele Muslime in dem Gebäude, und viele Frauen. Das ist islamisch nicht zu begründen.«

In Aachen spürte man dennoch deutlich, dass ab sofort ein Generalverdacht gegen Muslime bestand. Einer unserer Nachbarn befestigte mehrfach eine Bin-Laden-Karikatur unter dem Scheibenwischer unseres Autos mit der Aufschrift »Vorsicht, Bin Laden!«.

Wir hielten es für das Klügste, für Mohamed die deutsche Staatsbürgerschaft zu beantragen, die uns in der Tat viele Unannehmlichkeiten ersparen sollte. Allein dass sich Mohamed den teils erniedrigenden Begegnungen mit der Ausländerbehörde nicht mehr aussetzen musste, war eine Erleichterung. Er arbeitete in dieser Zeit viel, reparierte und konfigurierte Computersysteme und programmierte eine Webseite, um Kontakte zu Autohändlern im Ausland zu bekommen, denen er eine Art Suchservice gegen Gebühr anbieten wollte. Dies lief aber nicht gut an, er bekam nur sehr wenige Anfragen und wurde von seinem allerersten Kunden um seinen gerechten Lohn betrogen, und so verwarf er diese Idee schnell wieder.

»... oder du bist nicht mehr mein Sohn!«

Im Sommer 2002 kam Abdullah, unser Ältester, in die Schule, und im Dezember wurde unser viertes Kind geboren, wieder ein Junge. Nun hatten wir zwei Söhne und zwei Töchter. Diesmal hatten die Kinder den Namen für ihren Bruder ausgesucht: Yunus. Da uns der Name außerordentlich gefiel, wollten wir die Papiere für ihn beantragen. Leider hatte Hassan inzwischen meine Schwiegereltern über die Geburt informiert, und so kam, was kommen musste: Am Morgen, als mein Mann zum Standesamt gehen wollte, riefen meine Schwiegereltern uns an und fragten nach dem Namen des Kindes. Mein Mann sagte ihnen, was die Kinder beschlossen hätten, aber anstatt sich mit uns zu freuen, forderte mein Schwiegervater sofort: »Nenne ihn nach mir, oder ich werde in diesem Leben kein Wort mehr mit dir reden. Nenne ihn Adnan, oder du bist nicht mehr mein Sohn.«

Wie sehr wir auch versuchten, ihn umzustimmen, er blieb dabei und knallte schließlich den Hörer auf. Jeder deutsche Mann hätte darauf wohl gesagt, das ist mein Kind und allein meine Verantwortung, ich nenne mein Kind so wie ich will. Nicht so mein Mann. »Wir Araber schulden unseren Eltern bedingungslosen Gehorsam, solange dies nicht gegen den Koran verstößt.« Ich brachte als Kompromiss einen Doppelnamen ins Spiel. »Das ist im Islam nicht üblich«, wiegelte Mohamed ab. »Ich kann gar nichts ausrichten. Das Kind muss den Namen seines Großvaters bekommen, damit mein Vater uns nicht verflucht. Egal, ob wir damit einverstanden sind oder nicht.« Punkt.

»Wie bitte?!« Ich war fassungslos. »Das kann doch nicht dein Ernst sein.« Ich fühlte mich wie im falschen Film.

»Ich schwöre dir bei Allah, ich hätte uns allen das hier gern erspart, aber ich kann nichts tun.«

Leider ging es mir zu diesem Zeitpunkt gesundheitlich wieder sehr schlecht. Ich litt an starkem Bluthochdruck und Wassereinlagerungen im ganzen Körper. Kraftlos musste ich den Kampf aufgeben und mich dem vom Schwiegervater aus Syrien gelenkten Schicksal ergeben. Dieser Umstand nagte an mir.

Es ärgerte mich maßlos, dass wir den ganzen Stress um die Wahl des Namens Hassan verdankten, der meine Schwiegereltern vorzeitig über Adnans Geburt informiert hatte. Ausgerechnet Hassan. Bei seinen eigenen Kindern – fünf sollten es im Lauf der Jahre werden – machte er immer die Papiere fertig, ehe er den Vater in Syrien anrief und ihn vor vollendete Tatsachen stellte.

Ich fühlte mich zu dieser Zeit als zwischen zwei Kulturen zerrieben – nicht mehr so richtig Deutsche und niemals Araberin. Am meisten wurmte mich diese Fremdbestimmung, dieses selbstverständliche Hinweggehen über meine Wünsche, was in diesem

Fall eine völlig irre Dimension besaß. Mohameds Vater hatte bereits zwei Enkel von seinen anderen Söhnen, die Adnan hießen. Was hatte er davon, wenn noch mehr denselben Namen trugen? Wollte er auf meine Kosten als Großvater mit den meisten Adnan-Enkelsöhnen ins Guinness Buch der Rekorde kommen? Von Hassans Söhnen hieß jedenfalls keiner Adnan.

Dagegen ausrichten konnte ich nichts, und diesmal war es nicht nur ich, die übergangen wurde, sondern auch die Kinder, die sich so auf den Namen Yunus gefreut hatten.

Kapitel IV

DIE URLAUBSFALLE

Vierzig Grad und Palmen

Mohamed hatte immer wieder durchblicken lassen, dass er in Deutschland nicht mehr glücklich war und keine Zukunft für sich sah. In Syrien konnten wir nicht leben, das Land war tief rückständig, außerdem eine Spitzeldiktatur. An eine Arbeit über das Internet war für mich angesichts der häufigen Stromabschaltungen dort sowieso nicht zu denken.

Im Sommer 2003, unser Adnan war gerade ein halbes Jahr alt geworden, schlug Mohamed vor, doch einmal Urlaub in den Vereinigten Arabischen Emiraten zu machen.

»Hassan ist gerade dort bei einem Zweig unserer Familie und sucht nach Arbeit. Was hältst du davon, wenn wir einfach mal Urlaub machen und uns das Land ganz unverbindlich anschauen? Ich glaube, es wird dir da gefallen, das Land ist hochmodern, und Dubai ist wie New York oder Washington. Wenn es uns nicht gefällt, fliegen wir zurück und vergessen das Ganze. Wenn es uns aber gefällt, könnten wir einen Umzug dorthin planen – Schritt für Schritt natürlich.«

Das war nun doppelt überraschend für mich. Saudi-Arabien oder Iran hätte ich wegen der dort üblichen Glaubensstrenge insgeheim eher für Mohameds Favoriten gehalten, und von diesem Teil seiner Familie, der nun plötzlich in Gestalt von zwei Onkeln und einer Tante in den Emiraten auftauchte, hatte ich bis dato noch nichts gehört. Natürlich machte mich die Aussicht, etwas mehr über seine Familie zu erfahren, neugierig. Aber irgendetwas in mir zögerte, ich sperrte mich gegen den Gedanken, nach Dubai umzuziehen. Nach vielen Gesprächen mit Freundinnen und meiner Schwägerin Iman fand ich es schließlich fair, dass Mohamed mir diesen Schnupperurlaub anbot. Wir würden ja wieder zurückkehren und könnten das ganze Umzugsthema begraben, wenn es uns nicht gefiele. Auch meine Eltern fanden es vernünftig, sich das Land anzusehen und Mohameds Onkel und die Tante kennenzulernen.

»Gut«, meinte ich schließlich. »Gegen einen Schnupperurlaub habe ich nichts einzuwenden. Vielleicht wird es ja ganz interessant. Wenigstens lerne ich so mal deine übrigen Verwandten kennen, und die Kinder bekommen echte Palmen und die Wüste zu sehen. Das ist doch mal ein echtes Abenteuer.«

Mohamed lächelte. »Aber wehe, wenn du mehr als zwei Kleider und einen Rock einpackst«, mahnte er. »Wir bleiben ja nur vier Wochen, und dort kannst du alles billig bekommen. Wir wollen nicht unnötig Ballast mitschleppen, wenn wir mit den Kindern reisen.«

Das überzeugte mich. Wir alle freuten uns auf die Reise und sehnten die Schulferien herbei. Ein guter Freund bekam unsere Wohnungsschlüssel, um die Blumen zu gießen und den Briefkasten zu leeren. Die Kinder waren ganz aus dem Häuschen. Es war ihr erster großer Urlaub und die erste Reise mit dem Flugzeug.

*

Am Flughafen in Dubai, von Köln-Bonn kommend ein glitzernder und pulsierender Märchen-Airport, wurden wir von Hassan und einem der beiden in den Emiraten lebenden Onkel abgeholt, den mein Mann zuletzt als Kind gesehen hatte. Er hieß Amir. Die Begrüßung war sehr herzlich, auch mir und den Kindern gegenüber. Amir wollte uns zunächst nach Ajman bringen, in eines der anderen sechs Arabischen Emirate. Vom Flughafen

Dubai fuhren wir auf der Wüstenautobahn mit begrüntem Mittelstreifen; in der Ferne machten wir riesige Anwesen mit Palästen aus, umlaufen von hohen Mauern, dann rückten die Wolkenkratzer näher, alles ultramodern, blitzsauber, überall Baustellen, Kräne, tatsächlich ein Übermorgenland und sehr einladend, musste ich mir eingestehen. Ich fühlte mich angemessen gekleidet in meinem Trenchcoat und mit dem hauchdünnen Kopftuch aus Chiffon.

Zu Hause bei Amir empfingen uns seine Frau Samira, seine Tochter Sahira und die drei Söhne, von denen der Jüngste, Mustafa, genauso alt war wie unser Abdullah. Es war schon spätabends. Wir blieben nicht lange, sondern wurden von Mohameds Onkel in ein möbliertes Apartment in das zwischen Ajman und Dubai liegende Emirat Sharjah gebracht. Unsere Ferienwohnung hatte zwei Zimmer und einen kleinen Empfangsraum, der mit einem goldgelb bezogenen, reichlich verschnörkelten Sofa, einem gleichfarbigen Sessel und einem kleinen Tisch möbliert war. Die Küche war voll ausgestattet. Die Kinder hatten ein eigenes Zimmer, obgleich die einzige Einrichtung nach arabischer Tradition aus vier am Boden liegenden Schaumstoffmatratzen und einigen passenden Kissen bestand. Insgesamt war das Apartment eher spärlich möbliert, aber für den Urlaub sollte es genügen.

Die erste Nacht war für uns sehr ungewohnt. Die Klimaanlagen in beiden Zimmern ratterten laut und spendeten nur wenig Kühle; schaltete man sie ab, war es leise, aber im Nu unerträglich heiß. Selbst nachts hatte es draußen noch weit über 40 Grad. Aber der Morgen versöhnte uns. Strahlend ging die Sonne als gleißender Feuerball über den Hochhäusern auf, die mitten in den Wüstensand gebaut worden waren. Der Sand schimmerte wie Gold. Fasziniert schauten die Kinder aus dem Fenster, rannten auf den winzigen Balkon. »Guck mal, Mama, wie schön das glitzert«, riefen sie alle durcheinander. Aber die Hitze, die sich draußen bereits in den frühen Morgenstunden anstaute, trieb sie schnell wieder in die Wohnung zurück.

Traumhaft waren unsere ersten Tage in den Emiraten. Onkel Amir holte uns zum Mittagessen ab, zeigte uns stolz Dubai und Sharjah. In den Lagunen flickten Fischer ihre Netze, Palmen spendeten an den weißsandigen Stränden ein wenig Schatten. Wir besuchten auch Tante Safiye, die in derselben Stadt wohnte, in der sich unser Apartment befand, und den anderen Onkel meines Mannes in Abu Dhabi, wo wir auf dessen Einladung hin über Nacht blieben. Alle waren sehr nett und zuvorkommend, aufgeschlossene, gebildete Leute, und wir sahen auf der Fahrt einiges vom Land, hörten vom Reichtum der Scheichs und dem harten Leben der vielen Inder und Pakistaner, die hier arbeiteten und mit dem Geld ihre Familien zu Hause versorgten. Wo immer wir in diesen Tagen zu Besuch waren, ständig lernten wir neue Kusinen, entfernte Verwandte oder Freunde von Amir kennen und bekamen einen ersten Eindruck vom schillernden Leben in den Emiraten – oder besser davon, wie extravagant das Leben dort sein konnte, wenn man das nötige Kleingeld hatte.

Natürlich hatten wir viel zu wenig Kleidung dabei. Wegen der unglaublichen Hitze von 50 Grad, die hier im Sommer herrschte, waren unsere Sachen ständig nass geschwitzt. Zum Glück stellte uns unser Vermieter eine alte Wellenrad-Waschmaschine in die Wohnung. Aber schon bald mussten wir shoppen gehen. Mohamed malmte zwar hörbar mit den Zähnen, riss sich aber vor seinen Verwandten zusammen. Er kaufte zwar gern für sich selbst teuer ein und liebte wertvolle Reisemitbringsel für die Daheimgebliebenen, aber wenn es ums alltägliche Shopping für uns als Familie ging, dann plagte ihn der Geiz schon gewaltig.

Schon im ersten Markt fanden wir hübsche und hochwertige Baumwollkleidung, die deutlich günstiger war als in Deutschland, und deckten uns fürs Erste damit ein. So kam ich auch zu einem angemessenen Kostüm – dezent für arabische, altbacken für europäische Verhältnisse – für meinen ersten und einzigen Frauenabend in den Emiraten, zu dem mich eine Verwandte spontan mitnahm.

Es war eine sehr lockere, entspannte Small-Talk-Runde unter Freundinnen, ähnlich wie ein Mädelsabend in Deutschland – und doch ganz anders. Alle waren sehr festlich gekleidet, teils in festlichen Abendroben, entsprechend schick frisiert und mit teurem Goldschmuck behängt. Die Gastgeberin trug ein arabisches Festgewand in Weiß, voller Pailletten und Glitzersteinchen. Unter all den Diven kam ich mir in meinem weißen Twin-Set aus einem umhäkelten Top und Jäckchen und einem schwarzen langen Rock vor wie Aschenputtel vom Rhein. Das war sie also: die Glitzerwelt im Wüstenstaat. Es gab auserlesene arabische Leckereien zu essen, die auf kleinen Tellerchen und Tischchen nach und nach gereicht wurden: syrische Pistazien, so frisch, dass sie noch in der Frucht waren, sehr weiche Datteln, gelbe Feigen, Süßigkeiten aus Pistazien in Gelee und Pistazien in einem sehr feinen knusprigen Teigmantel, der wie gebratene Mini-Spaghetti aussah, dazu aromatischen Tee und Fruchtcocktails. Das alles hatte ich noch nie gesehen oder probiert. Da die Köstlichkeiten wohl extrem teuer waren und die Gastgeberin eine ältere Dame mit limitiertem Budget war, leistete jede der Anwesenden einen Beitrag, um die Kosten für diesen Abend gemeinsam zu tragen.

Was mir während der nächsten Wochen immer wieder auffiel, war Folgendes: In allen Wohnungen gab es Fernseher, wurde Musik gehört, getanzt, gefeiert, wenngleich gemäß arabischer Tradition sorgfältig nach Geschlechtern getrennt – alles Dinge, von denen mein Mann mir immer wieder erklärt hatte, dass sie verwerflich und im Islam verboten wären. Offenbar war man im real existierenden Islam der Emirate ganz anderer Ansicht als im

Salafisten-Kosmos von Aachen. Man genoss das Leben und freute sich daran.

Als meine Kinder Mohamed darauf ansprachen und fragten: »Warum haben wir denn keinen Fernseher? Hier ist das doch ganz normal, alle sehen fern«, da erklärte Mohamed: »Die folgen hier alle einer falschen Richtung des Islam, nur ich und mein Bruder Hassan gehen in meiner Familie den richtigen Weg.«

Kurz darauf stellte sich allerdings heraus, dass selbst die Imame, deren Gebet Mohamed so streng folgte und deren Rat er blindlings vertraute, Fernseher zu Hause hatten und dass der Sohn eines dieser vielgepriesenen Imame, Salah Bukhatir, sogar ein berühmter Muqri, Koranzitator war, der häufig im Fernsehen auftrat.

Wem sollte man jetzt glauben? Den anerkannten islamischen Gelehrten oder meinem Mann, der, wie er selbst immer wieder zugab, nur ein Schüler war?

Meine Antwort stand ohnehin fest: Geisterfahrer waren für Mohamed seit jeher die anderen.

Als wir zu einer Feier bei einer von Mohameds Kusinen eingeladen waren, deren Tochter gerade »ein Drittel des Korans« auswendig gelernt hatte – die Sure Al-Ikhlas gilt von ihrer Wertigkeit her als solches –, wurde bei der Feier Musik gespielt und ausgelassen getanzt. Die kleinen Mädchen waren teilweise in recht freizügigen bis bizarr aufreizenden Abendkleidern erschienen, und die Festivität wurde mit einer Videokamera gefilmt. Meine Kinder waren nun gänzlich verwirrt und fragten ihren Vater zum wiederholten Male, wer denn nun recht hätte, er oder seine Verwandten?

Mit erhobenem Zeigefinger sprach Mohamed »Diese Sufis sind schlecht und verdorben und versauen euch nur mit ihrer ausschweifenden Lebensweise.« Als Salafist verachtete Mohamed diese mystisch orientierte Strömung des Islam.

Nach diesem unbeschwerten und heiteren Abend durften wir zu keiner Familienfeier mehr gehen, nie wieder.

Rückreise? Vergiss es!

Als sich die vier Wochen, die wir für unseren Urlaub geplant hatten, dem Ende zuneigten und ich begann, Vorbereitungen für die Rückreise zu treffen, fragte mein Mann mich plötzlich: »Was machst du da?«

»Ich packe schon mal ein paar Sachen für die Rückreise, mache die Wohnung ein wenig sauber, dann kommt nicht alles auf einmal zusammen.«

»Was für eine Rückreise? Wovon sprichst du?«, fragte Mohamed scheinbar überrascht.

»Nach Hause.«

»Vergiss es. Wir bleiben hier!«

Ich fiel aus allen Wolken. »Das kannst du nicht ernst meinen, das war so nicht abgemacht. Wir haben doch unsere Wohnung in Deutschland, meine Familie, meine Arbeit. Abdullah muss wieder zur Schule. Hier haben wir weder eine eigene Wohnung, noch hast du Arbeit. Wovon sollen wir denn hier leben?«

»Wir werden ein Geschäft eröffnen – mein Bruder und ich. Hassan hat achttausend Euro, und wir haben achttausend Euro. Das wird für den Anfang reichen. Ich habe schon mit dem Vermieter gesprochen, wir können noch eine Weile bleiben, bis ich eine passende Wohnung gefunden habe. Ich verspreche dir, jetzt wird alles besser, und bald brauchst du nicht mehr so viel zu arbeiten.«

»Wie soll das denn gehen? Woher willst du Ware holen? Was willst du überhaupt verkaufen? Du kennst hier weder den Markt noch die Großmärkte. Sechzehntausend Euro sind schon in Deutschland sehr wenig Geld, um ein Geschäft zu eröffnen, aber wir müssen ja auch noch die Wohnung und die Schule bezahlen.«

»Mach dir darum keine Sorgen, Hassan und ich kümmern uns darum.« Damit war für meinen Mann das Thema erledigt. Was auch immer ich vorbrachte, es verhallte ungehört.

Ich bekam es mit der Angst zu tun, jeden Tag mehr. Ich hatte kein eigenes Geld dabei. Meine deutsche Kreditkarte, mit der ich überall sonst auf der Welt etwas abheben konnte, erwies sich als völlig nutzlos. Weder am Geldautomaten noch in einer Bankfiliale bekam ich in den Emiraten Geld damit. Eine einleuchtende Erklärung, warum das nicht funktionierte, blieb man mir schuldig. Ein Bankkonto für Überweisungen von meinem deutschen Konto konnte ich auch nicht eröffnen, da ich keine Aufenthaltsberechtigung für die Emirate besaß. Dazu hätte ich nämlich Arbeit oder eine Firma vor Ort und dafür wiederum einen lokalen Sponsor gebraucht. Kurzum: Ich saß in der Falle.

Ich beherrschte die arabische Sprache damals nur in begrenztem Umfang; die Gegend, in der unser Apartmenthaus stand, lag an keiner befestigten Straße, sondern mitten in der Wüste von Al-Butaina, dem Industriegebiet von Sharjah, und es gab keinerlei öffentliche Verkehrsmittel, mit denen wir hätten fliehen können. Daher blieb mir vorläufig nichts anderes übrig, als mich in mein Schicksal zu fügen. Mein Mann befand sich immer in unmittelbarer Nähe und ging selten länger als eine halbe Stunde aus dem Haus, außer wenn er wegen eines Jobs oder Geschäfts unterwegs war.

Dann erteilte er uns ein striktes Ausgehverbot.

»Es ist hier gefährlich für euch, wenn ihr allein auf die Straße geht«, warnte er. »Ihr sprecht die Sprache nicht, und ihr seht sehr europäisch aus. Hier sind überall Männer aus Indien und Bangladesch, deren Frauen in ihrem Land geblieben sind. Was glaubst du wohl, was passiert, wenn die euch in die Finger kriegen, so weiß, wie ihr seid? Diese Leute sind nicht zimperlich.«

Da wir extrem hellhäutig seien, könnte man uns außerdem entführen und Lösegeld verlangen, behauptete er, um uns noch mehr Angst zu machen. »Ihr bleibt zu Hause, geht auf keinen Fall hinaus, nicht mal zum Geschäft unten. Hast du das verstanden?«

»Und wenn ich etwas von da brauche und du nicht zu Hause bist? Es ist doch im selben Haus, da kann mir doch wohl nichts passieren.«

»Schick Abdullah runter, allein. Der spricht Arabisch, der kommt klar.«

Da Hassan, der immer noch nach Arbeit suchte, im selben Haus wohnte und man nie wusste, wann er da war und wann nicht, trauten wir uns nicht, uns Mohameds Befehlen zu widersetzen, und ich schon gar nicht. Es machte mir zudem extrem Angst, wie uns viele wegen unserer hellen Haut anstarrten. Doch das war eigentlich unser geringstes Problem.

Viel schlimmer war: Mohamed wollte Geschäftsmann werden, um seine Familie zu versorgen. Die Miete, die man in den Emiraten immer für ein Jahr im Voraus bezahlen muss, streckte uns Onkel Amir mit zwei Schecks vor. Mohamed mietete für viel Geld einen Laden an, ohne jeden Plan, was für ein Geschäft er überhaupt aufziehen wollte. Seine Idee war simpel: Ich sollte neben der Miete für unsere Wohnung und dem teuren Schulgeld für unseren Sohn erst einmal sein Geschäft finanzieren.

Nachdem ich Mohamed vorgerechnet hatte, was ich bereits jetzt alles monatlich zu zahlen hatte, wurde ihm endlich klar, dass er einen riesigen Fehler gemacht hatte. Er ging zum Eigentümer des Geschäfts, um den Mietvertrag rückgängig zu machen. Natürlich bekam er das bereits angezahlte Geld nicht zurück. Somit stand ich wieder einmal für unseren Lebensunterhalt allein in der Pflicht, zumindest vorerst. Hierbleiben wollte ich natürlich nicht, und insgeheim hoffte ich darauf, dass Mohamed früher oder später ein Einsehen haben würde.

Wie würde, so fragte ich mich an manchen Tagen dennoch, unser Leben in Dubai verlaufen? Würde Mohamed, da er nun endlich in Arabien lebte, nach und nach entspannter mit mir umgehen, sich weniger unter Druck gesetzt fühlen, endlich auf seine Gewaltausbrüche verzichten, in denen sich sein Unglücklichsein entlud? Die Antwort auf meine Fragen bekam ich ziemlich schnell an einem heißen Sommerabend.

*

Da der Balkon unserer Wohnung winzig klein war und die Kinder dort nicht spielen konnten, öffneten wir abends, wenn es ein wenig kühler wurde, oft eines der Fenster im Kinderzimmer. Die Kinder drängten sich dann dorthin, um hinauszusehen und die frische Luft zu genießen, die hereinzog.

An jenem Abend kletterte Maryam auf das Fensterbrett, um sich hinzusetzen und die Gegend zu beobachten. Als mein Mann das sah, stürzte er zum Fenster, zerrte Maryam herunter und prügelte in Rage mit einem Gummilatschen so lange auf ihr Hinterteil ein, bis ihm die Hand wehtat und er erschöpft von ihr abließ. So sehr ich auch versucht hatte, ihn davon abzuhalten, ihn wegzuziehen und mein Kind zu schützen – es hatte gar nichts genützt. Je mehr Maryam geschrien hatte, umso stärker hatte er auf sie eingeprügelt. Als er sie endlich losließ, blaffte er sie an: »Das hast du nun davon, und ich hoffe, dass du es nie vergisst, damit du so etwas nie wiederholst!«

Es war Mohameds erster Gewaltausbruch gegen eines seiner Kinder. Er hatte davor immer betont, dass er es verachten würde, wenn Kinder geschlagen würden. Ich nahm mein geschundenes Kind in den Arm und weinte mit ihm zusammen.

»Bist du dumm?«, fuhr er mich an. »Die hätte da runterfallen können, die Blöde. Eigentlich müsste man dich genauso bestrafen, weil du nicht auf sie aufgepasst hast. Kannst du nicht auf deine Kinder achtgeben?«

»Hast du denn überhaupt kein Mitleid mit ihnen?«, hielt ich dagegen. »Die sitzen immer nur drinnen, haben keinen Spielplatz in der Nähe und kaum Spielzeug. Und sie sind etwas ganz anderes gewöhnt.«

»Ach was«, meinte er. »Die müssen ihren Kopf beschäftigen, dann haben sie auch Ideen zum Spielen.«

Ich holte einen Kühlakku aus dem Eisfach gegen Maryams Schwellungen, trocknete ihre Tränen und tröstete sie, so gut es ging. Als er zum nächsten Gebet ging, sah ich nach, was er ihr angetan hatte. Das gesamte kleine Hinterteil war komplett geschwollen und großflächig blutunterlaufen! Da half auch Kühlen nicht. Ich fühlte mich, als hätte er mich selbst geschlagen. Ich weinte mit meiner Tochter – wie auch ihre Geschwister, die ebenso geschockt waren. Es tat ungeheuer weh zu sehen, was Mohamed meinem Kind angetan hatte. Es zerriss mir das Herz. Ich wäre am liebsten sofort mit allen vier Kindern geflohen, aber ich wusste ja noch nicht einmal genau, wo wir uns befanden, geschweige denn, wie wir zum Flughafen kommen sollten. Von Mohameds Verwandten hatte ich keine Telefonnummern. Die hütete alle Mohamed.

Wir saßen in einer Falle, und ich musste versuchen, vorläufig das Beste daraus zu machen. Als Mohamed zurückkam und die Kinder bereits schliefen, klärte ich ihn – sehr vorsichtig, um ihn bloß nicht wieder zu reizen – darüber auf, was er angerichtet hatte. Man konnte doch mit dem Kind reden, es rufen, herunterholen und ihm die Gefahr erklären.

»Warum nur musstest du Maryam solchen Schmerz zufügen?«

»Wäre es dir lieber gewesen, wenn sie tot wäre, du Dumme?«, gab er scharf zurück.

»Natürlich nicht, aber ich bin von meinen Eltern auch nicht mit Prügeln erzogen worden, und aus mir ist trotzdem ein anständiger Mensch geworden.«

»Ja klar. Ihr Deutschen immer mit euren sanften Methoden. Da werden die Kinder nur zu Weichlingen. Sie müssen Respekt und Angst vor ihren Eltern haben, und zwar von klein auf, sonst tanzen sie einem später auf der Nase herum. Und jetzt lass mich in Ruhe mit deinem Geheule, und pass auf, dass ich dich nicht auch schlage.«

»Dann pass du mal gut auf, Mohamed, dass das nicht eines Tages nach hinten losgeht und die Kinder dich hassen, statt dir Respekt entgegenzubringen. Irgendwann wird der Tag kommen, an dem die stärker sind als du. Hast du daran schon mal gedacht?«

Eine ruckartige Handbewegung von ihm, die wie ein gewaltiger Schlag in die Luft aussah, brachte mich zum Schweigen. Ich wusste, ein Wort mehr von mir, und die Prügel blieben nicht mehr nur angedeutet. Die nächsten Tage redeten wir kaum. In Mohamed erwachte Misstrauen. Von da an nahm er immer eines der beiden kleinen Kinder mit, wenn er die Wohnung verließ.

Ich glaube heute, Mohamed rechnete schon mit meinen Fluchtgedanken, lange bevor ich sie wirklich hatte.

Unser neuer Alltag

Mein Arbeitsleben in den Emiraten begann mit einer vierwöchigen Zwangspause. Mein Laptop war kaputt gegangen, und ich musste warten, bis er repariert war. Aus finanzieller Sicht war das eine Katastrophe, denn Mohamed verdiente nach wie vor kein Geld. Mitte August fing ich wieder an, Aufträge für meine regulären Kunden in den USA und Großbritannien anzunehmen, ich übersetzte rund sechs Stunden täglich und kümmerte mich nebenher um die Kinder und den Haushalt. Was blieb mir anderes übrig, als mich erst einmal in mein Schicksal zu fügen, um uns als Familie durchzubringen? Ich hoffte immer noch, dass Mohamed zur Vernunft kommen und wir nach Deutschland zurückkehren würden. Aber danach sah es ehrlich gesagt gar nicht aus.

Mohamed befahl mir: »Ruf deine Eltern an, damit sie wissen, dass wir hierbleiben. Sag ihnen, wir bleiben noch ein paar

Monate.« Dann stand er so lange hinter mir, bis ich tat, was er sagte. Es kam auch vor, dass er mir während des Gesprächs auf Deutsch genau vorgab, was ich zu sagen oder zu fragen hätte. Meistens widersetzte ich mich dem, wenn auch nur geringfügig, und wurde hinterher mit wütenden Vorhaltungen und Beschimpfungen bedacht, oder ich bekam wieder jene Handbewegung zu sehen, eine angedeutete, bedrohlich in die Luft geschlagene Ohrfeige, die von da an zur fixen Geste unseres Alltags wurde und als letzte Warnung zu verstehen war: Ein Wort noch, und du kriegst Prügel.

Anfang September fing in den Emiraten die Schule wieder an, Abdullah musste eingeschult werden. Da wir aber immer noch keine Aufenthaltsgenehmigung hatten, organisierte das Onkel Amir an der Schule, auf die auch seine Kinder gingen. Abdullah wurde direkt in die zweite Klasse eingestuft, ohne auch nur ein einziges Zeugnis vorlegen zu müssen.

Nach wenigen Wochen fing Mohamed an, Abdullah allein zum Schulbus zu schicken. Es kümmerte ihn überhaupt nicht, dass sein Sohn erst sechs Jahre alt und völlig fremd in diesem Land war. Während ich vor Angst um ihn fast wahnsinnig wurde, legte Mohamed sich nach seinem morgendlichen Besuch der Moschee einfach wieder ins Bett. Wenn ich ihn bat, mit meinem Sohn hinauszugehen zu dürfen, um zu warten, bis der Schulbus kam, bekam ich zur Antwort: »Du bleibst schön hier – Frauen gehören ins Haus und nicht auf die Straße. Der soll klarkommen, das musste ich in seinem Alter auch.«

Leider war die Wohnung, die ja eigentlich nur eine Urlaubsunterkunft sein sollte, viel zu klein, und die Möbel gingen schon nach kurzer Zeit aus dem Leim. Die Bretter des Kleiderschranks fielen einfach herunter, der Lattenrost im Bett brach durch, und wir landeten krachend auf dem Boden. Fortan schliefen wir im anderen Zimmer bei den Kindern auf dem Boden. Eines Nachts wachte ich in einer eiskalten Pfütze auf: Die altersschwache Klimaanlage war vom Wüstensand und Staub verdreckt und spuckte Wasser. Ich trug die schlafenden Kinder aus der Pfütze und wischte alles auf. Mohamed, der auch wach geworden war, schaltete die Klimaanlage ab und legte sich wieder schlafen.

Mit viel Selbstbeherrschung erklärte ich ihm, dass es so nicht weitergehen könne. Diese kleine Wohnung mit den laut ratternden Klimaanlagen, den kleinen Fenstern und dem trostlosen Ausblick auf die Wüste sei eine Katastrophe.

»Ich kann hier weder im Kinderzimmer noch in dem provisorischen Wohnzimmer effektiv arbeiten, wenn die Kinder den ganzen Tag zu Hause bleiben müssen«, sagte ich. »Wir brauchen mehr Platz, die Kinder müssen raus an die Luft, wenigstens einmal am Tag, bevor sie noch krank werden, weil sie kein Vitamin D bekommen.«

»Ich kann ihnen ja Vitamin-D-Tabletten aus der Apotheke holen«, schlug Mohamed vor.

»Das ist aber nicht dasselbe«, erklärte ich geduldig. »Vitamin D wird vom Körper hauptsächlich über die Haut aufgenommen, und zwar durch Sonnenstrahlung. Wenn sie diese nicht in ausreichender Menge bekommen, wird Rachitis bald unser nächstes Problem sein. Deine Kinder werden nicht mehr wachsen und krumme Beine bekommen.«

Das sah er nun ein, schließlich wollte er keine hässlichen Kinder haben. So fingen er und Hassan an, neben einem Geschäft auch eine Wohnung für uns zu suchen – in einer besseren Gegend und mit mehr Platz.

*

Zwei Monate nach diesem Gespräch besichtigten wir eine Wohnung in Sharjah. Sie lag in einem nagelneuen Hochhaus an einer Straßenecke am Al-Qasbah-Kanal, einem beliebten Freizeitareal.

Auf der anderen Seite befanden sich der Kundenparkplatz eines Kaufhauses und dahinter die Lagune mit der Buhairah Corniche, der Uferpromenade, sowie der riesige grüne Al-Majaz-Park. Die Fenster der Wohnung reichten von der Decke bis zum Boden, der in allen Apartments weiß gefliest war. Die Klimaanlage schnurrte leise vor sich hin. Die Kinder johlten vor Freude: »Ja, Papa, hier wollen wir einziehen!«

In Ruhe schauten wir uns noch mehrere Wohnungen in dem Gebäude an, dann entschied Mohamed, im zwölften Stock eine der Eckwohnungen mit dem schönsten Ausblick nach zwei Seiten zu mieten: auf den Kanal mit der von Palmen gesäumten Uferpromenade und auf die Lagune und die Skyline von Sharjah, die abends bunt erleuchtet war und sich dann auf wunderbare Weise im Wasser spiegelte. In der Mitte der Lagune sprühte eine Fontäne viele Meter hoch. Abends war auch diese Fontäne beleuchtet – ein herrlicher Anblick. Da sich in der Umgebung viele internationale Hotels befanden, erschien uns diese Gegend vertraut, zumal man auf der Straße auch viele Europäer sah.

Für den Anfang kaufte Mohamed einen der großen Kühlschränke, wie sie hier üblich waren, einen Edelstahl-Gasherd und eine Kinderzimmer-Einrichtung aus Pinienholz sowie einen Schreibtisch, ein paar Regale und einen Stuhl, sodass ich erst einmal arbeiten konnte, und die nötigsten Küchenutensilien. Direkt nach dem Vertragsabschluss meldete Mohamed auch ein Telefon und einen DSL-Anschluss an. Bei unserem Einzug war schon alles funktionsfähig. Endlich hatte ich wieder die Möglichkeit, über Skype mit meiner Familie und meinen engsten Freundinnen in Deutschland und England zu sprechen. Das war ein Trost, weil es die Entfernung zur Heimat überbrückte. Und es eröffnete Möglichkeiten, dachte ich im Stillen. Jetzt würde ich eine Lösung für uns finden. Aber vorerst wollte ich niemanden einweihen und schon gar nicht meine nicht mehr allzu jungen Eltern mit meinen Problemen belasten. Sie hätten sich nur Sorgen gemacht, ohne wirklich helfen zu können. Nach und nach würde ich kleinere Geldbeträge auf meinem Paypal-Konto ansparen, überlegte ich. Wer weiß, wozu mir das Geld eines Tages nützen könnte.

»Die Frau gehört ins Haus – und vom Haus nur noch ins Grab!«

Bei einem Treffen hatten uns Verwandte erzählt, dass es schon zwei Jahre lang nicht mehr geregnet hatte. Man sah es den Palmen und den Bäumen im Park deutlich an: eine dicke graue Patina aus Staub überzog die Blätter, die nur mehr blassgrün wirkten. Als der Herbst kam, wurde es merklich kühler, und im November konnten wir bereits abends und nachts die Klimaanlage ausschalten und alle Fenster öffnen, bei angenehmen winterlichen achtzehn Grad. Die Straßen waren jetzt belebter, oft flanierten Paare, und Kinder spielten auf der Promenade bis in die Nacht hinein. Auch ganz kleine Kinder tollten spät noch mit Bällen umher und fuhren auf Dreirädern die Wege entlang, während meine Kinder daran gewöhnt waren, Punkt zwanzig Uhr ins Bett zu gehen. Manchmal besuchten uns Mohameds Tante Safiye oder Onkel Amir nach zweiundzwanzig Uhr mit ihren Kindern, weil sie gerade in der Gegend spazieren waren; solche späten Besuche sind wegen der Hitze am Tag in den Emiraten üblich, und unsere Besucher waren immer sehr verwundert, dass meine Kinder dann bereits fest schliefen, sogar am Wochenende. Irgendwann blieben diese abendlichen Besuche schließlich ganz aus. Man quittierte, dass wir ganz anders waren, Außenseiter eben.

Anfang Dezember konnte man schon nachmittags viel mehr Menschen auf den Straßen sehen und vor allem auch Kinder, die draußen spielten, mit Scootern, Fahrrädern, Puppenwagen, Bällen. Ich bat Mohamed, mit den Kindern hinausgehen zu dürfen, wenigstens eine Stunde täglich. Jeden Tag sah ich durch die riesigen Glaswände meines Arbeitszimmers nach unten auf die von Palmen umsäumte Lagune, die herrlich bepflanzte Uferpromenade. Vom Salon, dem guten Wohnzimmer, in das die Gäste gebeten wurden, konnte ich sogar bis zum Golfstrand sehen.

»Willst du so sein wie diese Frauen und draußen vor den Leuten rumtanzen?«, bekam ich wütend zur Antwort. »Die Frau gehört ins Haus – und vom Haus nur noch ins Grab. Du bleibst daheim, die Kinder sollen allein rausgehen!«

Als ich die Kinder hinunterschickte, gab Mohamed dann Anweisungen wie: »Ihr bleibt hier unten vor dem Haus, alle zusammen. Abdullah, du bist für deine Geschwister verantwortlich. Wenn ihr den *Adhan,* den Gebetsruf, hört, kommt ihr sofort nach oben. Ihr nehmt nichts mit, kein Spielzeug. Adnan bleibt hier.«

»Wieso muss der Kleine oben bleiben?«, protestierte ich. »Für ihn sind doch die Sonne und die frische Luft am wichtigsten. Er war die letzten Monate fast gar nicht draußen.«

Ganz gleich, was ich sagte, mein Mann hatte bereits »abgeschaltet«. Ich bekam keine Antwort mehr auf meine Fragen. Ich war wie Luft für ihn.

Kaum waren die Kinder hinuntergegangen, da färbte sich der Himmel dunkelgrau. Der Wind wurde stärker. Unten konnte man Menschen mit wehenden Gewändern sehen, die sich darum bemühten, ihre Kleidung zusammenzuhalten. Riesige Kopftücher spannten sich zu Schirmen auf und flogen davon – die erschrockenen Trägerinnen rannten hinterher, um sie wieder einzufangen.

»Siehst du«, meinte Mohamed und warf mir einen Siegerblick zu, »du sollst immer auf deinen Mann hören. Wärst du jetzt da unten, hätte der Wind dir die Sachen vom Körper weggeblasen und dich zum Gespött der Leute gemacht!«

Ich sagte gar nichts mehr, es hatte ja doch keinen Zweck. Ich war eben immer die Dumme, und er hatte immer recht. So waren die Rollen bei uns verteilt, da musste ich mir nichts vormachen.

Unten hielten sich unsere Kinder an der Hand und liefen gegen den Wind an. Sie hatten sichtlich Spaß dabei. Der kleine Adnan stand am Fenster, und beobachtete seine Geschwister. »Da Atullah. Da Ma-jam. Da Hasa«, hörte ich ihn immer wieder rufen. Er war es ja gewohnt, oben bleiben zu müssen, und so genoss er es, wenigstens seinen Geschwistern vom Fenster aus zuzusehen, wie sie spielten.

Plötzlich fielen die ersten Tropfen auf unsere Fenster im Eckzimmer, dann mehr, immer mehr, bis es wie bei einem tropischen Platzregen nur so schüttete. Die Leute auf der Corniche breiteten die Arme aus und schauten zum Himmel, die Kinder strahlten und tanzten im Regen und hüpften in die Pfützen, die sich rasch bildeten. Da wurde von der Moschee zum Gebet gerufen, und die Kinder kamen herauf. Sie waren klatschnass, aber ihre Gesichter strahlten. Der Regenguss hielt noch eine Weile an, und so blieben alle Kinder zu Hause, während Mohamed allein zur Moschee trottete, die nur drei Gehminuten entfernt lag.

Das sollte nicht der letzte Regenguss gewesen sein. In diesem Winter und den beiden folgenden erlebten wir Regengüsse, die mehrere Tage dauerten, Straßen fluteten und Wüsten erst in Seen und dann für ein paar Tage in blühende Oasen verwandelten. Nach jedem Regenguss war die Luft frisch, klar und rein, von Staub und Sand keine Spur, und die Palmen am Strand, befreit vom Staub der Jahre, strahlten in frischem Grün.

Ein überraschender Urlaub

Nach all den Regentagen bearbeitete ich meinen Mann so lange, bis er mir schließlich erlaubte, mit Adnan an die frische Luft zu gehen, wenn morgens seine Geschwister in der Schule waren. Bislang hatte Mohamed es Adnan wegen des hellblonden Haares und seines hellen Teints strikt verboten, nun stimmte er zu. Ich packte Sonnencreme, Kinderwagen – und los ging's. Was für ein

Gefühl! Als würde ich nach langer Krankheit erstmals wieder das Haus verlassen, einfach nur befreiend. Ich setzte Adnan in den Wagen, den wir neu gekauft hatten, und lief mit ihm den Kanal entlang. Vorher hatte ich ihn eingecremt, und das Verdeck ließ ich oben, um ihn, so gut es ging, vor direktem Sonnenlicht zu schützen. Aber schon beim ersten Spaziergang, der nur eine Stunde dauerte und früh morgens zwischen 8 und 9 Uhr stattfand, verbrannte seine empfindliche Haut an Ärmchen und Beinchen, wurde rot und löste sich nach ein paar Tagen ab. Für meinen Mann war das Grund genug, mir diese Spaziergänge direkt wieder zu verbieten: »Jetzt siehst du, was du angerichtet hast. Der arme Kerl ist total verbrannt. Was für eine dumme Idee, dieses Kind in die Sonne zu lassen! Ich bin ein Idiot, dass ich es dir erlaubt habe. Das war's jetzt. Der bleibt drin! So ein hellhäutiges Kind darf nicht in die Sonne!«

Nach vielen Wochen harter Debatten, die ich auch über Mohameds Tante Safiye weiterführte, erlaubte er schließlich Abdullah, seinen kleinen Bruder zu den Gebeten mit in die Moschee zu bringen, dreimal täglich, je fünf Minuten hin und zurück. Das sollte reichen, ich sollte mich gefälligst nicht so anstellen.

»Adnan soll wie du aus dem Fenster schauen und sich über den schönen Anblick freuen«, sagte Mohamed. Er konnte ja im Gegensatz zu uns die Wohnung verlassen, so oft und wann er wollte.

*

Anfang März 2004 veränderte sich Mohamed auf einmal, er wurde richtig umgänglich. Oft ging er nachmittags mit uns spazieren. Vormittags, wenn ich keine Aufträge hatte, fuhren wir gemeinsam zum Einkaufen in die City. Die angespannte Lage schien sich mit einem Mal zu normalisieren. Endlich hatte er auch ein paar Freunde in der Umgebung gefunden und fing an, sich heimischer zu fühlen. Am Wochenende unternahmen wir

Ausflüge in die Wüste, beobachteten Falkner und picknickten oder besuchten Mohameds Verwandten, die Kinder im gleichen Alter wie wir hatten. Mitte April 2004 brachte er uns gezielt in bessere Läden der Stadt, damit wir uns neu einkleiden konnten. Zu mir war er charmant wie lange nicht mehr, ich hatte wieder das Gefühl, nicht nur auf dem Papier seine Frau zu sein. Dann rückte Mohamed mit seiner Überraschung heraus: Ende Mai würden wir alle zusammen nach Deutschland fliegen.

Wir waren richtig euphorisch. Ich wusste, niemand konnte mich oder meine Kinder zwingen, wieder in den Flieger nach Dubai zu steigen, wenn wir das nicht wollten. Mohamed musste sich meiner sehr sicher gewesen sein, dass er diese Reise wagte.

In Deutschland verbrachten wir einen herrlichen Sommer. Die Kinder hatten dreieinhalb Monate Schulferien, der Unterricht an den emiratischen Schulen begann erst wieder Mitte September. Mittlerweile hatten Mohamed und ich uns darauf geeinigt, es für ein bis zwei Jahre in den Emiraten zu versuchen, die Wohnung in Deutschland aber erst einmal zu behalten.

Ich weiß bis heute nicht, wie es dazu kommen konnte. Vielleicht war es einfach nur sein verändertes Verhalten, die spürbare Annäherung unmittelbar vor unserem Flug nach Deutschland und während unseres Aufenthaltes in Aachen, die mir neue Hoffnung auf bessere Zeiten machte. Mein Einkommen war inzwischen fast dreimal so hoch wie früher, die Mietpreise in den Emiraten waren immer noch sehr günstig. Wir konnten uns die zwei Wohnungen ganz gut leisten. Meine Eltern und auch mein Bruder besuchten uns in dieser Zeit mehrmals in Aachen, wir trafen uns mit Hassan und seiner Familie. Die Kinder freuten sich sehr über diese Wiedersehen und nutzten den Sommer, um sich auf dem großen Spielplatz hinter unserem Haus gehörig auszutoben. Die Ferien waren wirklich eine schöne, entspannte Zeit, in der ich oft vormittags bummeln ging, Kindersachen einkaufte und Freundinnen bei mir zu Hause empfing. Mohamed verbrachte zwar viel Zeit in der Moschee, ließ uns aber gewähren. Alles wirkte so normal. Ich hatte jede Freiheit, die ich mir nur wünschen konnte. Frohen Mutes flogen wir zurück in die Emirate. Ich glaubte daran, dass alles dort genauso harmonisch und einträchtig weiterlaufen würde wie in den Monaten in Aachen.

Frieren in Aleppo

Nach unserem Aufenthalt in Deutschland hielt die schöne, einträchtige Stimmung einige Zeit an. Mohamed versuchte schließlich im Autohandel Fuß zu fassen. Bei einem Dreiecksgeschäft – er wollte über einen Aachener Händler für einen emiratischen Geschäftsmann gebrauchte Reisebusse aus Madrid in die Emirate importieren – ging er finanziell komplett baden, setzte einen fünfstelligen Betrag in den Wüstensand Dubais, verlor einen Prozess wegen des Deals, weil er in seiner Enttäuschung die nötigen Dokumente nicht beibrachte, und am Ende war ich es, die noch mehr Übersetzungsaufträge annehmen musste, um uns als Familie über Wasser zu halten. In diesem Fall, das muss ich sagen, war Mohamed wirklich das Opfer raffinierter Betrüger, eines Autohändlers und eines Spediteurs geworden. Er tat mir leid, weil sein Einsatz für die Familie in so einem Desaster endete. Auch mit kleineren Geschäften, die er in den Emiraten betrieb, hatte er kein glücklicheres Händchen.

An seinem religiösen Engagement hatte sich nichts geändert. Er ging zur Moschee, traf Scheichs, alles wie gehabt. Wenn er merkte, dass er mit seiner Strenge mir und den Kindern gegenüber den Bogen überspannte, gab er sich eine Weile etwas weniger hart. Er hatte offenbar Pläne.

Tatsächlich sprach Mohamed nun fast täglich von Syrien. Er wollte dort den Winterurlaub verbringen. Im Dezember 2005 verabredete mein Mann mit seinen Eltern, dass wir sie im darauffolgenden Januar 2006 besuchen würden. Vom Online-Wetter-dienst und aus einem Telefonat mit seiner Mutter wusste ich, dass es dort sehr kalt war und schneien konnte, aber mein Mann bestand darauf, es würde in Syrien keinen Schnee geben, und die Temperaturen würden nie unter fünf bis zehn Grad fallen. Die Kinder brauchten also keine besonders warme Kleidung, sie soll-ten einfach T-Shirts und lange Hosen einpacken. Ich hatte aus unserer Zeit in Deutschland noch warme Winterjacken, je einen Strickpulli und eine dicke Baumwollstrumpfhose für die beiden Kleinen. Die steckte ich einfach in den Koffer und ließ Mohamed reden.

Bei unserer Ankunft in Aleppo stand die ganze Familie am Flug-hafen. Meine Schwiegereltern hatten unsere Kinder noch nie gesehen und empfingen sie sehr herzlich. Ich wurde per Hand-schlag begrüßt, aber sehr distanziert. Mit zwei Autos fuhren wir zur Wohnung meiner Schwiegereltern, wo die halbe Verwandt-schaft auf unsere Ankunft wartete: Tanten, Onkel, Kusinen, Groß-tanten. Es war eisig kalt, und ich hatte nur die dünne Abaya aus ungefütterter Mikrofaser und das große Kopftuch an, das ich seit einiger Zeit tragen musste. Darunter trug ich ein T-Shirt, einen langen Rock und Kniestrümpfe. Auch meine Kinder, die sich in-zwischen an die ständige Hitze in den Emiraten gewöhnt hatten, froren trotz der warmen Sachen, die ich für sie mitgenommen hatte, jämmerlich und schlotterten.

Die Wohnung heizte ein ortsüblicher Benzinofen, allerdings nur das Wohnzimmer. In einem weiteren Zimmer stand ein Pro-pangasofen. Beide Öfen gaben nicht wirklich viel Wärme ab, es blieb kalt, weil die Fenster nicht dicht und einige Fensterschei-ben in der Küche kaputt waren. Erst auf Druck seiner Eltern hin ging Mohamed nach einigen Tagen mit uns ins Einkaufszent-rum, um wenigstens für die Kinder warme Pullover, Jacken und Stiefel zu kaufen. Als ich ebenfalls um einen Wintermantel bat, winkte er ab. »Wozu brauchst du denn einen Wintermantel? Du gehst sowieso nicht raus. Die Mäntel hier sind teuer und nicht islamisch – guck mal, wie schlampig die sind: entweder nur bis zum Knie oder tailliert und mit Gehschlitz und Gürtel. Bleib du mal bei deiner Abaya, da kannst du dicke Sachen drunter ziehen.«

Welche dicken Sachen denn? Ich hatte ja keine. Und ohne Mohamed konnte ich mir auch nichts kaufen. Er hatte mein gesamtes Geld, angeblich zur Sicherheit, seinem Vater zur Aufbewahrung in dessen Geldkassette übergeben. Während des gesamten Aufenthalts bekam ich nicht einen syrischen Dinar in die Hand. So konnte ich wieder einmal reden, wie ich wollte, es interessierte Mohamed nicht, dass ich in der eiskalten Wohnung seiner Eltern unentwegt fror.

»Wenn wir Verwandte besuchen, wirst du eh mit dem Auto hingefahren, wozu also Geld verschwenden?«

»Aber ich habe ja noch nicht einmal eine warme Strumpfhose oder dicke Leggings, die ich unter die langen Kleider ziehen könnte.« Auch das war ihm egal. Schließlich sprach ich mit seiner Mutter darüber und bat sie, mit ihrem Sohn zu reden. Eine andere Möglichkeit blieb mir nicht, um an warme Kleidung zu kommen. Ich würde für die hiesigen Verhältnisse extrem viel Geld verdienen, sagte ich ihr, und es sei einfach peinlich, wie ärmlich ich gekleidet sei, während uns die Verwandten modisch gestylt besuchten. Man denke nur an das Gerede, das fiele allein auf Mohamed zurück.

Meine Schwiegermutter sah das natürlich ein, und nach einer langen und heftigen Diskussion mit Mohamed gab er schließlich klein bei. »Du hast gewonnen, du Intrigantin. Zieh dich an. Nach dem Gebet gehen wir zum Markt und kaufen dir Klamotten. Aber ich verzeihe dir nicht, dass du meiner Mutter erzählt hast, was für Probleme es zwischen uns gibt.« Das war auch wieder so eine Ansicht, die Mohameds selbst gebasteltem Islamverständnis entsprang. Er wollte nicht, dass von unseren Eheproblemen irgendetwas nach außen drang. Keiner, nicht einmal seine Eltern und Verwandten, sollten wissen, wie mies er uns behandelte. Er wollte immer als großzügiger Gönner dastehen, was er aber – zumindest, was uns betraf – keinesfalls war.

Ich hatte in den Büchern islamischer Rechtsgelehrter gelesen, dass mir so ein Gespräch nicht nur zustand. Nach islamischem Recht musste ich mich sogar an seine Eltern wenden, wenn ich Probleme mit ihm hatte, die zwischen uns nicht geklärt werden konnten.

Außerdem hatte ich es wirklich satt, mit ihm über so elementare Dinge wie Kleidung zu streiten, wo doch ich es war, die in dieser Familie das Geld verdiente und nicht er. Also sagte ich gar nichts, und als wir im Markt waren, suchte ich heraus, was mir gefiel. Aber selbst hier fing er wieder an, mir Probleme zu machen. Ich wollte moderne, frische Farben, und er verlangte, dass ich Rosa trug. Ich hasste Rosa. Mit meinen fast vierzig Jahren, meinem extrem hellen Teint und den Henna-gefärbten Haaren passte das überhaupt nicht zu mir. Aber er bestand darauf, und so kaufte ich schließlich ein gestricktes Twin-Set in Rosa, das mit bordeauxroten Perlen bestickt war, und einen A-förmigen bodenlangen schwarzen Rock mit schwarzen Lederapplikationen.

»Das reicht jetzt«, bestimmte Mohamed. »Wir fahren zurück.«

Es war dann auch das einzige Mal, dass ich zum Markt gehen durfte. Die neuen Kleidungsstücke musste ich die nächsten vierzehn Tage lang tragen.

»Was willst du mit noch mehr Sachen?«, hielt er mir vor. »In Sharjah kannst du das sowieso nicht anziehen.« Er selbst hatte sich sieben *Galabayas,* weiße Kaftane aus dickem Winterstoff, bestellt. Maßgeschneidert, nur vom Feinsten. Er verbrachte dafür den ganzen Tag beim Schneider.

Für mich war dieser sogenannte Urlaub eigentlich nur ein Tapetenwechsel, denn ich musste sowieso die ganze Zeit arbeiten. Schon am Tag nach unserer Ankunft richtete Mohamed im Gästezimmer seiner Eltern eine Art Arbeitszimmer für mich ein, da war er wirklich zuvorkommend. Dort schuftete ich dann acht bis zehn Stunden täglich, während sich der Herr mit Nichtstun sowie Verwandten- und Moscheebesuchen erholte. Als hätte er Erholung nötig, nachdem er in den Emiraten auch nichts anderes tat. Täglich gab er mir strenge Order, mein Kopftuch und das lange Übergewand zu tragen.

»Ich warne dich, wenn du dein Kopftuch oder deine Abaya ausziehst, mach ich dich fertig. Ich werde dich schlagen, mir ist egal, ob wir uns im Haus meiner Eltern befinden oder sonst wo. Die Frau, die sich in einem anderen Haus als ihrem eigenen auszieht, gehört der Hölle!«

Ich protestierte, weil bei seinen Verwandten, die wir besuchten, alle Frauen sehr schick angezogen waren und stets Kopftuch und Abaya ablegten. Mohamed aber blieb dabei. Keiner seiner Verwandten konnte diese Order nachvollziehen. Alle kritisierten ihn hinter seinem Rücken dafür, aber niemand konfrontierte ihn damit. Keiner wollte sich in unsere Eheprobleme einmischen. Mir wurde von seinen weiblichen Verwandten immer wieder gesagt, ich solle überhaupt nicht auf ihn hören und einfach machen, was die anderen taten, aber eines Tages tappte ich damit in eine böse Falle. Plötzlich verschwanden alle anderen Frauen aus dem Zimmer, und Mohamed wurde zu mir hereingeführt. Ich trug weder ein Kopftuch noch meine Abaya und kassierte zu Hause dafür Schläge und massive Beleidigungen.

Psychopharmaka von der Schwiegermutter

»Deine Frau muss auch mal hier raus«, meinte mein Schwiegervater einmal zu Mohamed, »sie muss was anderes sehen als immer nur die Wohnung. Ich werde heute selbst mit ihr zu meinem Geschäft gehen und ihr zeigen, wo mein Bruder arbeitet.«

Es gefiel meinem Mann überhaupt nicht, dass mein Schwiegervater mit mir spazieren gehen wollte, am helllichten Tag und auf der Straße, aber er konnte als guter Sohn schlecht ablehnen. Auf dem Weg, den wir wegen des einigermaßen klaren Wetters zu Fuß zurücklegten, zeigte mir Mohameds Vater die Stadt und erzählte viel aus dessen Kindheit. Ich hörte still zu und genoss einfach die Bewegung an der frischen Luft. Ich war so froh, endlich einmal etwas von Syrien zu sehen, denn ich kannte das Land und die Stadt Aleppo eigentlich überhaupt nicht, obwohl wir nun schon so lange verheiratet waren. Wir waren ja nur einmal hier gewesen, vor Jahren, und damals hatte ich durch die vielen Besuche von und bei Verwandten keine Zeit gehabt, die Gegend zu erkunden.

Der Spaziergang endete mit einer kleinen Limonadenpause im Geschäft meines Schwiegervaters, wo mir Mohamed ständig befahl, mich abzuwenden, damit sein Onkel mir nicht beim Trinken zusehen konnte.

Vor allem zu meiner Schwiegermutter und meiner Schwägerin Bayan entwickelte sich während dieses Aufenthalts ein Vertrauensverhältnis. Ich konnte ihnen offen schildern, wie sich mein Mann normalerweise verhielt, dass er nachts nicht schlief und bei ihm regelmäßig Phasen von absolut übersteigerter Aggressivität gegen alles und jeden auftraten. Die beiden berieten sich. In der Etage über meinen Schwiegereltern wohnte eine Frau, deren Sohn an einer aggressiven Form von Schizophrenie litt und regelmäßig Beruhigungsmittel verabreicht bekam. Über dessen Arzt besorgte meine Schwiegermutter eine große Packung davon.

»Zerstoße diese Tabletten in einem Mörser und mische sie Mohamed unter das Essen, wenn er aggressiv wird.« Ich las den Beipackzettel. Die Liste der Nebenwirkungen flößte mir Angst ein. »Ich weiß, mein Bruder ist gewalttätig«, sagte Bayan, »er schlägt euch. Mit dem Medikament wird er schlafen, dann hast du Ruhe vor ihm. Es ist nicht sehr stark, dies ist die schwächste Dosierung des Wirkstoffs.« Ich steckte die Packung in meine Handtasche.

Leider mit Nebenwirkungen

Kaum waren wir zurück in den Emiraten, ging der Familienterror wieder los. Hinzu kam nun, dass anfangs nur der eine oder andere, dann immer mehr von Mohameds Verwandten aus Syrien anriefen und Geld erbaten, notfalls so lange und eindringlich, bis Mohamed ihnen etwas überwies, immer vierstellige Beträge. Es verletzte mich und meine Kinder unendlich, wie wir gemolken und selbst an allen Ecken und Enden knapp gehalten wurden, während die Frauen meiner Schwäger in Syrien nicht arbeiteten. Sie alle hatten Eigentumswohnungen und Häuser, selbst Mohameds jüngster Bruder besaß schon eine Zweizimmerwohnung mit Balkon. Immer sollte ich, die Frau des ältesten Bruders, allen Geld geben, aber wir hatten selbst kein Haus und kein Grundstück, sondern wohnten zur Miete. Meine Kinder trugen im Gegensatz zu ihren Cousins und Cousinen in Syrien keine Markensachen, ja, sie hatten kaum Kleidung und kaum Spielzeug, und weder ich noch meine Töchter hatten Goldschmuck, während meine Schwägerinnen wie frisch im Modeatelier ausgestattet auftraten und täglich anderen wertvollen Schmuck trugen.

Mohamed aber überwies ihnen großzügige Summen – von meinem Einkommen, denn er selbst hatte ja weiterhin keines.

Gewiss ist es in ganz Arabien üblich, dass Männer ihre Verwandten unterstützen, viel mehr als bei uns. Aber nach den

Regeln des Islam muss der Mann diese Hilfe von seinem eigenen Geld leisten. Es ist verpönt, ja sogar verboten, von männlichem Ehrgefühl gar nicht zu reden, dass der Mann das von der Frau verdiente Geld anrührt. Nur wenn die Frau Geld aus freien Stücken gibt, ist das etwas anderes. Der Mann ist finanziell allein für den Unterhalt seiner Kinder verantwortlich. Mohamed fragte irgendwann nicht einmal mehr – er nahm von mir und verteilte. Mich betrachtete er als Arbeitssklavin.

Warum nur waren wir weniger wert als die Verwandten, warum sollten wir immer leer ausgehen? Als ich Mohamed damit konfrontierte, wurde ich wüst beschimpft. Er spuckte auf den Boden.
»Du hast kein Gefühl, keine Barmherzigkeit. Wir haben hier alles, und die haben nichts.« Nun prügelte Mohamed fast jeden Tag auf die Kinder ein, als müsse er die in Syrien ausgefallenen Folterstunden nachholen. Er beschimpfte uns mit rassistischen Äußerungen, beleidigte uns, ließ uns hungern und auf den Knien putzen. Tagelang mussten wir die Reste aus dem Kühlschrank essen, an manchen Tagen bestand unser Essen nur aus einer Brühe, die aus ausgekochten und abgeschabten Schafsknochen mit ein paar Gewürzen bestand, vermischt mit etwas Reis oder Weizenschrot. Er verbot mir, die Kinder hinunter ins Geschäft zu schicken, um Brot oder Milch zu kaufen. »Die verdienen keine Milch, die kippen sie nur aus«, bekam ich zur Antwort, wenn ich danach verlangte. »Wehe, wenn einer von euch was kauft!«
»Diese Kinder sind schlimmer als Hunde«, sagte er schließlich zu mir. »Der Hund hört auf den, der ihn ernährt, aber diese Kinder sind undankbar und unverschämt! Wenn es nicht *haram*, von Gott verboten wäre, würde ich mir einen Hund anschaffen, damit sie das sehen.«
Anfangs warf ich mich dazwischen, wenn er die Kinder prügelte, dann entlud sich seine Wut an mir. Nach und nach aber ging mir die Kraft aus, und ich hoffte auf eine unbeobachtete

Minute, um meine Fluchtgedanken in die Tat umsetzen zu können. Leider verließ Mohamed inzwischen kaum mehr das Haus – und wenn, nahm er immer mindestens ein Kind mit. Ich hätte aber nie auch nur ein Kind bei diesem Monster zurückgelassen.

Parallel dazu suchte ich im Internet weiter nach Möglichkeiten, um sicher mit allen vier Kindern von Mohamed und aus diesem Land wegzukommen. Die Situation wurde schließlich nicht leichter.

Er fing nun an, die Kinder für jede Kleinigkeit zu schlagen – Schlagen als Strafe, mit einem Stock oder Kochlöffel oben auf die Hände und unter die Füße: dreißig, vierzig, fünfzig Schläge für schlechte Zensuren, freche Antworten. Wenn er keinen Stock oder Kochlöffel fand, nahm er ein Stromkabel oder auch seinen Gummilatschen. Wenn ich dazwischenging, schubste er die Kinder in eins der Bäder oder in die Küche und schloss von innen ab, bevor er weiter zuschlug. Versuchte ich einzuschreiten, prügelte er die Kinder noch heftiger.

Ich erinnerte mich an die Tabletten, die mir Bayan und Mohameds Mutter gegeben hatten, und kramte die Packung aus meiner Handtasche hervor. War es nicht an der Zeit, es damit bei Mohamed zu versuchen?

Leider waren die aufgelisteten Nebenwirkungen so gefährlich, dass ich davor zurückschreckte, ihm die Medikamente heimlich einzuflößen. Mit Sicherheit war mein Mann psychisch krank und gefährlich, aber ich wollte nicht zur Mörderin werden, also legte ich die Packung wieder weg. Ich sah mich schon auf der Anklagebank sitzen, meinen Anwalt auf Notwehr plädierend.

Als unsere Situation unerträglich wurde, da er nun täglich massiv auf die Kinder einprügelte, entschloss ich mich, doch einen Versuch zu starten. Notfalls konnte uns eine sehr schwache Dosierung des Medikaments vielleicht bei einer Flucht helfen. So mischte ich, als er wieder einmal extrem aggressiv wurde, eine halbe im Mörser zerstoßene Tablette unter sein Essen und wartete ab. Wenige Minuten nach dem Essen wurde er müde und legte sich schlafen. Er schlief fast drei Stunden lang und war danach sehr ruhig. Wow, so schnell also bekam man seine Ruhe!

Nur gegen meine Skrupel half das Medikament leider nicht. Was, wenn er durch meine Schuld einen Herzinfarkt bekäme? Schließlich warf ich aus Angst, ich könnte damit zur Verbrecherin werden, die ganze Packung in den Müll.

So sehr ich diesen Teufel auch loswerden wollte – ich musste eine andere Möglichkeit finden. Eine, die mit meinem Gewissen vereinbar war.

Ich habe mich danach oft gefragt, ob ich das Richtige getan hatte. An wie vielen Tagen hätten uns diese Medikamente Todesangst, Leid und Schmerz erspart.

Kapitel V

VIER ZIMMER, KÜCHE, GOTTESSTAAT

»Ab jetzt küsst ihr meine Hand!«

Die Kinder hatten sich in der Schule schnell eingefunden. Abdullah war mittlerweile unter den drei Besten seiner Klassenstufe. Er bekam eine Urkunde von der Schule, und auch Maryam brachte sehr gute Leistungen nach Hause. In ihren Schulklassen waren vor allem die beiden Großen sehr beliebt. Aber sie durften mit den anderen Kindern keine Freundschaften außerhalb der Schule pflegen. Mohamed kannte die Eltern nicht, und für ihn war einfach jeder, der nicht zu seinem salafistischen Freundeskreis gehörte, potenziell ein Ungläubiger oder Fehlgeleiteter und damit kein rechter Umgang für seine Kinder. Er verbot ihnen kurzerhand jeglichen Kontakt.

Ich erzählte den Kindern immer wieder, dass das weder in meiner Erziehung noch im Islam zulässig sei – und so lernten sie schrittweise, sich zu widersetzen.

Wie aus dem Nichts spitzte sich die Lage 2008 dramatisch zu. Mohamed widmete sich in jener Zeit immer weniger seinen vereinbarten Verpflichtungen den Kindern gegenüber. Eines Tages weigerte er sich kategorisch, ihnen bei den Hausaufgaben zu helfen. »Aber du hast es mir doch versprochen, dass du mit den Kindern die Hausaufgaben machst und den Unterrichtsstoff zu Hause wiederholst, während ich arbeite«, beharrte ich immer wieder.

»Das kannst du vergessen«, gab er mir zur Antwort. »Ich bin doch nicht verrückt! Wir zahlen so viel Geld für die Privatschule, ich sehe keinen Grund, die Kinder auch noch zu Hause zu unterrichten. Sie sollen selbst schauen, wie sie klarkommen. Ich mache jedenfalls zu Hause keine zweite Schule auf.«

Schule war ab sofort nur noch dann ein Thema, wenn eine Klassenarbeit nicht nach Mohameds Vorstellungen ausgefallen war. Dann hagelte es wüste Beschimpfungen, Erniedrigungen und Schläge. Jedes Mal ging ich dazwischen und sagte ihm, dass nicht die Kinder die Strafe verdient hätten, sondern er, da er sich nicht um sie gekümmert hätte, als sie ihn um Hilfe bei den Hausaufgaben und um Erklärungen gebeten hatten.

»Halt deinen Mund«, bekam ich dann zu hören. »Hilf du ihnen doch!«

»Das würde ich ja gern und habe ich auch getan, solange wir in Deutschland gewohnt haben und die Kinder dort zur Schule gingen. Aber Arabisch ist nun mal nicht meine Muttersprache, und wir hatten eigentlich vereinbart, dass du diese Aufgabe hier übernimmst.« Mohamed wurde jedes Mal so wütend, dass er entweder sofort die Hand erhob, um mich zu schlagen, oder mich massiv bedrohte. Ich würde die Kinder gegen ihn aufhetzen, schrie er. Überhaupt würde ich die Kinder schlecht erziehen und mit meiner Weichheit ihre Dickköpfigkeit stärken.

Die Kinder waren aber, wie ich fand, überhaupt nicht dickköpfig, im Vergleich zu anderen gleichaltrigen Kindern waren sie sogar sehr lieb und ruhig. Erst mit der Zeit fingen sie an, ihrem Vater immer öfter Paroli zu bieten. Sie hatten allmählich begriffen, dass sie nicht wie andere Kinder in ihrem gesamten Bekanntenkreis behandelt wurden. Was er als Dickköpfigkeit und Unverschämtheit bezeichnete, war nichts weiter als ihre hilflose Reaktion auf seine widersinnigen Verbote und die gewalttätigen Übergriffe.

Vor allem die beiden Großen weigerten sich zunehmend,

stundenlang mit den Kleinen den Schulstoff zu wiederholen und mit ihnen Hausaufgaben zu machen.

»Warum sollen immer wir ihnen helfen?«, fragten sie. »Das sind doch deine Kinder, du bist ihr Vater. Wir haben selbst genug für die Schule zu tun.«

Für diese »unverschämten Antworten« bekamen sie Schläge, aber irgendwann störte sie das scheinbar kaum noch. Sie hatten sich, wie es schien, daran gewöhnt, von ihrem Vater misshandelt zu werden. Gewalt war für sie ganz normal, sie gehörte zu ihrem Alltag. Immer wenn ich dazwischenging, bekam ich auch meinen Teil ab. Je mehr ich redete und versuchte, ihn durch Worte zur Vernunft zu bewegen, desto wütender und gewalttätiger wurde er. Wenn ich Zitate aus dem Koran und den *Ahadith* anführte, den Überlieferungen aus dem Leben des Propheten Mohammed und seiner Gefährten, um meinen Standpunkt zu untermauern und ihm vor Augen zu halten, wie falsch und unislamisch er sich uns gegenüber verhielt, warf er mir an den Kopf, ich hätte doch keine Ahnung. Aber ich hatte all die Bücher der großen Islamgelehrten gelesen, die er mir in deutscher und englischer Übersetzung selbst gekauft hatte. Teilweise hatte ich die Übersetzungen mithilfe meiner Kinder mit dem arabischen Original verglichen und festgestellt, dass sie übereinstimmten. Mohamed war im Unrecht, und es machte ihn wütend, dass ich mich inzwischen so gut mit dem Islam auskannte und deutlich mehr Bücher gelesen hatte als er. Es machte ihn wütend, dass ich mit meinem Wissen beweisen konnte, wie falsch er sich verhielt, dass ich nicht einfach still war und ihm glaubte, er hätte in allem recht.

Die Sache mit den Sittichen

Dazwischen gab es Phasen, in denen sich Mohamed wider Erwarten doch mit den Kindern befasste, bevorzugt wenn Prüfungen bevorstanden. Es wäre besser gewesen, er hätte es unterlassen.

Dann saß er mit einem Stock in der Hand bis tief in die Nacht neben seinem ältesten Sohn auf dem Boden, den Rücken an der Wand, und prügelte dem Jungen den Unterrichtsstoff ein, wenn es beim Abfragen haperte. Fielen Abdullah vor Müdigkeit die Augen zu, übergoss Mohamed ihn mit eiskaltem Wasser und setzte seine Folter fort, bis der Junge den Stoff vorwärts und rückwärts im Schlaf aufsagen konnte. Wenn ich versuchte, Mohamed zu milderen Methoden zu bewegen, wurde ich wüst beschimpft, und Mohamed wurde dann noch aggressiver gegenüber meinem Sohn. Seine Taktik war, mich zu »verschonen« und dafür seine ganze Wut an Abdullah auszulassen, sodass ich gezwungen war, mich nicht einzumischen, um meinem geschundenen Kind nicht noch mehr Qualen zu bereiten. Tat ich nichts, wurde Abdullah geschlagen, griff ich ein, wurde er noch mehr geschlagen. Ähnlich ging es später mit Maryam weiter.

Die schulischen Leistungen, die meine Kinder nach diesen Torturen erbrachten, waren leider hervorragend. Mohamed fühlte sich dadurch in seinen unmenschlichen Methoden hundertprozentig bestärkt und begann, sie zu verfeinern.

Nach jeder erfolgreichen Prüfung forderte er nun die Kinder auf, ihm die Hand zu küssen, die er ihnen dabei direkt unter die Nase hielt: »Küsse meine Hand«, befahl er. Wenn sich Abdullah und seine Geschwister weigerten, spuckte er voller Verachtung auf den Boden und schrie: »Küsse meine Hand, du Hund! Küsse meine Hand, du Hündin!« Da die Kinder sich nun umso mehr weigerten – zu Recht, wie ich fand –, brüllte er: »Ihr seid genauso unverschämt wie eure Mutter. Scheiß Deutsche, ich spucke auf euch!«

Ebenso wie ich empfanden die Kinder Handküsse als Form der Achtungsbezeigung ihrem Vater gegenüber als äußerst erniedrigend. In einigen arabischen Ländern, vor allem in Syrien, scheint dies bei einfachen Familien normal zu sein. Allerdings wussten meine Kinder gar nicht, wofür sie ihren Vater achten oder gar seine Hand küssen sollten.

Dieselbe Masche der Erniedrigung zog er auch bei mir durch. Einige Tage nachdem er mich geschlagen hatte, kam er regelmäßig an und spulte seinen sinnlosen Standardsatz herunter: »Ich habe dir verziehen«, streckte mir mit großzügiger Geste seine Hand vors Gesicht und verlangte: »Küsse meine Hand!« – was ich selbstverständlich verweigerte.

»Ich küsse die Hand nicht, die mich schlägt«, erwiderte ich.

Darauf schlug mir Mohamed mit dem Handrücken auf den Mund und zischte: »Unverschämt!«

Im Vergleich zu den sonst üblichen Schlägen war der Schmerz kurz. Irgendwann ignorierte ich diese impertinente Geste einfach.

Die Kinder litten und wurden immer blasser, schließlich hatten alle vier leichenblasse Haut und dicke schwarze Augenränder. Um ihnen eine Freude zu machen und da er wohl doch irgendwie mitbekam, dass er jede Grenze des Zumutbaren deutlich überschritten hatte, brachte Mohamed die Kinder an einem Wochenende zum Kleintiermarkt. Der fand in einer riesigen Markthalle statt. Vor manchen Geschäften saßen auf einer Holzstange Sittiche oder Papageien, die sich nicht von der Stelle bewegten, teilweise recht fröhlich trällerten und einzelne Worte sprechen konnten. Da sich die Vögel auch noch streicheln ließen, waren die Kinder begeistert. Natürlich wollten sie nun nichts lieber als Vögel haben, und nachdem mich Mohamed zusammen mit den Kindern bearbeitet hatte, stimmte ich zu. So hatte der kleine Adnan, der immer zu Hause bleiben musste, wenigstens Freunde und eine Beschäftigung, wenn die Großen in der Schule waren. Er würde sich, hoffte ich, nicht mehr so einsam fühlen. Ich hatte allerdings eines klargestellt: »Ihr fünf übernehmt die gesamte Verantwortung für die Vögel, ich habe mit meiner Arbeit und dem Haushalt schon genug zu tun.« Alle willigten ein, auch

Mohamed, und am folgenden Wochenende zogen zwei Wellensittiche in einem großen Käfig bei uns ein.

Der Käfig bekam einen Platz auf einem Hocker am Fenster meines Arbeitszimmers, eines fünfeckigen Raums, der mit seiner Fensterfront nach drei Seiten an eine Veranda erinnerte. Anfangs hatten die Kinder viel Spaß daran, die Vögel nur anzusehen. Der eine war gelb und der andere blau. Sie zwitscherten aber noch nicht viel und machten stattdessen jede Menge Dreck. Wie in wahrscheinlich jeder Familie gab es auch bei uns bald Streit um die Reinigung des Käfigs, für die plötzlich keiner mehr zuständig sein wollte. Mohamed schrie die Kinder an, sie sollten gefälligst sauber machen, was sie reihum dann auch taten. Als Nächstes nahm sich Mohamed die Erziehung der Sittiche vor und ließ sie aus dem Käfig heraus. Da sie den Raum aber noch nicht gut genug kannten und auch nicht daran gewöhnt waren, dass so viele Hände nach ihnen griffen, flüchteten sie erschrocken auf die Gardinenstangen, flogen dann in Panik frontal gegen die Fensterscheiben und verletzten sich dabei, sodass sie aus der Nase bluteten. Das Weibchen starb schließlich, und das Männchen ließ Mohamed vor Wut dann einfach aus dem Fenster flattern.

Die Trauer der Kinder war groß. Den halben Tag weinten sie. Zum Trost wurden zwei Nymphensittiche angeschafft: ein kräftiges dunkles Männchen, das wunderschön singen konnte, und ein zartes weißes Weibchen. Bald schon sang das Weibchen genauso schön wie das Männchen. Aber wie Tiere so sind, und insbesondere solche großen Vögel, machten sie natürlich viel Dreck um ihren Käfig herum, und bald wurde Mohamed diese Arbeit zu viel. Manchmal nahm er den ganzen Käfig, stellte ihn in die Badewanne und duschte ihn samt Vögeln ab, bis die armen Wesen fürchterlich durchnässt auf ihren Stangen saßen. Dann blieb der Käfig so lange im Bad stehen, bis die Kinder aus der Schule zurückkamen und sich um die Vögel kümmerten.

Zur »Erziehung der Vögel«, wie er sagte, schlug Mohamed die

kleinen Tiere regelmäßig. Er fand es auch noch lustig, wenn sie, von seiner Hand hart getroffen, zu Boden fielen.

»Trrrraaaa!«, sagte er dann und lachte. »Siehst du, die müssen lernen, wer hier der Herr ist.«

Mir traten die Tränen in die Augen, und in der Regel verließ ich nach solchen Aktionen voller Abscheu den Raum. »Wie kann man nur so brutal sein«, rief ich im Hinausgehen und weinte irgendwo still vor mich hin.

Merkwürdigerweise ließ sich der Hahn irgendwann sogar von diesem Unmenschen streicheln und tat alles, was der von ihm verlangte, sodass sich Mohamed aufs Neue in seinem grausamen Tun bestätigt fühlte.

»Guck mal, wie der mich liebt«, triumphierte er. »Der macht alles, was ich will. Man muss hart mit diesen Tieren sein, sonst verstehen die nicht.«

Zu mir und den Kindern kamen die Vögel aus reiner Zutraulichkeit auf die Hand.

Angriff mit dem Staubsaugerrohr

Im Januar 2009 eskalierte die Situation weiter, und diesmal setzte Mohamed mir dabei so arg zu, dass ich zum ersten Mal konkret an Flucht dachte, weil ich anfing, mich vor meinem Mann und seinem kranken Hirn zu fürchten. Er wurde immer unberechenbarer.

Jener Tag im Januar begann damit, dass ich mich morgens, nachdem ich Mohamed wie gewohnt beim ersten Gebetsruf des Muezzins geweckt hatte, daran machte, einen eiligen Übersetzungsauftrag fertigzustellen. Mohamed selbst hatte am Vorabend verlangt, dass ich meine Arbeit abbrach und am Morgen nach dem ersten Gebet weitermachte. Sein Wille geschah.

Die Kinder hatten an diesem Tag Prüfungen und mussten etwas später zur Schule, daher hatte ich sie nach dem Gebet wieder ins Bett geschickt. Es war gerade sechs Uhr, als Mohamed von der Moschee zurückkam. Er war übel gelaunt, wahrscheinlich hatte er wieder mit jemandem Streit gehabt. Das kam in letzter Zeit öfter vor, denn er vertrat zeitweise den Imam beim Gebet, wenn dieser verhindert war, und wollte dabei von allen ernst genommen werden. Allerdings verhaspelte er sich oft oder blieb im Text stecken, sodass ihn andere Betende korrigierten und hinterher auf die gemachten Fehler ansprachen.

Kaum war er zu Hause, fing er sofort an, die Sauberkeit in der Wohnung zu monieren. Da ich die gesamte Wohnung täglich saugte und wischte, reagierte ich zunächst gar nicht auf diesen Schwachsinn. Natürlich hatten die Vögel in der Nacht gefressen und ein paar Körner rund um den Käfig verstreut, aber so ist das nun einmal, wenn man Tiere zu Hause hält.

Mohamed nahm einen Besen und kehrte. Dabei meckerte er weiter wütend vor sich hin, und da ich nicht darauf reagierte, wurde Mohamed immer lauter und immer wütender: »Die Gören liegen faul im Bett, und der Vater macht sauber.«

»Bitte sei nicht so laut«, sagte ich. »Die Kinder haben heute Prüfungen, lass sie doch wenigstens ausschlafen. Sie haben ja die halbe Nacht gelernt. Du brauchst jetzt auch nicht zu putzen. Ich mache das nachher, während du sie zur Schule bringst.«

Aber Mohamed wurde immer aufgebrachter, ging ins Kinderzimmer und schaltete das Licht ein.

»Los, steht auf und macht sauber!«, brüllte er. »Steht endlich auf, ihr schmutzigen Gören, ihr Faulpelze! Ihr lasst euren Vater putzen, und die Frau sitzt auch faul rum und sieht zu, wie ich den Dreck wegkehre!«

»Jetzt ist es aber genug«, gab ich zurück. Trotz der Angst vor Mohamed widersprach ich ihm. Ich hatte eigentlich längst keinen Lebenswillen mehr, aber ich wollte nicht kampflos aufgeben. Es gab keinen Platz in diesem Haus mehr für uns beide. Einer musste gehen. Dieses Monster oder ich.

»Du selbst wolltest, dass ich den Auftrag heute als Allererstes fertig mache. Ich habe dir ja schon gesagt, dass du nicht zu putzen brauchst und ich das anschließend erledige. Das muss nicht jetzt gemacht werden.«

Da kam er mit dem Besen auf mich zugestürzt und schrie: »Los, weg mit dir, du Faule, geh aus dem Weg, ich muss hier sauber machen!« Dabei machte er eine Bewegung, als ob er mich mit dem Besen schlagen wollte. Die Kinder waren inzwischen hellwach, standen verstört im Flur und folgten dem absurden Geschehen. Ich sprang auf, machte ihm Platz und wiederholte möglichst ruhig: »Na gut, wenn du denn unbedingt jetzt putzen willst ... Aber ehrlich gesagt verstehe ich überhaupt nicht, was schon so früh am Morgen mit dir los ist. Das kann ich doch nachher in Ruhe machen.«

Nun wurde Mohamed total ausfallend. Er müsste ja nicht putzen, wenn ich nicht so eine schmutzige Frau wäre. Ich könnte gar nicht richtig putzen, und die Wohnung wäre überhaupt immer so dreckig wie ein Stall. Meine Kinder hätte ich auch nicht erzogen, die würden nur rumstehen und glotzen, während er arbeitete. Es wurde immer schlimmer. Das Ende vom Lied: Er schmiss den Besen wütend hin und schrie auf die Kinder ein, sie sollten gefälligst sofort sauber machen, oder er würde sie nicht zur Prüfung lassen.

Abdullah nahm den Besen und fing an zu kehren. Ich hatte endlich meinen Auftrag fertig und an den Kunden abgeschickt und wollte Abdullah den Besen abnehmen, damit er sich wie seine Geschwister waschen und für die Schule fertig machen konnte. Aber Mohamed scheuchte mich aus dem Zimmer und hatte inzwischen einen Kochlöffel in der Hand, mit dem er auf meinen Sohn einschlug.

Dabei beschimpfte er uns immer weiter: »Ihr dreckigen Deutschen könnt nicht mal putzen. So eine faule, unerzogene Bande. *Balwa, balwa* seid ihr, eine Plage!«

Als ich das hörte, konnte ich nicht länger an mich halten: »Ich habe nicht faul herumgehangen, sondern nur deshalb schon morgens am Computer gesessen, weil ich hier den Lebensunterhalt für die ganze Familie verdienen muss.« Das war die reinste Wahrheit, denn von ihm kam seit Jahren nichts mehr. Das war selbst seinen Glaubensbrüdern schon aufgefallen, weil sie ihn nur zwischen Moschee und Wohnung pendeln sahen. Er gaukelte ihnen vor, ein Übersetzungsbüro zu betreiben.

Mohamed wurde so wütend, dass er das Rohr des Staubsaugers nahm und voller Gewalt auf mich einschlug, bis er mich am Kopf traf, obwohl ich beide Arme schützend darübergehalten hatte. Der Schlag mit dem Rohr traf mich so hart, dass ich fast ohnmächtig wurde. Als er endlich merkte, was er getan hatte, und das Blut aus der Platzwunde laufen sah, unternahm er nichts, um mir zu helfen. Er ließ lediglich von mir ab und wandte sich stattdessen den Kindern zu, die erschrocken dabeigestanden hatten. Wie von Sinnen schlug er auf sie ein. Die Kinder rannten davon, er hinterher, mit Wucht auf sie einprügelnd, wo er nur konnte. Da ich allein im Arbeitszimmer zurückgeblieben war, ergriff ich die einzige Chance, die ich hatte. Ich knallte die Tür zu, schloss hastig hinter mir ab und rief die nächstgelegene Polizeiwache an.

Vom Polizeichef gelinkt

Weinend und stöhnend erzählte ich am Telefon, was sich hier gerade zutrug, und flehte die Beamten an, uns zu Hilfe zu kommen. Ich hätte Angst, er würde in seiner Wut eines der Kinder totschlagen.

Die Beamten kam auf der Stelle, klingelten und riefen, er solle die Tür öffnen.

Mohamed weigerte sich: »Geht weg. Das geht euch nichts an, das sind Privatangelegenheiten.«

»Machen Sie auf, Ihre Frau hat uns um Hilfe gerufen. Sie blutet. Machen Sie sofort auf.«

Inzwischen hatte ich Maryam, Hajar und Adnan zu mir ins Arbeitszimmer geholt und wieder abgeschlossen.

»Ich mache nicht auf!«, schrie Mohamed, »meine Frau lügt.« Das ging eine Weile so hin und her, bis er wohl keinen anderen Ausweg sah, als Abdullah an die Tür zu schicken, und schon waren die Polizisten drinnen und er im Schlafzimmer verschwunden.

Nachdem die Polizisten erst die Kinder und mich und am Ende Mohamed befragt und die Tatwaffe sichergestellt hatten, nahmen sie Mohamed mit aufs Revier. Eine Beamtin würde gleich kommen, sich um uns kümmern und mich erst einmal ins Krankenhaus fahren, beruhigten sie mich. Mein Mann würde für die Körperverletzung eingesperrt werden. Ein Streifenwagen brachte Maryam und Abdullah zur Schule, sodass sie an den Prüfungen teilnehmen konnten. Hajar und Adnan kamen mit mir ins Krankenhaus.

Die mich behandelnde Ärztin stellte starke Prellungen und Abschürfungen fest. Mein rechter Arm, den ich zum Schutz vor den Schlägen vor meinen Kopf gehalten hatte, war inzwischen auf das Doppelte angeschwollen und voller grünblau angelaufener Hämatome und Abschürfungen. Die Röntgenuntersuchungen zeigten, dass zumindest nichts gebrochen war. Mein Blutdruck und meine Herzfrequenz waren jedoch in solch einem Maße erhöht, dass mich die Ärztin am liebsten für ein paar Tage zur Beobachtung dabehalten hätte. Aber wer hätte sich dann um die Kinder gekümmert? Wenn sie Mohamed freiließen, wären die Kinder diesem Tyrannen am Ende voll und ganz ausgeliefert gewesen. Wer wusste schon, womit er sie bestrafen, was er sich als Nächstes für eine Folter ausdenken würde. Oder er würde die Kinder entführen, dann sähe ich sie wahrscheinlich nie wieder. Gedroht hatte er damit schon öfter, dass er die Kinder nehmen und die Mädchen irgendwo in Arabien zwangsverheiraten würde.

Ich lehnte dankend ab, ich müsste zuerst meine Kinder in Sicherheit bringen, bevor ich mich um meine eigene Gesundheit kümmern könnte. Dann wurde ich ins Polizeipräsidium gefahren, wo Mohamed in einen anderen Raum eingesperrt worden war. Hajar und Adnan waren immer noch bei mir. Sie hatten das Geschehen im Krankenhaus stumm und voller Angst mit angesehen, hatten nur um ein Getränk gebeten und zitterten immer noch erbärmlich. Von den netten Polizistinnen bekamen sie zu essen und zu trinken und wichen nicht von meiner Seite. Eine der beiden Beamtinnen war in eine teure Abaya gekleidet, stark geschminkt, klein, schlank und sehr resolut im Umgang mit ihren männlichen Kollegen. Sie erzählte mir, in achtzig Prozent der Fälle häuslicher Gewalt seien Syrer verwickelt.

Ich bekam eine Kopie des Krankenhausberichts ausgehändigt, auf dem die Verletzungen im Einzelnen aufgeführt waren und in deutlichen Buchstaben *Assault* stand, der englische Begriff für häusliche Gewalt. Ich habe den Bericht als Beweismittel für später aufbewahrt. Da er auf Englisch verfasst war, einer Sprache, die mein Mann weder sprechen noch lesen konnte, bestand keine Gefahr, dass er das Dokument als Beweisstück gegen sich identifizieren und vernichten konnte. Es verblieb fortan in meiner Handtasche.

Leider habe ich erst viel später verstanden, was als Nächstes auf dem Polizeirevier geschah. Ich wurde zusammen mit meinen Kindern in einen Raum geführt, in dem der Chef des Reviers saß. Er trug natürlich keine Uniform, sondern zivile Kleidung, eine weiße *Dischdascha,* den traditionellen Kaftan, dazu das Kopftuch mit der doppelt gelegten schwarzen Kordel. Eine Polizistin, die mich zu ihm brachte, sagte: »Das ist mein Chef. Er möchte mit Ihnen reden. Sprechen Sie mit ihm Arabisch, er versteht kein Englisch.« Na toll!

Von dem, was er mich fragte, und dem, was er mir sagte, verstand ich weniger als die Hälfte. Es ging in geradezu väterlichem Ton um Geduld, Verzeihen und Ähnliches. Er erklärte mir, Frauen zu schlagen wäre im Islam nicht erlaubt, und in seinem Land würde man es auch nicht dulden. Er würde meinen Mann sofort einsperren, wenn er mich wieder schlagen sollte. Aber er wäre sehr dafür, dass ich Mohamed noch ein einziges Mal verzieh. Er sei jetzt polizeilich registriert, beim nächsten Mal würde er eingesperrt werden.

Ich konnte nicht gut genug Arabisch sprechen, um ihm verständlich zu machen, wie viele Jahre ich bereits mit diesem Mann Geduld gehabt hatte und dass ich eigentlich nur noch die Scheidung wollte, dass es auch nicht allein um mich, sondern vor allem um die Kinder ginge. Ich wiederholte das Wort *Talaq*, Scheidung, mehrfach, und meine kleine Tochter Hajar übersetzte für mich, so gut sie konnte, aber er antwortete, dafür seien die Gerichte zuständig, nicht die Polizei. Wenn ich wollte, könnten sie meinen Mann für ein paar Tage dabehalten, bis er sich beruhigt hätte.

Ich nickte zur Bestätigung. »Ja, das will ich.«

Nun wurde ich allein in ein anderes Zimmer geführt und erstarrte. Es war der Arrestraum, in dem Mohamed seit dem Morgen saß. Die Polizistinnen hatten mir erzählt, dass er herumgeschrien, die Polizisten beleidigt und beschimpft hätte und dass sie ihm Beruhigungstee gegeben hätten. Er jedoch hätte weiter geschimpft, geschrien und sie beleidigt und nicht einmal dann damit aufgehört, als sie ihm mit einer Gefängnisstrafe gedroht hatten. Da saß er nun auf einem Stuhl und blickte mich finster und voller Hass an. Er hatte wohl schließlich, um seine Ruhe zu haben und die Polizisten loszuwerden, eine Erklärung unterschrieben, dass er mich nicht wieder schlagen würde und nach

Hause kommen könnte. Das wollte ich absolut nicht. Ich wollte mich nicht darauf einlassen und bekam dann endlich ein Papier in arabischer Schrift vorgelegt. Ich glaubte bis zur letzten Minute, ich würde meine Anzeige unterschreiben. Auf der Polizeiwache wurde kein Wort mehr auf Englisch geredet und auch kein Dolmetscher zur Verfügung gestellt, obwohl ich mehrfach danach verlangt hatte. Ich kritzelte zitternd meinen Namen unter die Anzeige.

Hätte ich gewusst, was wirklich auf dem Blatt stand, hätte ich es niemals unterschrieben. Nun aber hatte ich meinem Mann offiziell verziehen, alle Anschuldigungen zurückgenommen und musste zusammen mit Mohamed nach Hause gehen. Für den Polizeichef, der mich nach Strich und Faden gelinkt hatte, war das Problem damit gelöst und nach Aktenlage eben mal eine Ehe gekittet. Ich musste zurück in mein Gefängnis mit Meerblick, vier Zimmer, Küche, Gottesstaat.

Gräuelvideos für die Kinder

Ab dem Moment, als Mohamed und ich das Polizeirevier verließen, redete ich kein Wort mehr mit ihm. In der Wohnung ging ich sofort in mein Arbeitszimmer und schloss die Tür hinter mir ab. Ich zitterte vor Angst.

Kam Mohamed in den folgenden Stunden und Tagen in einen Raum, in dem ich mich gerade aufhielt, verließ ich diesen. Sprach er mich an, reagierte ich nicht. Außerdem trug ich ein betont langes, weites Kleid, das wie ein Sack aussah, um keinerlei Verlangen in ihm zu wecken. Er sollte mich auf keinen Fall anfassen.

Nach und nach beruhigte sich die Situation, da Mohamed keine weiteren Anstalten machte, mich anzugreifen, aber es gab immer wieder Phasen, in denen er mich wüst beschimpfte und beleidigte. Die Gewalt gegen die Kinder nahm hingegen deutlich zu. Er fing an, sie mit allen möglichen Gegenständen zu schlagen, die ihm zwischen die Finger kamen, Latschen, Gürtel, Bambusstöcke. Zunächst aber nahm er einen biegsamen Glasfaserstab dafür her. Dieser gehörte zu einer Strandmuschel, in die wir uns bei Besuchen am Meer quetschen mussten, damit uns am Strand bloß kein Fremder sehen konnte.

»Das ist ein guter Schlagstock«, meinte Mohamed; bald hatte er ihn auf den Kindern kaputtgedroschen. Als Ersatz folgten dicke Stromkabel. Die Kinder fingen an, Kochlöffel und die rund fünfundzwanzig bis dreißig Zentimeter langen, im Durchmesser einen Zentimeter dicken Sticks für Heißklebepistolen, mit denen sie ebenfalls verprügelt wurden, verschwinden zu lassen. Mohamed mochte die Sticks, weil sie so elastisch waren. Er kaufte eifrig nach und fing an, die Kinder systematisch zu misshandeln und einzuschüchtern, besonders Abdullah und Maryam.

»Ich werde euch schon noch zeigen, wer hier der König ist«, drohte er, oder: »Ich werde euch nie verzeihen, dass ihr eurer Mutter geholfen und die Polizei ins Haus gelassen habt, gegen euren eigenen Vater. Das verzeihe ich euch nie – niemals!«

Mohamed fürchtete die Polizei wirklich, aber er ließ uns keine Chance, sie zu alarmieren. Er kontrollierte das Telefon, nahm mir mein Handy ab, und die Kinder waren viel zu eingeschüchtert, um Hilfe zu holen. Ich selbst war mir nach meiner bösen Erfahrung mit der Polizei ohnehin nicht sicher, ob uns von dieser Seite wirklich geholfen werden würde.

Einmal ging es so weit, dass Mohamed nacheinander mit einem Kochlöffel auf alle vier Kinder einprügelte und dann auch noch in die Kammer ging, um sich einen »starken Stock« zu holen, wie er den Knüppel in seiner Hand nannte. Die Kinder waren zu diesem Zeitpunkt bereits grün und blau geschlagen, und jedes Mal, wenn ich versuchte, dazwischenzugehen, packte er eines der Kinder, schleppte es ins Bad und schloss die Tür hinter sich ab, sodass er ungestört weiter auf es einprügeln konnte. Aus Angst um meine Kinder ging ich in solchen Fällen keinen Schritt von der Tür weg. Meistens waren sie tagelang voller blauer Flecken, auch im Gesicht und oft am Hals, aber selbst in der Schule reagierte keiner der Lehrer darauf. Es konnte doch nicht sein, dass niemand die Zeichen der Schläge bemerkte! Es war doch so offensichtlich. Warum sah niemand hin, warum nur fragte keiner nach? Kein Einziger.

Mohamed hatte die Kinder über längere Zeit regelmäßig zu Vorlesungen in die umliegenden Moscheen mitgenommen, nie aber zu seinen Salafistentreffen. Wir wussten daher genau, dass er zu Hause und uns gegenüber meist das Gegenteil dessen praktizierte, was in den normalen Moscheen gelehrt wurde. Wenn Abdullah es wagte nachzufragen, brachte Mohamed ihn mit wüsten Beschimpfungen zum Schweigen: »Der *Shaytan,* der Satan, bewegt dich! Das ist das Einzige, was du dir von dieser Vorlesung gemerkt hast, du Schmutziger! Halt deinen Mund, bevor ich dich schlage, du Hund!« Verächtlich spuckte er dann auf den Boden, um zu zeigen, wie sehr er seinen eigenen Sohn verachtete. Draußen aber, in der Öffentlichkeit, spielte sich Mohamed gern als Islamgelehrter auf und regte sich unheimlich auf, wenn jemand die islamischen Regeln nicht befolgte. Tagelang las er dann in seinen Büchern nach, »um es dem Schwein zu beweisen, dass er unrecht hat«. Nach außen hin zeigte er sich als strenger Verfechter eines milden islamischen Glaubens. Doch in Mohameds Hirn hatten seine Salafistenfreunde eine andere Botschaft gebrannt. Die von Hass und Gewalt.

Ich habe lange versucht, Mohamed mithilfe jener Bücher, die er mir selbst empfohlen hatte, auf den rechten Weg zurückzubringen, weg von diesen Gewaltexzessen. Ich wusste, dass er Abu Huraira, einen engen Gefährten und eifrigen Schüler des Propheten Mohammed, sehr schätzte. Ab und an las ich ihm eine authentische Überlieferung einer Aussage des Propheten Mohammed vor: »Abu Huraira berichtete, dass er den Gesandten Allahs, Allahs Segen und Friede auf ihm, Folgendes sagen hörte: ›Wahrlich, der übelste aller Menschen ist derjenige, der zwei Gesichter hat, indem er sich zu diesen Menschen mit einem Gesicht und zu jenen mit dem anderen Gesicht begibt.‹«

Anstatt in sich zu gehen und sich bei der Ehre gepackt zu fühlen, raste Mohamed jedes Mal vor Wut, beschimpfte und bedrohte mich. Das bewies mir umso mehr, dass er einer von den Leuten mit den zwei Gesichtern war, von denen in diesen Überlieferungen die Rede war. Was Mohamed mit uns tat, das denke ich bis heute, hat auch nicht das Geringste mit dem Islam zu tun.

Einmal wurde Abdullah von Nachbarn auf der Straße angesprochen, als er wieder einmal voller blauer Flecken war. »Schlägt dich dein Vater? Ist er aggressiv zu Hause?«

»Ja«, antwortete Abdullah. Offenbar hatten die Nachbarn die lauten Schmerzens- und Angstschreie der Kinder, die so oft aus unserer Wohnung drangen, gehört und anderen davon erzählt. Abdullah hoffte, dass man seinen Vater darauf ansprechen würde. Aber dazu kam es nicht. Keiner griff ein, keiner half. Was immer Mohamed tat, er konnte sich in den Emiraten absolut sicher fühlen. Wie die Polizei Fälle häuslicher Gewalt behandelte, hatte ich ja selbst erlebt.

Schulverbot und Essensentzug

Für unser Leben in den Emiraten gab es nur mehr ein Wort: Hölle.

Ich durfte die Wohnung so gut wie gar nicht mehr verlassen. Ganz selten, wenn er einmal gut gelaunt war, durfte ich mit Abdullah am Kanal hin und her laufen, aber immer nur so weit, dass Mohamed mich von oben aus dem Fenster noch sehen konnte, und nur ganz langsam. Bevor wir hinausgingen, wurde ich immer genau inspiziert und beschnüffelt, ob auch ja kein verführerischer Geruch von Parfüm oder Seife von mir ausging. Ich musste mich sehr dick anziehen: eine lange Hose, darüber ein bodenlanger Rock, darüber die Abaya, auf dem Kopf eine Mütze, die meine Haare vollkommen verbarg, darüber ein bauchlanges weites Kopftuch, um meine Stirn, mein Kinn, die Wangen, Schultern und Oberarme komplett zu verbergen. Niemand sollte auch nur ahnen, dass ich so etwas wie einen Körper habe. Ich musste blickdichte Strümpfe tragen, und er prüfte das nach, indem er meine Kleidung anhob und nachschaute, was ich unter der Abaya trug.

Weitere Regeln, die ich zu beachten hatte, wenn ich wieder mal Ausgang von meinem Gefängnis bekommen wollte, waren, dass ich unterwegs kein Geschäft aufsuchte, mich nicht einen Meter weit von meinem Sohn entfernen und nicht laut reden oder lachen durfte. Auch war es mir nicht gestattet, für unterwegs etwas zu trinken mitzunehmen, denn nach Mohameds Auffassung vom Islam war es unanständig, wenn eine Frau auf der Straße etwas zu sich nahm. Ich fragte mich oft, warum er sich als Lebensmittelpunkt ausgerechnet ein so moderates islamisches Land wie die Emirate ausgesucht hatte.

Eines Tages teilte mir Mohamed seine Absicht mit, nach Saudi-Arabien umzuziehen. Auf meine Kosten und gegen meinen Willen und den Willen meiner Kinder. Er fragte mich überhaupt nicht nach meiner Meinung, sondern teilte mir einfach seine allein getroffene Entscheidung mit. Nun waren wir wirklich in Not. Was konnte ich nur tun? In Saudi-Arabien wäre es mir gänzlich unmöglich, noch irgendeinen Schritt ohne sein Einverständnis zu tun, an ein Entkommen gar nicht zu denken. Dort regiert die Welt der Männer, und Frauen sind außen vor. Dessen ungeachtet, dass ich das Einkommen für die ganze Familie verdiente, wären wir in Saudi-Arabien seiner Willkür vollkommen ausgeliefert. Die Uhr tickte.

Ich war inzwischen sehr krank geworden, zum Arzt ließ mich Mohamed aber nicht gehen. Mein Blutdruck war dauerhaft auf Werte um 185 zu 95 angestiegen, trotz der Medikamente, die ich bereits regelmäßig einnahm. Ich wollte nicht den Rest meines Lebens als Sklavin verbringen, arbeiten bis zum Umfallen, geprügelt werden und eingesperrt sein wie ein Tier, und das von einem Ehemann, der mich nicht liebte und seinen ältesten Sohn abgrundtief hasste, wie er selbst immer wieder sagte, der weder meine Rechte als Frau noch die Menschenrechte meiner Kinder achtete.

»Ich will all das nicht«, ging es mir unablässig durch den Kopf, während Mohamed anfing, mir mein Geld systematisch wegzunehmen und damit zu tun, was ihm gerade in den Sinn kam. Er fragte nicht einmal mehr, er riss sich einfach alles unter den Nagel und behandelte mich mittlerweile, als wäre ich seine dumme Angestellte.

*

Freunden, Bekannten und jedem, der es gar nicht hören wollte, erzählte Mohamed weiterhin, wir würden zusammen ein Übersetzungsbüro führen. Es war mein Übersetzungsbüro – ich hatte es ganz allein aufgebaut, ich hatte die Kunden gesucht, die freiberuflichen Mitarbeiter rekrutiert und an meine Arbeit herangeführt. Ich verdiente das gesamte Einkommen – er verdiente nichts. Ich arbeitete zwölf bis vierzehn Stunden täglich, dazwischen erledigte ich die gesamte Hausarbeit. Ich schlief selten mehr als vier bis sechs Stunden – und nun kam er und verlangte fünfzig Prozent meines Einkommens für seine »Arbeit«, was immer er darunter verstand. Von dem Rest musste ich unsere Ausgaben bezahlen. Was übrig blieb, war sehr wenig, und selbst dies bekam ich nur mit Druck und Zwang in die Hand. Es war ein ständiger Kampf um mein letztes bisschen Würde, der mich fast all meine Kraft kostete.

»Du kannst dir von dem Geld nehmen, wann immer du willst«, sagte er. Wenn ich ihn jedoch beim Wort nahm, behandelte er mich wie eine Diebin und erniedrigte mich so sehr, dass ich mich fühlte, als hätte ich ihn bestohlen. Er erlaubte mir nicht, aus der Wohnung zu gehen und mir von meinem Geld etwas zu kaufen, egal was. Ich hatte noch nicht einmal mehr das Recht, mir Kleidung zu kaufen. Zum Einkaufen musste ich einen meiner beiden Söhne in den kleinen Lebensmittelladen schicken, der sich im Erdgeschoss befand.

Bald fingen wir an, jede Stunde zu feiern, die er fort war, indem wir Limo, Chips, Kuchen oder heiße Pasteten von dem Geld kauften, das wir aus seinen Taschen genommen hatten. Leider gelang es ihm, die Nachbarn so für sich zu mobilisieren, dass sie uns überwachten und ihm fast jede unserer Bewegungen berichteten, sodass wir regelmäßig Ärger bekamen. Als Nächstes nahm uns Mohamed auch alles Geld weg, das wir von meinen Eltern zu Geburtstagen und Weihnachten geschenkt bekamen. Die Kinder hassten ihn immer mehr dafür. Er weigerte sich strikt, ihnen Spielzeug zu kaufen, wie es meine Eltern vorgesehen hatten. Dreist behauptete er: »Dieses Geld gehört mir, denn schließlich bin ich das Familienoberhaupt!« Ich wusste wirklich nicht mehr, wie wir aus dieser Situation wieder herauskommen sollten.

Meine Eltern, inzwischen beide Rentner, konnte ich wegen ihrer angeschlagenen Gesundheit nicht belasten. Ich wollte sie auch nicht in Gefahr bringen. Was hätten sie auch in den Emiraten ausrichten können, wenn sie alle zwei Jahre zu Besuch kamen? Trotzdem ließen die Kinder und auch ich hin und wieder ein paar Bemerkungen über unsere Situation fallen, die ihnen zu denken gaben. Sie waren in gewisser Weise darauf vorbereitet, dass sich an unserer Familiensituation bald etwas ändern könnte, fragten aber nicht weiter nach, weil sie spürten, dass wir alle unter massivem Druck standen. Vor meinen Eltern spielte Mohamed stets den perfekten Ehemann und liebevollen Vater. Hinter ihrem Rücken drohte er uns aber: Würden meine Eltern von uns etwas erfahren, dürften sie gar nicht mehr kommen. Er würde eine Einreisesperre für sie erwirken. Er drohte uns sogar damit, meinen Vater in den Emiraten einsperren zu lassen, wenn der etwas gegen ihn unternehmen würde. Das Schlimme dabei war: Man hätte tatsächlich eher meinem strenggläubigen Gatten als meinen redlichen Eltern geglaubt.

Meine Kinder gingen weiterhin zur Schule, aber er brachte sie selbst dorthin und holte sie von dort ab, jedoch immer erst, wenn auch das letzte von ihnen mit dem Unterricht fertig war.

Zu Hause mussten die Kinder ihre Hausaufgaben machen und oft bis in die Nacht hinein lernen. Hatten sie keine Hausaufgaben auf, befahl er ihnen, Koranverse auswendig zu lernen. Immer wieder hielt er ihnen vor, wie viele Teile des Korans einige der ehrwürdigsten Islamgelehrten in einem bestimmten Alter bereits auswendig gekonnt hätten. Es brachte gar nichts, irgendetwas dazu zu sagen. Er wurde nur wütend und schlug die Kinder inzwischen sogar mit Gardinenstangen von Ikea. Seit ich die Polizei gerufen hatte, hatte er offenbar Angst, mich zu schlagen und deswegen eingesperrt zu werden. Ich stellte mich nun jedes Mal dazwischen, wenn er auf die Kinder losging, wodurch sein Hass und seine Wut auf mich nur noch wuchsen. Es war mir egal, wenn ich nur meine Kinder vor seinen Misshandlungen schützen konnte.

»Ich hasse dich, du dicke Bärin«, fauchte er mir ins Gesicht. »Du hast die Kinder versaut. Die haben alle deine deutsche Mentalität, sind unverschämt und frech geworden zu ihrem Vater!«

Meist schlug er nach mir, wenn ich wieder am Computer arbeitete, mit der Faust aus heiterem Himmel und »aus Spaß«, wie er sagte, auf die Arme oder auf den Rücken. Wenn ich vor

Schmerz aufschrie, grinste er hämisch: »Was schreist du so? Das ist nicht schlimm, das ist aus Liebe.« Hätte ich nun die Polizei rufen sollen? Wozu? In den Emiraten werden ein oder zwei harte Schläge auf die Oberarme oder den Rücken noch lange nicht als häusliche Gewalt gewertet. Dafür muss man grün und blau sein, am besten auch noch blutunterlaufen im Gesicht, damit überhaupt etwas geschieht. Die Polizei hätte Mohamed nach einem Gespräch wieder laufen lassen, und dann wäre alles noch viel schlimmer geworden. Er hätte sich grauenvoll gerächt, wahrscheinlich an den Kindern.

*

Für das Weltgeschehen, hatte ich den Eindruck, interessierte sich Mohamed nie besonders. Das änderte sich Mitte 2009. Es kam immer öfter vor, dass mein Mann im Internet grausige Amateurvideos aus dem Gazastreifen, Bosnien oder dem Afghanistankrieg suchte und sich bei voller Lautstärke ansah. Meist rief er dann die Kinder zu sich, damit sie sich die blutigen Aufnahmen ansahen, in denen insbesondere Kinder und Frauen von Geschossen durchlöchert oder zerfetzt wurden. »Seht ihr«, sprach Mohamed dann, »das machen die *Kufar,* die Ungläubigen, mit uns Muslimen. Die haben« – ja, das traute er sich zu sagen – »kein Erbarmen mit Frauen und Kindern.« Wenn die Kleinen danach nächtelang an Albträumen litten und im Bett weinten, sagte Mohamed nur: »Die müssen das lernen, die sollen hart werden und die *Kufar* hassen.«

Bat ich ihn, solche Gräuelvideos von ihnen fernzuhalten, winkte er nur ab. »Lass mich in Ruhe mit deinen sanften Erziehungsmethoden.« Mohamed wollte seinen Kindern systematisch den Hass gegen die »Ungläubigen« einimpfen, den er in sich trug. Mit interaktiven Ballerspielen aus dem Internet, die für seine Zwecke nun plötzlich nicht mehr *haram,* verboten waren, versuchte er die Kinder zu Gewaltbereitschaft zu erziehen. Immer wieder trichterte er ihnen ein, wie schlecht die *Kufar* seien, sie sollten die Ungläubigen hassen und töten.

Mich beschlich ein böser Verdacht. Ich sah meine Kinder bereits als Terroristen oder Selbstmordattentäter mit einem Sprengstoffgürtel um den Bauch enden, Märtyrer für Mohameds Salafisten. Wie die Zeit noch zeigte, lag ich mit meiner Befürchtung nicht ganz falsch.

Ein trauriges Telefonat mit dem deutschen Vizekonsul

Nun also doch. Mohamed wollte schon bald nach Saudi-Arabien umziehen, er war fester denn je dazu entschlossen. Unsere Wohnung in Aachen hatte er bereits aufgelöst und uns endgültig in Deutschland abgemeldet. Unsere persönlichen Sachen hatte er in Kisten bei seinem Bruder in Köln im Keller untergestellt. Die von mir gekauften, teilweise neuwertigen Möbel hatte er nach Gutdünken an seine Freunde verschenkt. Ich war inzwischen sehr krank geworden, fühlte mich wegen Wassereinlagerungen im ganzen Körper wie eine lebende Tote, und ich sah auch so aus.

Saudi-Arabien! Angesichts dieser Vorstellung bekam ich wirklich Panik. Ich wollte nicht für den Rest meines Lebens eingesperrt sein wie ein Hund, arbeiten wie eine Sklavin, geprügelt von einem Ehemann, der mich nicht liebte und seine Kinder hasste. Weniger Rechte als in den Emiraten konnte ich auch in Saudi-Arabien nicht haben, doch wenn ich je den Mut zur Flucht aufbrächte, dann hätte ich in Saudi-Arabien nicht die winzigste Chance dazu. Ohne schriftliche Einwilligung meines Mannes könnte ich dort nicht einmal mit dem Bus in den nächsten Ort fahren, geschweige denn am Flughafen mit vier Kindern einchecken.

Aber was konnte ich nun tun? Inzwischen bestand das größte Problem darin, dass Mohamed mir mein Einkommen und mein Erspartes komplett wegnahm und damit tat, was immer er wollte. Fast täglich zählte er nach, wie viel Geld noch da war. Kam er von der Moschee zurück, schimpfte er ständig über die Juden, wie geizig und habgierig sie doch seien. Ich hatte das Gefühl, dass er jetzt vollkommen durchdrehte. Dieser Mann war eine tickende Zeitbombe, mit jedem Tag wurde er gefährlicher. Er entwickelte nun auch einen krankhaften Waschzwang, nicht nur an sich selbst. Sogar Fleisch wurde nach dem Kauf von ihm stundenlang gewässert, weil der indische Verkäufer es mit den schmutzigen Händen eines Ungläubigen angefasst hatte und er sich davor ekelte. Mit einer Rasierklinge schnitt sich Mohamed die Hornhaut von den Füßen ab, wobei er sich ziemlich oft blutig schnitt. Gleichzeitig wirkte er durch seinen langen Zottelbart, den er in ekelhaft stinkendem, hoch konzentriertem Moschusöl tränkte, bis er triefte, wie ein schmuddeliger Waldschrat.

Ich fing an, mich immer mehr zu ekeln, wenn er mich berührte.

»Mama, ich will nicht nach Saudi-Arabien«, vertraute mir meine ältere Tochter an. »Dort wird er uns noch mehr einsperren und unter die *Burka* zwingen, und keiner kann uns mehr helfen!« Sie hatte recht. Auch ich hatte Angst davor, vor allem aber sorgte ich mich um meine beiden Töchter. Ich musste einen Weg finden, mit allen Kindern zu fliehen, und zwar bald. Ich wusste genau, wie beliebt Ehen mit Mädchen noch vor dem Teenageralter bei den Salafisten sind. Für Mohamed würde es sicher eine Ehre und ein lukratives Brautgeldgeschäft sein, seine Töchter mit einem reichen Scheich zu vermählen.

*

Es war der 29. März 2009, als ich mir vornahm, aktiv einen Ausweg zu suchen. An dem Tag hatten die Kinder trotz mehrmaliger Ermahnung laut getollt und die Matratzen vom Bett auf den Boden geworfen. Als Adnan, er war inzwischen sechs Jahre alt, immer noch lachte und ungestüm auf dem Lattenrost und dann auf dem Boden weiterkrabbelte, sah ich, wie Mohamed die Röte ins Gesicht schoss. Seine Halsschlagader schwoll an, untrügliches Zeichen, dass er nun kein Halten mehr kannte.

Wie ein Verrückter rannte er los und prügelte auf die Kinder ein. Er schlug mit einem schweren Lederlatschen so brutal auf sie ein, dass er nicht einmal mehr mitbekam, wie heftig er Adnan ins Gesicht und auf das eine Auge traf. Adnan schrie fürchterlich, er kreischte auf vor Schmerz, als ihn der nächste Schlag ins Gesicht traf, und die ersten Minuten danach konnte er auf dem Auge nichts mehr sehen. Es schwoll dick an, und erst da ließ Mohamed von ihm ab.

»Ihr seid wie Verrückte, ihr passt überhaupt nicht auf, sein Rücken hätte brechen können!«, schrie er.

Als Mohamed zwei Stunden später zum Gebet zur Moschee ging, machte ich ein Foto von Adnans blutunterlaufenem Gesicht. Später zeigte ich ihm, was er dem Kind angetan hatte. Es stand in keinem Verhältnis zu dem kleinen Ungehorsam des Jungen.

»Du lügst!«, schrie er. »Das ist überhaupt nicht von mir, Adnan hat sich beim Toben gestoßen. Halt deinen Mund, sonst bist du auch gleich dran!« Dabei hob er die rechte Hand, als ob er zum Schlag ansetzen wolle. Ich blieb ganz ruhig und erinnerte ihn: »Dir ist schon klar, dass ich die Polizei rufen werde, und diesmal wird es bestimmt reichen, um dich für eine Weile einzusperren, mindestens für zwei Monate, sogar hier in diesem Land.«

»Glaub ja nicht, dass mir das Angst macht. Ich habe schon lange eine Entscheidung getroffen: Ich werde diese Familie verlassen und niemals zurückkommen. Es ist für mich unerträglich geworden, mit euch zusammenzuleben.«

»Gut, dann mach das«, gab ich zurück, inständig hoffend, dass er es ernst meinte.

»Das wirst du noch bereuen, was du gesagt hast.«

Was immer das auch bedeuten sollte. Ich glaubte nicht wirklich daran, dass er diese »Drohung«, die für mich eher wie eine herbeigesehnte Verheißung klang, in die Tat umsetzen würde. Eine Trennung wäre viel zu schön gewesen, um wahr zu sein. Er hätte ja keine Sklavin mehr gehabt, die das Geld für ihn verdiente und sein faules, bequemes Luxusleben finanzierte.

Adnans Gesicht wurde innerhalb der nächsten Tage dunkelrot, dann lila, fast schwarz und später grün. Als ein Freund meines Mannes, ein Tunesier, am darauffolgenden Wochenende unangemeldet zu Besuch kam, fragte dessen Frau Adnan: »Na, was ist denn da mit deinem Gesicht passiert? Wer war denn das?«

Adnan sagte nicht »Papa«, er nannte nur den Vornamen seines Vaters: »Mohamed«. Das hatte er noch nie getan. Es zeigte mir deutlich die tiefe Kluft, die sich bereits zwischen Vater und Sohn aufgetan hatte. Die Frau schwieg und wandte sich ab.

*

In meiner Not und der Angst um meine Kinder suchte ich nun intensiv nach Hilfe. Kleinste Zeitfenster, die ich vorher hatte verstreichen lassen, nutzte ich nun, um in bescheidenstem Umfang Kontakte zur Außenwelt zu reaktivieren. Es war einerseits die offene Angst meiner Töchter, andererseits auch ein letztes Aufbegehren meinerseits. Ich merkte, wie meine körperliche und seelische Kraft immer mehr nachließ. Die jahrelangen Erniedrigungen hatten ihre Spuren hinterlassen. Ich hatte massive Herzkreislaufprobleme, eine beginnende Amnesie: Ich vergaß plötzlich Telefonnummern, Pinnummern, Kennwörter, Namen, Daten, die ich vorher immer fest im Kopf gehabt hatte. Ich litt unter Panikattacken, konnte nachts nicht mehr schlafen. Schließlich war mir eines ganz klar geworden: Entweder würde ich hier sterben, und meine Kinder wären diesem Tyrannen für immer ausgesetzt – oder ich würde kämpfen, bis wenigstens sie in Sicherheit waren.

Die große Frage war, wem ich vertrauen durfte. Ich spielte für meine Freundinnen und Bekannten jedes Für und Wider durch. Am Ende blieb nur eine einzige Freundin übrig, der ich in dieser Angelegenheit zu hundert Prozent vertrauen konnte, auch wenn wir uns ganz selten sahen. Sie war gebildet, intelligent und – was ich zu diesem Zeitpunkt nicht mehr war – vollkommen handlungsfähig und ihr eigener Herr. Sie ließ sich von niemandem etwas vorschreiben, kannte den Islam und wusste auf die meisten Dinge eine Antwort. Sie hatte internationale Kontakte, da sie in den USA, Deutschland und Großbritannien aufgewachsen war. Sie ließ sich nie von bloßen Gefühlen leiten, sondern war ein sehr rationaler Mensch.

Kurzum, ich schrieb meine Freundin Munira in England an, die mir daraufhin riet, ein minuziöses Tagebuch zu führen und jeden Angriff meines Mannes genau zu dokumentieren, möglichst mit Fotos. So fing ich an, auf Englisch über alle Wutanfälle, Übergriffe und Beleidigungen Buch zu führen, mit Datum und Uhrzeit. Als wie wichtig und wertvoll sich Muniras Tipp noch erweisen sollte, ahnte ich damals nicht im Geringsten.

Mohamed verstand kein Englisch, so konnte ich dieses Tagebuch zwischen den Kundenordnern auf meiner Festplatte speichern. Glücklicherweise machte Mohamed, in dieser Sache mein ahnungsloser Helfer, ein tägliches Daten-Backup aller Arbeitsordner auf einem Memory-Stick und auf einem weiteren Computer, sodass ich keine Angst haben musste, das gespeicherte Tagebuch könnte verloren gehen. Mohamed selbst sorgte für die Sicherheit dieser Daten.

Munira suchte unterdessen nach Möglichkeiten, um uns aus unserer ausweglosen Situation herauszuhelfen. Sie rief das Innenministerium in Berlin an und fragte um Hilfe, aber ihre Hoffnung wurde enttäuscht. Nicht zuständig. Munira wurde an das deutsche Generalkonsulat in Dubai verwiesen und setzte sich in meinem Namen mit dem damaligen Vizekonsul in Verbindung. Der machte ihr Hoffnung, helfend eingreifen zu können, und gab ihr seine Kontaktdaten.

Als ich jedoch bei ihm anrief, wendete sich das Blatt.

»Ich darf Ihnen nicht helfen«, teilte mir der Vizekonsul unverblümt mit. »Aber wir sind doch alle deutsche Staatsbürger, ich, die Kinder, mein Mann, und Sie sind hier die zuständige Behörde für uns. Sie müssen doch irgendetwas für uns tun können. Sie können doch nicht so einfach geschehen lassen, dass deutsche Kinder misshandelt und gefangen gehalten werden.«

Stille in der Telefonleitung.

»Selbst wenn Sie hier bei uns im Konsulat auf der Matte stünden, könnte ich nichts für Sie tun«, sagte er. »Ich könnte Ihnen höchstens einen neuen Pass ausstellen, wenn Ihr Mann Ihnen die Pässe wegnehmen sollte. Wenn Sie die Reisepässe noch haben, müssen Sie allein versuchen, über die Grenze in den Oman zu fliehen, falls Sie ein Auto haben, oder über den Flughafen in Dubai. Wenn Sie dann in Deutschland sind, können Sie sich an die deutschen Behörden wenden.«

So sah also die Hilfe einer deutschen Behörde im Ausland aus. Das war ja sehr ermutigend. Würde ich mit unserem Auto flüchten, einem schwarzen Mercedes, würde ich nicht weit kommen, wenn Mohamed unsere Flucht bemerkte. Mit vier Kindern in einem Taxi zum Flughafen in Dubai zu fahren, Tickets zu kaufen und auf den nächsten Flieger zu warten war ebenso utopisch. Ehe wir im Flieger säßen, würde Mohamed uns aufhalten, zurückbringen und auf schrecklichste Weise Rache üben. Das wäre das Aus. Nie wieder würden wir eine Chance zur Flucht bekommen.

Nach dem Gespräch mit dem Konsulat schien alle Hoffnung dahin, hier schnell herauszukommen. Glasklar war nun: Wir mussten es aus eigener Kraft schaffen. Ich ließ die Kinder in ihrem Freundeskreis unauffällig nach Flughäfen in den Emiraten, nach Grenzübergängen zum Oman fragen, suchte mir Nummern und Adressen von Autovermietungen und Taxiunternehmen in unserer Gegend heraus, rief heimlich an, stellte Nachforschungen an, um alle Möglichkeiten durchzuspielen. Aber wir fanden einfach keine praktikable Lösung.

Wir waren auf fremde Hilfe angewiesen.

Mohameds Bruchlandung

Seit Anfang 2009 hatte mein Mann wieder mit der Idee geliebäugelt, selbst ein Geschäft zu eröffnen. Mehrere Monate lang studierte er die Möglichkeiten und befand schließlich, dass sich in der Wüste ein Wassertransport-Unternehmen am besten als zweites Standbein eignen würde. Zusammen mit Abu Yasser, einem alten Freund aus Deutschland, der beim selben Scheich in den Niederlanden die Vorlesungen besucht hatte, plante er den Kauf eines modernen Trucks, der natürlich – wie denn auch sonst – in Deutschland von meinen Ersparnissen gekauft und hierher verschifft wurde. Dazu kaufte er einen Wassertank, Gesamtkosten über 45 000 Euro, der größte Teil meiner damaligen Ersparnisse.

Meine Aufgabe war es, telefonisch Kontakt zum indischen Betreiber einer Quelle in der Nähe von Dubai aufzunehmen und einen Festpreis für Brauchwasser zu verhandeln. Dieses Wasser sollte dann mit unserem Lkw von der Quelle zu einer Baustelle gebracht werden, fünfmal täglich ein Tank voll. Mit dem Abnehmer hatte Mohamed bereits verhandelt. Als Fahrer wurde Abu Yasser engagiert. Ohne dass Mohamed jemals über Ein- und Ausgaben eine Kalkulation angestellt hätte, bekam Abu Yasser ein Festgehalt von knapp 2 000 Euro zugesagt und zog von

Deutschland in die Emirate. Da Abu Yasser noch keine eigene Wohnung hatte und wegen seiner Arbeitslosigkeit in Deutschland über keinerlei Ersparnisse verfügte, entschied mein Mann, Abu Yasser solle »fürs Erste« bei uns wohnen.

Mein Fehler war, dass ich ihn dieses »fürs Erste« nicht näher definieren ließ. Zwei Monate lebte der Mann mit uns in der Vier-Zimmer-Wohnung, im besten und größten Zimmer, dem Salon. Ich wusch und bügelte seine Kleidung, kochte für ihn mit, machte so manche Nacht noch Kaffee oder Tee und wurde von meinem Mann immer wieder aus dem Bett geholt, weil Abu Yasser einen Wunsch hatte. Daneben führte ich den Haushalt, kümmerte mich um die Kinder, arbeitete zehn bis zwölf Stunden täglich am PC. Hatte Abu Yasser irgendwelche Probleme mit dem Betreiber der Quelle, musste ich dort anrufen und das Ganze klären, da weder er noch mein Mann Englisch und die Inder kein Arabisch sprachen oder in brenzligen Situationen auch nichts verstehen wollten. Es war vor allem für mich wie ein zweiter Job und damit eine enorme körperliche und psychische Belastung. Natürlich musste ich die ganze Zeit, während der Abu Yasser bei uns wohnte, in meiner eigenen Wohnung in voller Montur – großes Kopftuch, langes Kleid, darüber die Abaya – herumlaufen.

In der Anfangsphase rief Abu Yasser des Öfteren an, weil der Truck kaputt war und er Ersatzteile benötigte. Aber alles, was mein Mann dazu zu sagen hatte, war: »Komm du alleine klar, ich kann dir jetzt nicht helfen. Ich habe hier so viel zu tun.« In Wahrheit war Mohamed zu bequem, er wollte lieber den Chef spielen und sich nicht die Hände schmutzig machen. Wozu hatte man schließlich Angestellte?

*

Die Folge war für mich absehbar gewesen, nicht aber für Mohamed. Abu Yasser arbeitete immer weniger für sein Geld, er hatte ja ein Festgehalt, egal, wie viel er schaffte. Mohamed meckerte in einem fort. Schließlich wollte Abu Yasser nicht mehr bei uns wohnen, sondern schlief im Truck. Keiner der beiden war bereit nachzugeben, und so kam es über kurz oder lang dazu, dass Abu Yasser eines Tages so wütend wurde, dass er den Truck in der Wüste mitten auf der Straße stehen ließ und nach Deutschland zurückkehrte. Mohamed verfluchte den Tag, an dem er ihn hergeholt hatte.

Um die lange Misserfolgsgeschichte abzukürzen: So wie Mohamed schon zuvor immer nur gescheitert war, so ging er auch diesmal baden, und ich mit. Er wollte den Truck loswerden. Nach vielen Monaten fand er einen Transportunternehmer, der sich anbot, ihn auf Raten und zu einem für uns äußerst verlustreichen Preis zu kaufen – allerdings war der Mann pleite. Die vermeintliche Lösung erschien in Gestalt eines ägyptischen Transportunternehmers, der den Truck gegen Gewinnbeteiligung übernahm – und natürlich nicht zahlte. Am Ende verlor ich durch dieses Experiment dreifach: 20 000 Euro vom ursprünglich eingesetzten Geld, mein Vertrauen in jegliche Geschäftsfähigkeit meines Mannes und meine letzten Nerven, um diese Ehe noch weiter fortzusetzen.

Zu allem Übel erzählte Abu Yasser überall in unserem Freundeskreis in Deutschland herum, wir hätten ihn in den Emiraten wie einen Sklaven behandelt. Das war jedoch noch immer nicht das Ende. Monate später, nachdem Abu Yasser mit seiner Frau und vier seiner sechs Kinder in die Emirate zurückgekehrt war, schienen mein Mann und er plötzlich wieder die besten Freunde zu sein. Schwamm drüber, alles vergessen. Mir war es recht. Ab und an besuchten sich unsere Familien gegenseitig.

Abu Yassers Frau Amira, eine deutsche Konvertitin, die mit Taufnamen Ursula hieß, wurde fast zwangsläufig – wen sonst traf ich denn? – zu meiner Vertrauten. Ich hoffte darauf, vielleicht von ihr und ihrem Mann bei unserer Flucht unterstützt zu werden, die beiden zumindest aber als Zeugen für das uns widerfahrene

Leid benennen zu können. Sie hätte ja Glück, sagte Amira immer, dass sie bei ihrem Mann alle Freiheiten genoss. Mich wunderte zwar, dass die beiden Männer in denselben salafistischen Kreisen verkehrten und nur Mohamed derart berserkerte. Ich hatte bald keine Geheimnisse vor Umm Yasser, wie Amira von allen genannt wurde. Was ich ihr erzählte, sollte sie aber schon bald gründlich für ihre eigenen Zwecke missbrauchen.

Kapitel VI

DER VERRAT

Mohameds Hochzeitspläne für die Kinder

Nach seiner neuerlichen Geschäftspleite hatte Mohamed wieder mehr Zeit, sich auf seine Weise der Familie zu widmen; seine Salafisten- und Moscheefreunde hatte er ohnehin nie vernachlässigt. Ihm missfiel nun die bequeme Kleidung, die ich zu Hause trug, T-Shirt mit Rundhalsausschnitt, ein weiter, bodenlanger Rock; Hosen waren als Männerkleidung verpönt.

»Du musst langsam aufpassen, was du vor deinem Sohn anziehst«, hieß es eines Tages, »der wird jetzt langsam groß, da kannst du nicht mehr mit einem ausgeschnittenen T-Shirt vor ihm herumlaufen. Und deine nackten Arme sind so aufregend, die darf nur ich sehen. Du musst was Langes vor den Kindern anziehen. Am besten eine Abaya.«

»Wie bitte?« Verstört sah ich ihn an. »Soll ich jetzt auch noch in meinen eigenen vier Wänden verschleiert rumlaufen? Kommt als Nächstes die Kopftuchpflicht bei uns zu Hause?«

»Dein Sohn wird bald erwachsen, da kannst du dich nicht so aufreizend anziehen. Das T-Shirt ist ja wie ein Unterhemd. Ich möchte nicht, dass dein Sohn in deinen Ausschnitt starrt. Das verbietet Allah.«

»Sag mal, bist du jetzt total verrückt geworden?«, fragte ich ihn ungläubig. »Ich bin zu Hause, da kann ich anziehen, was ich will. Wie soll ich denn in diesen langärmligen weiten Säcken kochen oder putzen? Und was denkst du eigentlich von deinem eigenen Sohn? Das ist doch krank. Kein Sohn starrt seiner eigenen

Mutter in den Ausschnitt. Ich weiß doch, wie ich mein Kind erzogen habe. Hör auf mit dem Quatsch, bevor ich noch an deinem Verstand zweifle.«

Hatte er denn nie zugehört, wenn ich ihm erzählte, wie ich aufgewachsen war? Bei meinen Eltern hatte ich die volle Freiheit genossen, mich zu kleiden und zu bewegen, wie ich wollte. Ich war auf Usedom aufgewachsen. Meine Kindheit hatte ich quasi am Strand und im Wasser verbracht, und jetzt sollte ich sogar zu Hause in diesen langen, unförmigen und unbequemen Säcken herumlaufen. Ich fühlte mich total eingeengt, wie lebendig begraben. Es war, als würde mir die Luft zum Atmen abgeschnürt.

Ich drehte mich weg, um weiter meine Arbeit zu tun, da traf mich ein heftiger Schlag auf den Oberarm. »Pass auf, du! Ich mache keinen Spaß! Wenn die Kinder weg sind, kannst du von mir aus nackt rumlaufen, aber wenn sie zu Hause sind, ziehst du eine Abaya an.«

»Dazu kannst du mich nicht zwingen«, gab ich hart zurück, »selbst in deinem Traumland Saudi-Arabien laufen die Frauen zu Hause in Jeans, Miniröcken und High-Heels herum und verschleiern sich nur in der Öffentlichkeit.«

»Pass auf. Ich warne dich. Ich werde dir zeigen, was ich mit dir mache, wenn du dich noch einmal mit so einem T-Shirt vor deinem Sohn zeigst.«

Er ging in die Küche, um sich Kaffee zu kochen. Ich aber wusste ganz genau, ich hatte keine Chance, mich gegen seinen Befehl zu sträuben. Fortan lief ich den ganzen Tag lang in meinem schwarzen Übergewand, der Abaya, durch die Wohnung. Demonstrativ zog ich sie auch nicht mehr aus, wenn die Kinder in der Schule waren. Nach ein paar Tagen fragte er mich schließlich, ob ich denn nichts anderes anzuziehen hätte. »Nein, nicht das, was du an mir sehen willst«, antwortete ich. »Ich habe nur meine europäischen Sachen. Und Winterpullover ziehe ich hier in der Wüste nicht an.«

»Wir müssen dir ein paar Abayas kaufen«, meinte er schließlich. »Ein paar farbige. Zieh dich an, wir gehen zum Markt.«

Mohamed brachte mich zum billigsten Markt der Stadt, wo hauptsächlich Inder, Pakistaner und Beduinen einkauften. Er erstand drei sackweite, gerade geschnittene, bodenlange indonesische Batik-Kaftane aus Viskose für fünf Euro pro Stück in Farben, wie sie dort alte Frauen tragen: dunkelbraun, mittelbraun, dunkelrot. Als ich sie zu Hause anprobierte – auf dem Markt durfte ich es nicht –, waren alle mindestens vierzig Zentimeter zu lang. Ich sah darin aus wie eine Matroschka-Puppe – fett und unförmig. Nun gut, wenn er das schön fand? Bequem und kühl war es jedenfalls, und mir war zu dem Zeitpunkt schon ganz egal, wie ich aussah, außer ihn und meine Kinder traf ich sowieso kaum noch Menschen.

Ich hatte ohnehin angefangen, nicht mehr in den Spiegel zu sehen. Ich konnte meinen Anblick einfach nicht mehr ertragen. Es war, als ob mich ein fremdes Wesen aus dem Spiegel anschaute. Mein Gesicht war zu einer starren Maske geworden. Ich hatte verlernt zu lächeln.

*

Abdullah, inzwischen knapp fünfzehn Jahre alt und auf dem Wege zum Mann, hatte niemals mehr ein gutes Wort von seinem Vater gehört. Er musste immer der Große sein, seit er zwei Jahre alt war. Mohamed schleppte ihn zu allen islamischen Vorlesungen mit. Abdullah war streng religiös und hatte Respekt vor seinem Vater, obgleich dieser ihm keine Liebe entgegenbrachte und ihm jede Freude nahm. Lange Zeit pflegte Abdullah zu sagen: »Aber er ist doch mein Vater, ganz gleich, wie schlecht er mich auch behandelt.« Er vertraue sich niemandem an, denn er war in seinem tiefsten Inneren davon überzeugt, dass sein Vater ihn liebte und nur aus religiöser Überzeugung so hart und demütigend mit ihm umging. Genau diese Zerrissenheit war ein Problem, und es verschlimmerte unsere Lage deutlich. Ohne Abdullah an meiner Seite war an eine Flucht nicht wirklich zu denken. Ich hätte ihn niemals mutterseelenallein bei seinem Vater, diesem Monster, zurückgelassen.

Abdullah übernahm bereits die meisten Verwaltungs- und Einrichtungsarbeiten an meinem Büro-PC. Er lernte so unglaublich schnell und konnte Reparaturen an Hard- und Software längst besser erledigen als sein Vater. Für sich selbst durfte Abdullah die Computer natürlich nicht benutzen. »Das Internet ist die Quelle des Verderbens für die Kinder«, lautete der Leitspruch meines Mannes.

Abdullah führte mittlerweile auch viele Reparaturen in der Wohnung durch, denn auf die indischen Hausmeister konnte man sich nicht verlassen. Er erntete dafür nie Dank, wurde im Gegenteil noch von Mohamed erniedrigt. Irgendwann reichte es Abdullah, und er ließ seinen Vater deutlich spüren, wie sehr er ihn dafür verachtete, dass er ihn nur als Arbeitssklaven benutzte, aber ansonsten nie ein gutes Wort für ihn übrig hatte. Heimlich hatte er sich ein Programm heruntergeladen, mit dem er die PC-Passwörter lesen konnte. Abdullah änderte die Einstellungen, sodass er nachts, während wir schliefen, im Internet surfen und die interaktiven Spiele spielen konnte, die Mohamed, der selbst gern spielte, für sich installiert hatte.

Irgendwann ahnte Mohamed etwas davon, da Abdullah aufgehört hatte, um Zugang zu den Computern zu bitten.

»Ich hasse diesen Typen«, meinte Mohamed eines Tages über seinen Sohn. »Der guckt immer so giftig, als ob er mich umbringen wollte. Der hat einen scheißdeutschen Charakter, so richtig gehässig. Ich bin mir sicher, der spielt heimlich im Internet, der Bandit!«

»Das sind ja ganz schön heftige Anschuldigungen, die du da erhebst. Kannst du beweisen, was du da behauptest?«, erwiderte ich.

»Das ist mal wieder typisch. Du bist immer gegen mich, immer auf der Seite deiner Kinder. Eine gute Frau muss zu ihrem Mann halten und nicht zu den Kindern.«

»Ach so? Ich habe aus den Islambüchern, die du mir gekauft hast, gelernt, dass vor Gott alle Muslime gleich sind, ganz egal, aus welchem Land sie kommen. Mit deiner Ausdrucksweise beleidigst du nicht nur meinen Sohn, sondern unter anderem auch mich, denn ich bin ebenfalls Deutsche.«

»Lass mich in Ruhe mit deinem sinnlosen Gerede, du nervst mich«, meckerte Mohamed auf Arabisch und vollführte wieder seine typische Handbewegung, die Schläge androhte. Damit drehte er sich um und ging in die Küche, um sich den fünften Espresso an diesem Tag zu kochen, er liebte Espresso.

Natürlich wusste ich, dass Abdullah nachts, wenn alle schliefen, an den Computern spielte, und ich warnte ihn vor seinem Vater.

»Das ist mir egal, Mama«, sagte er. »Der kann mir nichts beweisen, und er wird mich nie erwischen. Ich weiß ganz genau, was ich tue.« Abdullah hatte keine große Angst mehr vor seinem Vater, der ihm sowieso kein normales Leben gestattete. Dennoch überlegte ich nur mit den anderen Kindern fieberhaft, wie wir von hier wegkommen könnten, nicht mit Abdullah. Der arme Junge, der so unfassbar grausam behandelt wurde, der dicke Tränen weinte, weil sein Vater ihm immer wieder zeigte, dass er ihn nicht liebte – er glaubte immer noch, sein Vater würde sich eines Tages ändern.

Es zerriss ihn, als er schließlich erkannte, dass die Schläge seines Vaters inakzeptables Unrecht waren. In der Folge versuchte er immer stärker, seinen Vater am Schlagen zu hindern, indem er ihn fest umklammerte. »Ich werde nicht mehr zulassen, dass du mich kurz und klein schlägst«, sagte er. Zurückgeschlagen hätte Abdullah zu dieser Zeit noch nicht.

Mein Sohn soll vier Frauen heiraten

Neben dem Thema Polygamie hatte Mohamed in Beziehungs-fragen noch eine andere Herzensangelegenheit. So wie er immer wieder das Thema Zweitfrau vorbrachte, fing er nun auch an, über die Zukunft seines ältesten Sohnes nachzudenken. Zu Maryam sagte er ohnehin schon bei jeder Gelegenheit: »Ich werde dich mit einem strengen Mann verheiraten, der dich richtig prügelt, wenn du faul bist. Du hast das verdient. Mir ist egal, ob der Mann, der dich heiratet, Geld hat oder nicht. Aber er muss streng sein.«

Später, als er merkte, dass meine Tochter mir alles erzählte, was sein krankes Hirn sich ausdachte, fing er an, es ihr ins Ohr zu raunen, direkt gefolgt von der Drohung: »Pass auf, wenn du deiner Mutter davon erzählst, schlag ich dich kaputt!«

Maryam schwieg, sie würde ihren eigenen Umgang mit den Erniedrigungen finden, aber davon ahnte ich noch länger nichts.

Als ich Mohamed wieder einmal an unseren vor Gott geschlossenen Ehevertrag und das darin vereinbarte Verbot der Zweitfrau erinnerte, meinte er nur: »Gut, du hast gewonnen, du kannst mich dazu zwingen, keine weitere Frau zu heiraten, aber meinem Sohn kannst du nichts vorschreiben. Ich werde ihn zwingen, vier Frauen zu heiraten.« Das war nach den Regeln des Islam natürlich völliger Blödsinn.

Ich las Mohamed die Koransure vier, Vers drei vor: »Und wenn ihr fürchtet, in Sachen der (eurer Obhut anvertrauten weiblichen) Waisen nicht recht zu tun, dann heiratet, was euch an Frauen gut ansteht, (ein jeder) zwei, drei oder vier. Und wenn ihr fürchtet, (so viele) nicht gerecht zu behandeln, dann (nur) eine, oder was ihr (an Sklavinnen) besitzt! So könnt ihr am ehesten vermeiden, Unrecht zu tun.« Mohamed kannte natürlich die Bedeutung: Der Mann muss eine vollkommene Gleichbehandlung der Frauen gewährleisten, keine der Ehefrauen darf finanziell oder emotional bevorzugt werden. Der Mann muss darüber hinaus in der Lage sein, jeder seiner Ehefrauen einen eigenen Haushalt zu finanzieren und so weiter und so fort.

Aber was war schon der Koran gegen Mohameds salafistische Auslegung? Ich hielt nach. »Wie willst du erzwingen, dass Abdullah vier Frauen heiratet? Dann müsstest du gewährleisten, dass er sich diese Frauen leisten kann, oder soll ich dafür etwa auch noch bezahlen? Vergiss es.«

»Das muss er selbst bezahlen, er muss studieren.«

»Muss, muss, muss! Hättest du dir so ein Leben gewünscht, in dem dein Vater alles bestimmt und du nichts selbst entscheiden kannst? Erinnere dich mal an die Zeit, als du noch jung warst. Wie hättest du dich gefühlt, wenn dein Vater dir alles vorgeschrieben hätte?«

»Das verstehst du sowieso nicht, ihr Deutschen erzieht eure Kinder frei, und wenn sie groß sind, laufen sie weg, und ihr bleibt allein zu Hause. Wir Araber wollen, dass unsere Kinder immer bei uns bleiben.«

»Ach, deshalb bist du also nach Deutschland gekommen und hast fünfzehn Jahre lang mit mir dort gelebt, alles klar.«

»Mit dir kann man nicht reden. Es war ein riesiger Fehler, dass ich dich geheiratet habe.«

»Nun, Fehler kann man korrigieren, Mohamed. Du bist nicht zufrieden, ich bin nicht zufrieden. Ich liebe dich noch nicht einmal mehr, ich fühle gar nichts für dich, also lass dich scheiden, und du bist mich sture Deutsche los.«

»Das kann ich nicht. Ich bin gezwungen, diese Ehe zu ertragen.«

»So? Bist du das? Na, ich zwinge dich jedenfalls nicht. Von mir aus kannst du jederzeit gehen. Ich werde dich bestimmt nicht zurückhalten.«

Beleidigt verließ Mohamed das Zimmer. Er bedrohte mich nicht einmal, als hätte er eben erst bemerkt, dass in unserer Ehe etwas nicht so rund lief. Wenn er doch nur gehen und nie zurückkommen würde, dachte ich. Meinen armen Abdullah wollte er also auch noch als Erwachsenen herumkommandieren. Das durfte nicht sein. Aber wie nur könnten wir Mohamed ein für alle Mal loswerden?

Ich habe in solchen Situationen mehr als einmal daran gedacht, ihn einfach zu vergiften, ich schwöre es. Nur meine Vernunft und die Angst, zur Mörderin zu werden und meine Kinder in irgendeinem Heim zu sehen, haben mich all die Jahre davon abgehalten.

»Lass ihn doch reden, Mama«, beschwichtigte Abdullah mich in solchen Momenten. »Ich werde mir von dem gar nichts vorschreiben lassen.« Ich spürte, dass in Abdullah nun doch allmählich einer meiner wichtigsten Mitstreiter und Verbündeten heranwuchs.

Schmerz wird mir fremd

Am 20. Juni 2010 hatte ich Geburtstag, feiern durfte ich aber nicht. Der Tag begann mit einem Angriff gegen Maryam, weil sie sich nicht schnell genug bewegt hatte, als Mohamed sie zu sich rief. Ich war selbst oft nicht glücklich über ihre Langsamkeit und Schläfrigkeit, die in letzter Zeit uns allen aufgefallen war, aber das war doch kein Grund, das Mädchen zu treten. Im Laufe dieses Tages fand Mohamed weitere Gründe, um mit den Fäusten auf Maryam einzuprügeln, und zwar so stark, dass sie noch Stunden später vor Schmerzen weinte.

»Mama, ich will hier nicht mehr bleiben«, schluchzte sie. »Der wird uns noch totschlagen.«

Weinend nahm ich mein Kind in den Arm. »Wir werden eine Lösung finden, ich verspreche es dir. Ich bin dran, und ich werde nicht aufgeben, bis wir hier weg sind – oder er weg ist.«

Mohamed fing jetzt an, den Kindern das Spielen schlechthin zu verbieten. Als Grund gab er an: »Die haben im ganzen letzten

Jahr nichts für die Schule getan, jetzt müssen sie ihre sämtlichen Schulbücher noch einmal durcharbeiten.«

»Ich halte es grundsätzlich für eine gute Idee, dass sie den Schulstoff wiederholen«, sagte ich, ihn scheinbar bestärkend, »aber es reicht doch aus, wenn sie nach den Hausaufgaben ein bis zwei Stunden täglich ihren Unterrichtsstoff wiederholen.«

»Nein, das reicht nicht. Sie müssen vom Morgen bis zum Schlafengehen lernen.«

Wochenlang durften die Kinder nun das Haus nicht mehr verlassen, außer zur Schule, wohin er sie persönlich brachte und von wo er sie auch wieder abholte. Wann immer die Kinder anfingen zu spielen, schrie er sie an und bestrafte sie mit Stockschlägen.

»Lass uns hier abhauen, Mama. Es ist besser, auf der Straße zu leben als hier in diesem Gefängnis«, sagte Maryam.

Ich war es so leid, diese Beleidigungen, Körperverletzungen und massiven Drohungen weiter zu ertragen, und auch den Kindern gingen Mohameds Ausbrüche an die Substanz. Er ging jetzt so weit, dass er anfing, vor den Kindern zu lamentieren: »Es war ein riesiger Fehler, dass ich dich geheiratet habe. Ich werde mir eine zweite Frau suchen, eine arabische, die sind wenigstens erzogen und können kochen.«

»Erzogen, ja? Sind sie das?«, gab ich trocken zurück. »Na ja, Fehler kann man berichtigen. Gib mir meine Scheidung, und dann kannst du machen, was du willst. Wir sind beide Deutsche, wir sind nach deutschem Recht verheiratet. Dementsprechend ist dir Bigamie verboten. Hier nach emiratischem Recht brauchst du auch mein Einverständnis, wenn du entgegen unserem Ehevertrag eine Zweitfrau heiraten willst. Und da du kein eigenes Einkommen hast und deine Familie nicht ohne mich ernähren kannst, wirst du dieses Einverständnis von mir nicht bekommen. Dir bleibt also nur die Scheidung. Oder willst du etwa verlangen, dass ich mit meinem Einkommen auch noch deine Zweitfrau und deren Kinder finanziere?«

»Vielleicht finde ich ja eine reiche, die mir Geld für euch gibt«, erwiderte er. Da hörte doch alles auf. Wollte er mir damit etwa eine Zweitehe schmackhaft machen? Mein Blick glitt an Mohamed herunter, einmal vom Scheitel bis zu den Sohlen. Nein, auf so einen wartete sicher keine arabische Millionärin.

»Hör mal, Mohamed, rede, was du willst, ich will das Geld von deiner illegitimen Schlampe, falls du eine findest, nicht, und meine Kinder auch nicht. Ich kann sehr wohl selbst für uns sorgen, und wenn du eine Zweitehe eingehst, gilt unsere Ehe für mich als beendet.« Ich wusste, selbst in den Emiraten würde mich unter solchen Umständen jeder Richter sofort scheiden. Also trumpfte ich weiter auf: »Da du weder deine ehelichen Pflichten noch deine Pflichten als Vater erfüllst, werde ich in dem Moment, in dem du eine zweite Frau heiratest, aufhören zu arbeiten und den vollen Unterhalt für mich und meine Kinder von dir einklagen. Du solltest dir also gut überlegen, was du tust. Vielleicht fährst du mit einer Scheidung gar nicht so schlecht.«

Das Problem an der Sache war, und das wusste auch mein Mann: Ich hätte zwar die Scheidung einreichen können, hätte aber nur für die beiden Kleineren das Sorge- und Umgangsrecht bekommen, und auch nur bis ungefähr zum Teenageralter. Dann wäre nach den Regeln des Islam der Vater als Hauptversorger allein sorgeberechtigt. Dazu wären noch die hohen Hürden des emiratischen Immigrationsrechts gekommen. Da mein Visum über Mohamed lief, meinen sogenannten Sponsor, brauchte ich auch seine Erlaubnis, um das Land zu verlassen. Ebenso die Kinder. Er hätte uns nach emiratischem Recht die Pässe abnehmen und mit einem Ausreiseverbot belegen können. Mit diesem wäre ich, wenn ich versucht hätte, mit den Kindern das Land zu verlassen, am Flughafen als Kindesentführerin festgenommen und womöglich über Jahre eingesperrt worden. Ich hatte nach emiratischem Recht als Mutter lediglich ein Bleiberecht. Jederzeit konnte ich ausgewiesen werden – ohne die Kinder, versteht sich.

Es war mir in diesem Moment schon egal, ob er wieder auf mich einschlagen würde, er hatte es in den letzten zwanzig Jahren so oft getan. Ich lebte schon lange nicht mehr, hatte keine Emotionen mehr, was ihn betraf. Ich spürte keine körperlichen Schmerzen mehr, selbst dann nicht, wenn ich mich beim Backen, Kochen oder Bügeln an den Händen verbrannte. Ich funktionierte wie ein seelenloser Automat. Mein Gesicht war nur mehr ein Panzer. Undurchschaubar, leblos, starr.

Eine Weile blieb er still. Mit so viel Gegenrede hatte er wohl nicht gerechnet, aber hier ging es um das letzte Fünkchen Selbstwertgefühl, das ich noch hatte, und das wollte ich mir um keinen Preis nehmen lassen. Hätte ich bloß nicht so hoch gepokert, denn jetzt baute er darauf, mich wohl auf andere Weise loszuwerden, um an mein Geld zu kommen. Ich war mir sicher, dass er insgeheim auf meinen Tod hoffte.

Mein Blutdruck stieg durch die ungeheure Belastung in gefährliche Höhen. Es geschah, was ich schon lange geahnt hatte: Ich erlitt einen totalen Kreislaufzusammenbruch, fünf Tage nach meinem Geburtstag. Am Morgen hatte Abdullah seine kleine Schwester Hajar gehauen, jedoch ohne sie zu verletzen. Das war eine der unausweichlichen Folgen einer Erziehung mit täglichen Schlägen, dachte ich. Ich war geschockt. Erst viel später erfuhr ich, dass Abdullah von seinem Vater unter Androhung von Prügeln gezwungen worden war, seine Geschwister zu schlagen.

Die Reaktion meines Mannes: »Ruf die Polizei und zeige deinen Sohn an, damit er ins Gefängnis gesperrt wird. Schließlich hast du ja auch die Polizei geholt, als ich dich auf den Kopf geschlagen habe. Also los, zeig ihn an.« Dass ich damals eine blutende Platzwunde am Kopf hatte, dachte ich mir lieber nur.

Polizei, wegen einer Kinderrangelei, welch ein Knallkopf! Natürlich weigerte ich mich, meinen Sohn anzuzeigen. Das wollte mein Mann aber nicht akzeptieren und fing an, mich zu verfluchen, zu beleidigen und zu behaupten, ich sei die Quelle aller Probleme und die Ehe mit mir sein größter Fehler. Obwohl ich mich innerlich zur Ruhe mahnte, wurde mir plötzlich schwarz vor Augen. Unvermittelt brach ich im Schlafzimmer auf meinem Bett zusammen und konnte mich danach nicht mehr bewegen. Ich konnte es nicht verhindern, mein Blutdruck stieg bei solchen Konfliktsituationen. Ich war hellwach, bekam alles mit, was um mich herum geschah, aber ich war wie in meinem Körper gefangen, konnte nicht einmal mehr sprechen.

Mohamed ließ mich einfach liegen. Ab und zu kam er, tat so, als ob er etwas im Schlafzimmer zu tun hätte, und blickte mich dabei aus den Augenwinkeln an, als ob er nur darauf warten würde, dass ich endlich sterbe.

»Hilfe«, versuchte ich zu sagen, »hilf mir doch.« Ich brachte keinen Ton heraus, und Mohamed ging einfach wieder. Erst Stunden später bemerkte Maryam, dass sie mich eine Weile nicht mehr gesehen hatte, sie fand mich im Schlafzimmer.

»Mama, was ist mit dir? Mama?« Als ich nicht reagierte, holte sie mein Blutdruckmessgerät und legte es an. Der Blutdruck war im roten Bereich. Eilig brachte Maryam meine Kreislauftabletten, dann holte sie Kühlakkus aus dem Gefrierfach, um meine hohe Körpertemperatur rasch abzusenken.

Mohamed störte mein Zustand überhaupt nicht, er verbot den Kindern sogar, einen Arzt zu rufen. Er blieb an seinem Computer sitzen, um im Internet zu surfen. Als ich mich nach Stunden aufrappelte, um ihm zu sagen, dass ich dringend einen Arzt benötigte, schlug er vor: »Nimm ein Taxi, und fahr zusammen mit Abdullah dorthin. Das ist doch bei dir schon Normalzustand, dass dein Blutdruck steigt. Du wirst auch nicht wieder gesund werden, wenn ich dich ins Krankenhaus bringe.« Ich solle ansonsten eine Methode wie Diabetiker entwickeln und ein Stück Zucker oder sonst etwas Süßes gegen den hohen Blutdruck einwerfen, empfahl er mir.

Ich war zu krank, um auf diesen Schwachsinn zu antworten. Wäre ich tatsächlich zum Arzt gefahren, hätte er mich danach wüst beschimpft und verprügelt. Die Folgen einer solchen Attacke wären ihm in dem Moment egal gewesen.

Als es mir am Abend ein wenig besser ging und ich wankend aufstand, schrie er: »Mach mir Tee!«

Das war einfach zu viel für mich. Langsam ging ich zu ihm und sagte ihm, dass ich nicht länger mit ihm und seinem erniedrigenden, aggressiven Verhalten, den täglichen Beleidigungen und seiner Ignoranz leben könnte. Ich sagte ihm klipp und klar, er solle seine Sachen nehmen und sich woanders eine Bleibe suchen. »Wenn du nicht freiwillig verschwindest, werde ich definitiv zum Gericht gehen.«

Nachdem mich Mohamed als Antwort auf meine Worte erneut beschimpft und verflucht hatte, schlug er schließlich vor, auszuziehen und woanders zu wohnen, aber ich sollte alle Kosten für mich und die Kinder selbst tragen, er würde niemals auch nur einen Cent zahlen. Er würde zudem seinen Wohnungsschlüssel behalten und uns »besuchen« kommen, wann immer es ihm passte. Er würde nicht in eine Scheidung einwilligen, sondern stattdessen eine zweite Ehe eingehen. So also hatte er sich das vorgestellt. Er wollte seine vollkommene Freiheit zurückhaben, ich aber sollte ihm weiterhin als Sklavin zur Verfügung stehen und auch noch seine zweite Familie finanzieren. Was für ein Bandit.

Frühstück à la Salafist

An manches würde ich mich heute wahrscheinlich nicht mehr erinnern, hätte ich nicht heimlich begonnen, Tagebuch zu führen. An mir selbst konnte ich sehen, dass sich auch die Erinnerung aus einem Menschen herausprügeln lässt, wenn die Gewalt nur heftig und anhaltend genug ist.

Am 2. Juli 2010 schrieb ich ins Tagebuch: »Es beginnt wieder zu eskalieren! Zwei aggressive Ausbrüche innerhalb der letzten drei Tage! Er beginnt mit sich selbst zu sprechen und schreit jeden von uns an! Ich bereite mich auf den nächsten zerstörerischen Wutanfall vor, an dem er wieder auf uns alle einschlagen und Möbel kaputt hauen wird! Es beginnt immer gleich: Erst fängt er an, wegen Kleinigkeiten und fast ohne jegliche Vorwarnung herumzuschreien, wie heute Morgen ...«

Alles war an jenem Tag eigentlich in Ordnung, alle waren aufgestanden und halfen mir, das Frühstück vorzubereiten. Die Kinder deckten den Tisch. Mohamed hatte bereits sein Gewalt verheißendes Gesicht aufgesetzt, als er grußlos aus dem Schlafzimmer kam. Er ging direkt zum PC und schaltete das Koranprogramm ein, Musik war uns ja untersagt. So untermalte der Gesang eines Koranrezitators den Morgen. Die Kinder saßen bereits am Frühstückstisch und warteten auf ihren Vater, um mit dem Essen zu beginnen. Als er sich nicht bewegte, ging ich zurück ins Arbeitszimmer, um ihn zu fragen, ob er denn nicht mit uns essen wolle.

»Geh allein, ich bin es leid, mit denen am Tisch zu sitzen«, antwortete er. Als wir fast mit dem Frühstück fertig waren, kam er und blaffte mich an: »Wieso schon wieder für jeden ein Teller? Warum stellst du so viele verschiedene Dinge auf den Tisch?« Es gab gekochte Eier, einen Dip aus gegrillten Auberginen und Sesampaste, ein wenig Quark und Marmelade – unser ganz normales Frühstück. »Ich hasse diese Art, den Tisch zu decken – ein Teller reicht für alle.«

Neue Regeln für das heimische *iftar*, wie im Arabischen das Frühstück heißt, waren an diesem Morgen Mohameds neuestes Mitbringsel aus seinen Salafistenzirkeln. Fortan sollte der spartanische Lebensstil der islamischen Frühzeit des siebten Jahrhunderts unser tägliches Frühstück im 21. Jahrhundert bestimmen. Wie die Gefährten des Propheten sollten wir alle von einem

Teller essen, es sollte nur eine einzige Speise zu essen geben und keinerlei Auswahl. Das war einfach nur noch verrückt. Wann immer ich bis dahin nur eine Sache auf den Frühstückstisch gestellt hatte, hatte Mohamed genörgelt: »Warum nur das? Warum bringst du nicht auch dies und jenes?«, oder: »Dieses Gericht isst man nicht mit Brötchen, also geh und hole uns Fladenbrot dazu.«

Ich giftete Mohamed an. »Zum Teufel, warum sollten wir auf einmal wie arme Wüstenkrieger leben, geht's noch?«

Die Kinder zitterten vor Angst. Ich forderte Mohamed auf, sich einfach hinzusetzen und zu essen, was ihm gefiel. Er fing an, uns anzubrüllen. »Wenn ihr den Auberginen-Dip nicht sofort vom Tisch nehmt, mach ich euch fertig!« Ich brachte den Teller hinaus und hoffte nun, die Sache würde sich wieder beruhigen, doch weit gefehlt. Er schrie uns immer weiter an, bis ich ihm sagte: »Hör mal, ich werde dein Benehmen nicht länger ertragen, und wenn du nicht zum Arzt gehst wegen deiner Wutanfälle, dann werde ich dir einen suchen.«

Er stand einfach auf und blieb zwanzig Minuten im Bad. Als er wieder herauskam, rief er nach Abdullah und ging mit ihm in die Moschee.

Ein Virus durchkreuzt unsere Pläne

Der 3. Juli 2010 begann recht still. Wir aßen zusammen Frühstück nach Salafistenart, danach begann ich die Böden zu wischen. Das tat ich wegen des allgegenwärtigen Wüstenstaubs jeden Tag.

»Warum machst du das alleine?«, brüllte Mohamed plötzlich durch die Wohnung. »Nachher erzählst du mir wieder, dass du müde bist. Lass das doch die machen«, er zeigte auf die Kinder. »Die sind alle faul und hängen nur herum.«

Ich blieb ganz ruhig. »Es ist nicht die Bewegung, die mich müde macht, sondern der Dauerstress.«

Jetzt wurde er wütend, fing an, Maryam auf Hände und Arme zu schlagen, die sie schützend über ihren Kopf erhoben hatte. Er schimpfte sie »faul«, »Bärin« und »Vieh«, schrie sie an: »Was sitzt du hier herum? Los, hilf mit.« Das wollte sie sowieso gerade machen, aber sie war eben nicht die Schnellste. Dann rief er die anderen Kinder, schrie sie an, schlug auf sie ein, verfluchte sie. Maryam weinte vor Schmerzen und Verzweiflung. Abdullah wurde in die Kammer gedrängt, die der Junge gerade erst vor zwei Tagen aufgeräumt hatte. Er sollte alles nochmals putzen. Abdullah maulte, wie Kinder das eben tun, dass immer er die unangenehmsten Arbeiten machen sollte. Er rastete aus, wie er es von seinem Vater gelernt hatte, brüllte Maryam nieder, wie faul sie wäre. Erstmals hörte ich Mohamed aus Abdullah sprechen, ich war fassungslos, wie dieser Sumpf aus Beleidigungen und Gewalt offenbar einen nach dem anderen von uns in die Tiefe zu ziehen begann.

Als Mohamed das hörte, fing er an, seinen Sohn zu schlagen. Erst prügelte Mohamed mit einen Plastikwäschekorb auf den Jungen ein, bis der Korb zerbrochen war, dann griff er zum Staubsaugerrohr. Unzählige Male ging es auf Abdullahs Kopf und Arme nieder. »Ich werde es dir zeigen, du Schwein, du Hund, du dreckiger«, schrie Mohamed. »Ich werde dich kaputt schlagen. Warte nur ab! Da! Da! Da!« Der Junge konnte in der engen Kammer nicht entwischen und kauerte auf dem Boden.

Jetzt schrie ich von hinten: »Hör endlich auf! Willst du deinen eigenen Sohn töten? Wie lange willst du denn noch so auf ihn einschlagen? Bis er ein Krüppel ist?«

Mein Körper fing an zu zittern, ich vermochte ihm keinen Einhalt zu gebieten. Ich wankte zum Schlafzimmer, wo ich mit letzter Kraft mein Handy griff, um Mohamed beim Verprügeln zu fotografieren. Vielleicht würde mir das später als Beweis dienen. Ich weiß noch, dass ich rote und schwarze Punkte vor den Augen sah, und mein Herz raste. Ich steckte das Handy weg und sackte im Kinderzimmer auf dem Sofa zusammen. Endlich ließ der Terrorist von dem Jungen ab.

Am Abend kam Mohamed zu mir und sagte: »Warum streitest du mit mir? Ich bin total unschuldig.«

»Du bist nicht unschuldig, du bist der Vater, der Erwachsene. Du darfst nicht so wütend werden, dass du deine Kinder verletzt, das ist ein Verbrechen. Es gibt nur eine einzige Möglichkeit für uns. Entweder du verlässt das Haus, oder ich gehe mit meinen Kindern fort. Für uns zusammen gibt es keinen gemeinsamen Weg mehr.«

»Ich werde gehen, ich denke schon seit langer Zeit darüber nach, diese Familie zu verlassen.« Jetzt hätte ich mich freuen können, aber ich kannte ihn ja viel zu gut, als ihm zu glauben. Ich war bloß froh, dass ich Fotos von Abdullahs Verletzungen, tiefroten Striemen und faustgroßen Blutergüssen, sowie von den Gegenständen gemacht hatte, mit denen er malträtiert worden war. Vielleicht würde uns das auf lange Sicht helfen, Mohamed eines Tages ins Gefängnis zu bringen. An eine schnelle Hilfe, etwa durch die Polizei, glaubte ich nach wie vor nicht mehr.

Eine schwere Grippe, die Mohamed für ein paar Tage außer Gefecht setzte – und mit der ihn natürlich die bösen Kinder angesteckt hatten –, verschaffte uns allen eine Atempause. Nach einer Woche war Mohamed leider wieder voll genesen. Seit zwei Wochen hatte er jedoch nichts mehr für uns zu essen gekauft. Der Kühlschrank war fast leer, außer einem kleinen Rest Brot, etwas Feigenmarmelade, Butter und Rotkohl. Wir hatten sonst nichts mehr im Haus außer Reis und Vollkornmehl. Keine Milch, weder Obst noch Gemüse. Wir hatten jeder einzeln versucht, ihn zu überzeugen, dass dies kein normaler Zustand mehr war und wir dringend etwas einkaufen müssten. Wir könnten uns doch nicht ständig wie die Ur-Salafisten ernähren. Es half nichts, er wurde wieder wütend und schwor, er würde überhaupt nichts kaufen, solange das Vorhandene nicht aufgegessen wäre.

Immerhin, die gute Nachricht dieses Tages lautete für das Tagebuch: Nach knapp vier Monaten hatte Mohamed endlich das kaputte Licht im Gäste-WC und den Kleiderschrank im Kinderzimmer repariert.

Zum Glück rief tags darauf Mohameds Freund Abu Yasser an, er käme uns mit seiner Familie besuchen. So war Mohamed gezwungen, Essen zu kaufen. Schließlich wollte er seinen Gästen keine in Wasser gekochten Knochen vorsetzen, wie uns.

Für uns war es wie ein Fest: Das erste Mal, seit wir aus Syrien zurückgekehrt waren, kaufte Mohamed richtig ein: frische Pfirsiche, Fischfilets, Pommes frites, Trauben. Der Kühlschrank barst fast, damit die Gäste nichts vermissen würden. Am Abend fuhren wir mit Abu und Umm Yasser und deren Kindern gemeinsam zum Mushrif-Park, einer wundervoll grünen Stadtoase in Dubai. Die Kinder genossen es, sich endlich einmal wieder sattessen zu können und an der frischen Luft unter den großen Bäumen zu spielen. Welch ein Tag!

Als wir wieder zu Hause und Abu Yasser und seine Familie abgefahren waren, blickte uns Mohamed böse an. »Verabschiedet euch von dem Gedanken an diesen Park. Ihr werdet nie wieder dorthin gehen.«

Vierzig Schläge auf Hände und Füße

Der Koran, die Offenbarung Gottes, wurde in unserer Familie immer hoch geachtet. Mit dem Buch, so verlangt es der Respekt, ging man behutsam um und tat nichts, was es entweihen könnte.

Man darf auf dem Koran keine anderen Bücher stapeln, da nichts über dem Wort Gottes stehe. Man darf den Koran nicht auf den Boden legen, und Frauen dürfen ihn während ihrer Periode nicht berühren. Bemerkenswert fand ich immer, dass meine Kinder, die von klein auf den Koran studiert hatten, durch den Religionsunterricht und meinen Einfluss gut zu unterscheiden wussten, dass Mohamed seine Grausamkeiten zwar mit dem Islam und besonders dem Propheten begründete, diese Züchtigungen aber nichts mit der wahren Religion gemein hatten. Der Zorn und die Verachtung meiner Kinder richteten sich immer gegen ihren Vater, nicht ein einziges Mal verfluchten sie den Islam, den Koran oder den Propheten, und wenn doch, man hätte es ihnen nachsehen müssen.

Eines Nachts gegen zwei Uhr wachte ich auf, weil ich meine beiden Kleinen, Adnan und Hajar, schreien und dann Türen knallen hörte. Ich stürzte aus dem Schlafzimmer. Da sah ich Mohamed, wie er mit einem dicken hölzernen Kochlöffel in den Händen herumlief und Adnan drohte: »Ich werde dich vernichten, du Schmutziger, du Hund! Warte, bis ich dich kriege!«

»Papa, du darfst Adnan nicht schlagen. Bitte hör auf, das ist verboten, er ist doch noch so klein«, rief Hajar.

Weil der Kleine sich im Kinderbad eingeschlossen hatte, lief er zu ihr, damals zehn, und schlug mit dem Holzlöffel auf ihre Arme und Füße ein, weil sie es gewagt hatte, ihrem Bruder zu Hilfe zu kommen.

»Wirst du endlich aufhören, die Kinder zu schlagen, Mohamed!«, schrie ich ihn an. »Was haben sie dir denn getan? Warum dieses Theater in der Nacht?«

»Dein Sohn lacht über den Koran. Er rezitiert ihn mit veränderter Stimme.«

Adnan war gerade mal sieben Jahre alt und lernte wie alle muslimischen Kinder seit seinem dritten Lebensjahr den Koran zu rezitieren. Er versuchte immer besser zu sein als seine ältere Schwester, damit Papa ihn lobte – und jetzt das.

»Mohamed, das kann ich nicht glauben. Es ist einfach nicht nachvollziehbar, völlig irre.«

Adnan verteidigte sich, er habe in einem Wettstreit den Koran einfach nur schneller rezitieren wollen als seine Schwester. Das war's.

Mohamed war selbst perplex, entschuldigte sich aber nicht, sondern griff nun mich an. »Ich hasse dich mit jedem Tag mehr.« »Gut, wann wirst du dann endlich dein Versprechen wahrmachen und ausziehen?« Keine Antwort.

»Alles, was ich noch will, ist die Scheidung von dir und ein normales Leben mit meinen Kindern. Ich brauche keinen Mann, der mich hasst. Ich bin wesentlich besser dran, wenn ich allein lebe, als mit so einem Ehemann.«

Mohamed gab sich versöhnlich. »Du kennst mich, ich sage manchmal Dinge, wenn ich wütend bin, und später bereue ich sie wieder.«

»Es tut mir leid für dich, aber ich kann dir nicht mehr verzeihen. Das ist in den letzten Jahren so oft vorgekommen, und es geht mir inzwischen gar nicht mehr um mich, sondern nur noch und ausschließlich um meine Kinder. Die leiden nämlich unglaublich, und ich kann da einfach nicht mehr zusehen.«

Seit diesem Tag schlief Mohamed in einem anderen Raum und sprach kaum ein Wort mehr mit mir. Aber ich hörte, wie er mit sich selbst sprach, mich und die Kinder den ganzen Tag lang verfluchte, mich ansah, als wäre ich ein wildes Tier. Wie waren wir alle froh, wenn er zur Moschee ging, obgleich wir fürchten mussten, dass er mit irgendwelchen neuen Ideen zurückkam, die uns das Leben noch unerträglicher machten als das grausige Salafistenfrühstück.

*

Ein paar Tage später nutzte ich Mohameds Abwesenheit, um die gesamte Wohnung zu wischen. Den Wäscheständer legte ich währenddessen auf das Bett im Schlafzimmer. Als Mohamed zurückkam, fand er Adnan mit einem Kissen auf dem Wäscheständer kuscheln. Was für ein süßer Anblick, er hat sich ein Bettchen gebaut, dachte ich mir. Nicht so Mohamed, er tobte.

»Die Stangen haben sich total verbogen«, brüllte er Adnan an, griff sich den Wäscheständer und schlug damit auf den Kleinen ein. Als der Wäscheständer kaputt ging, wurde Mohamed noch wütender und griff sich einen der herausgebrochenen Metallstäbe. »Du bekommst vierzig Schläge, je zehn auf die Hände und die Füße.« Ich flehte Mohamed an, das nicht zu tun, selbst einen Kriminellen würde man so nicht bestrafen. Er aber holte seinen dicken Kochlöffel aus der Küche, schloss sich mit Adnan ein, nachdem er mich aus dem Schlafzimmer geschubst hatte. Der Kleine schrie laut vor Schmerzen und Angst, Mohamed aber zählte ohne Gnade die Schläge ab, eins, zwei, drei ... bis vierzig. Dann ging die Tür auf, ich tröstete den schluchzenden und weinenden Adnan. Hände und Fußsohlen waren blutunterlaufen.

Mohameds Hass auf seine Kinder schien täglich größer, ungezügelter zu werden. Mit einer neuen Methode weckte er die Kinder nun jeden Morgen: Er nahm eiskaltes Wasser aus dem Kühlschrank und kippte jedem schlafenden Kind eine Tasse davon ins Gesicht. Zuvor hatte er die Kinder daran gehindert einzuschlafen, insbesondere Abdullah malträtierte er mit systematischem Schlafentzug, ließ ihn lernen, putzen oder bis spät nachts das Auto waschen, was in den Emiraten zusätzlich eine Erniedrigung war, da man dort sein Auto vom Hausmeister waschen lässt. Dann weckte er ihn wenige Stunden später auf diese erbarmungslose Weise. Zu mir kam er ungefähr zwanzig Mal pro Nacht ins Schlafzimmer, schaltete jedes Mal alle sechs Lampen ein, knallte Türen, schrie – waren das nicht Foltermethoden à la Guantánamo, die Mohamed und seine Salafistenfreunde so geißelten, solange es um ihresgleichen ging?

Mohamed hatte nun abwechselnd immer eines der Kinder besonders auf dem Kieker. An der Tagesordnung war ab September 2010, dass wir ständig mit Worten wie Hund/Hündin, Vieh, Verrückte/r, Schmutzige/r belegt wurden. Für die Kinder gab es zusätzlich Fußtritte (besonders für Abdullah) und Stockschläge für die drei anderen. In Abdullah, der fast so groß wie sein Vater war und mit männlich tiefer Stimme sprach, sah Mohamed inzwischen seinen Feind Nummer eins. Er verdächtigte ihn aller möglichen Bosheiten, trat und verfluchte ihn ohne jeglichen Anlass. Zu mir sagte er:»Ich hasse diesen Jungen, weil alles, was er macht, gegen mich gerichtet ist. Der will mir zeigen, wie stark er jetzt ist.«

Als ich Mohamed sehr vorsichtig auf all das ansprach und äußerst behutsam nachfragte, öffnete er sich für wenige Momente in einer Weise, wie ich es davor und danach nicht erlebt habe. Er erzählte, dass sein Vater ihn in seiner Kindheit immer wieder mit dem Kopf gegen die Wand gestoßen, mit einem Rohrstock auf die Fußsohlen geschlagen und noch andere fürchterliche Dinge mit ihm getan hätte. Seine Mutter hätte ihn als Kind ebenfalls massiv misshandelt. Von ihr bekam er zur Strafe einmal Peperonipaste in die Augen gerieben, sodass er daran fast erblindete. So sehr ich Mohameds Erlebnisse auch bedauerte, ich konnte nicht dulden, dass er dieselben Dinge mit seinen Kindern tat, wobei er der Ansicht war, dass seine Kinder von ihm »viel schwächere« Strafen bekämen, als er sie selbst erlebt hatte. Wenn das eine Art war, um Verständnis zu werben, so scheint er diesen offenen Blick zurück in seine eigene Kindheit und Jugend rasch bereut zu haben.

Aber was änderte diese für mich neue Erkenntnis? Nichts. Jeder Schlag, der meine Kinder traf, tat mir so weh, als würde ich selbst geschlagen werden. Ich fürchtete nicht so sehr, dass wir uns mit der Situation abfinden würden, aber ich sah, wie die Kinder und ich allmählich abstumpften. Wir wurden hart im

Nehmen, weinten kaum noch, steckten alles irgendwie weg. Das tat noch mehr weh als die Schläge selbst. Ich fühlte nichts mehr für Mohamed. Er war ein Opfer seiner eigenen Erziehung und Kindheit, aber ich war keine Therapeutin, und wir waren keine Versuchskaninchen. Er war krank und gehörte in ärztliche Behandlung.

Was ist bloß los mit Maryam?

Zwei Wochen lang durften weder Milch noch Gemüse oder Salat, von Fisch und Fleisch gar nicht zu reden, eingekauft werden. Unser Kühlschrank war leer, den Kindern sagte Mohamed, Milch sei schädlich. Hajar und Adnan verprügelte er mit einen Stromkabel, weil sie seiner Meinung nach noch immer nicht richtig Arabisch lesen und schreiben konnten. Das stimmte, aber er selbst war es gewesen, der den beiden den Besuch von Kita und Vorschule verwehrt hatte, wo alle anderen Kinder das Alphabet lernten und einen entsprechenden Vorsprung hatten. Mohamed zwang Hajar und Adnan bis tief in die Nacht zu lernen, schrie, erniedrigte und schlug sie. Und mich versuchte er tatsächlich zu zwingen, meine Kinder drei Wochen lang unter Abdullahs Aufsicht, ohne einen Erwachsenen, allein zu lassen, um mit ihm erst nach Deutschland und anschließend zum Hadsch, der großen Pilgerfahrt, nach Mekka in Saudi-Arabien zu fliegen.

Ich lehnte rundweg ab. Die andauernde Gewalt, ich beobachtete das sehr genau, hatte Abdullah verändert. Er war gegenüber seinen Geschwistern manchmal fast so brutal wie sein Vater zu ihm. Er hätte sich während meiner Abwesenheit bestimmt nicht um Adnan, Hajar und Maryam gekümmert, sondern sie am Ende noch geschlagen. Das war meine Befürchtung, nachdem in unserer Familie mittlerweile alles aus dem Ruder lief und Nichtigkeiten zu gefährlichen Situationen zu eskalieren begannen. Die Gewaltbereitschaft aller vier Kinder war enorm geworden.

Kinder eben; ihr Vater lehrte sie als einzigen Weg Gewalt und noch mal Gewalt. Friedliche Konfliktlösung oder Kompromisssuche kannten sie nicht von ihm, ihr Alltag waren Prügel ohne Ende. Außerdem: Adnan ging damals schon allein an den Gasherd, um sich Milch mit Honig, sein Lieblingsgetränk, zu kochen. Wer würde denn aufpassen, wenn ich nicht da war? Verwandten von meiner Seite, gar meinen Eltern, hätte Mohamed niemals die Obhut über unsere Kinder anvertraut.

Als von Mohameds Familie nicht ein einziger Verwandter bereit war, während unserer Reise auf die Kinder aufzupassen, obwohl Mohamed den Flug und alles bezahlt hätte, ließ mein Mann den Plan fallen, machte aber neuen Ärger. Einer seiner Freunde hatte mich, als Mohamed fort gewesen war, beim Autofahren gesehen und es ihm gesteckt. Er fühlte sich dadurch in seiner Ehre gekränkt und wollte wissen, wohin ich gefahren sei. »Ich war mit deinem Sohn einkaufen,« gab ich achselzuckend zurück. »Der Kühlschrank war leer.« Natürlich war das ein Grund für neuen Ärger. »Das war kein Notfall«, fauchte er mich an. »Du darfst nur raus, wenn du in Lebensgefahr bist. Hast du das verstanden? Frauen kutschieren nicht mit dem Auto herum!« Mit einem dämlichen Grinsen im Gesicht und vor den Kindern sagte er zu mir, dass er gern noch mehr Kinder hätte, aber nicht von mir, und wenn ich noch mal schwanger würde, dann würde er weder für mich noch für das Kind zahlen – als ob er das je getan hätte.

Maryam hatte seit Oktober 2010 Herzkreislaufprobleme, ihr Blutdruck schwankte ständig hoch und runter, ihre Herzfrequenz war unregelmäßig. Mehrere Ärzte hatten uns bereits gesagt, dass sie aus unerklärlichem Grund zitterte. Weil sie beim Zähneputzen so viel Blut im Mund hatte, maß ich ihren Blutdruck mehrmals täglich. Die Ergebnisse waren beängstigend: Ihr Blutdruck veränderte sich im Lauf des Tages von extrem hoch bis extrem niedrig, und ihr Herzschlag war sehr unregelmäßig. Als ich

Mohamed vorschlug, Maryam zum Arzt zu bringen, wurde er äußerst wütend: »Du spielst ein Spielchen mit mir. Du willst nur raus und mein Geld bei Ärzten verplempern. Es ist schon eine riesige finanzielle Belastung, vier Leute, die zum Sehen Brillen brauchen, in der Familie zu haben, und jetzt obendrein noch eine weitere Person mit Bluthochdruck. Das sind alles nur Übertreibungen, keiner von uns ist wirklich krank. Maryam braucht keinen Doktor.«

Oh, mein Gott! Wie können wir diesen Menschen bloß loswerden?, sagte ich im Stillen zu mir. Konnte mir denn niemand helfen?

Erleichterung brachte, dass Mohamed im November 2010 ohne mich nach Deutschland fuhr. Er nahm aber nicht nur meinen Reisepass mit, was er immer tat, wenn er auch nur einen Tag außer Haus war, sondern steckte auch die vier Pässe der Kinder ein.

Ich schmiedete sehr konkrete Fluchtpläne, die uns auf ganz unerwartete Weise durchkreuzt wurden. Die vier Kinder und ich wurden von einer Virusinfektion heimgesucht, hohes Fieber, Durchfall, Schmerzen am ganzen Körper. Wie gelähmt lagen wir zu Hause in unseren Betten. Es dauerte drei Wochen, bis jeder von uns über den Berg und Mohamed pünktlich zum Opferfest zurück war.

Eid-el-Adha, das größte religiöse Fest im Islam, so wichtig wie Weihnachten im Christentum, begann mit Schreien, Drohen und Schlägen für die Kinder, weil sie unser Bad benutzt hatten, um schneller für das Festgebet am Strand fertig zu sein. Mohamed gab jedem umgerechnet vier Euro, üblich war eher das Zehnfache.

»Das war euer Eid, mehr als das Eid-Gebet gibt es nicht.« Ich rief, damit dieses wunderschöne Fest für die Kinder ein bisschen Freude brächte, heimlich Umm Yasser, die Frau von Abu Yasser an und erklärte die Lage. Sie ließ daraufhin ihren Mann bei Mohamed anrufen und ihn daran erinnern, dass er versprochen hatte, ihn am *Eid* mit den Kindern zu besuchen. So durften wenigstens die vier mal an die frische Luft und bekamen ein klein wenig von dem Fest mit. Wir Frauen saßen gemeinsam in der Küche und redeten. Umm Yasser, hatte ich das Gefühl, konnte ich einiges anvertrauen. Mein schweres Herz wurde leichter bei ihr, auch wenn ich ihr aus Scham nicht annähend alles erzählte, was uns Mohamed antat.

*

Nach dem Opferfest wurde es von Tag zu Tag verrückter. Jetzt musste ich alle Zimmer abschließen. Die Kinder durften sich in keinem anderen Raum mehr aufhalten als im Kinderzimmer und in meinem Arbeitszimmer. Vom Gästebad hatte Mohamed die Türgriffe abgeschraubt, im Badezimmer der Kinder die Toilettenspülung abmontiert. Die Kinder mussten nach dem Baden das Wasser in der Wanne stehen lassen und mithilfe eines Eimers zum Spülen der Toilette verwenden. Mich zwang er, die Küchentür abzuschließen, sodass die Kinder nur noch zu den Mahlzeiten essen und trinken konnten, und zwar nur das, was auf dem Tisch stand – sonst nichts. »Diese Kinder verdienen kein gutes Essen«, befand er. Abdullah drohte er, weil er Widerspruch wagte, aus dem Haus zu werfen.

»Der ist«, sagte der Vater über seinen Sohn, »bösartig und ein Hund und ein dreckiger, unerzogener Deutscher. Ich will den hier nicht mehr haben. Ich werde ihn irgendwann rausschmeißen, der soll auf der Straße wohnen.«

Ich war fassungslos. »Wenn du das wagst, werde ich zusammen mit meinem Sohn gehen. Ich werde dir nicht erlauben, Abdullah rauszuwerfen. Na los, probier es! Wenn ich mich zwischen dir und meinem Sohn entscheiden soll, wähle ich meinen Sohn, und du gehst. Versuch es nur!« Glücklicherweise passierte dann nichts weiter. Ich wusste nur, eines Tages würde es eine Möglichkeit geben, alle Kinder zu nehmen und zu verschwinden, da war ich mir ganz sicher.

*

Umm Yassers Verrat

Abu Yasser und Umm Yasser, in den Emiraten fast mein einziger Kontakt zur Außenwelt, waren sehr gesellige Leute. Sie sprachen dieses urige Öcher Platt, den Aachener Dialekt. Beide achteten sehr auf ihr Äußeres. Umm Yasser trug bereits ein Kopftuch, als ich sie kennenlernte. Das Paar wirkte nicht besonders intelligent, aber sie waren nett und umgänglich und in Gesellschaft immer sehr lustig. Abu Yasser hörte man ziemlich viel lachen, wenn er zu Besuch kam. Mit seinen Sprüchen und Anekdoten zog er die Leute in seinen Bann. Als wir die Familie kennenlernten, trug Abu Yasser gern weite Bundfaltenhosen, dazu längere geschlitzte Oberhemden aus Nadelstreifenstoff. Umm Yasser sah mit ihren dunklen Augen und dem dunklen Teint eher südländisch aus.

Sie trug bevorzugt weit geschnittene Hosenanzüge mit langen Westen darüber, einfarbig, aber Ton in Ton und reich bestickt. Ihre Kleidung wirkte stets elegant und ausgesucht. Die beiden luden uns gern zu sich ein, und wir kochten dann zusammen. Meine Kinder mochten die Yassers sehr, weil sie ihnen Süßkram mitbrachten. Umm Yasser hatte immer Bonbons und Kaugummis in der Handtasche. Viel später merkten wir, dass sie trotz ihrer Großzügigkeit sehr neidische Leute waren, die immer alles haben mussten, was andere besaßen. Sie waren nach meinem Gefühl einem krankhaften Konsumzwang verfallen.

Umm Yasser hatte ich nach und nach unsere Qualen anvertraut und ihr erzählt, wie wir wirklich lebten, dass wir kaum das

Haus verlassen durften, dass wir permanent geschlagen und erniedrigt und mit Essensentzug bestraft wurden. Ihr Entsetzen wirkte echt. Sie riet mir, zum Beweis Fotos von den Verletzungen zu machen, was ich auch tat, wann immer es möglich war.

Hin und wieder trafen wir uns, wenn mein Mann mitsamt der Familie von Abu Yasser eingeladen worden war. Zusehends merkte man mir an, wie es mir ging. Dass unser Leben die Hölle war, konnte ich zu der Zeit nicht mehr verheimlichen. Die Haare fielen mir aus, mein Gesicht und meine Hände quollen immer mehr auf und wurden in der Hitze knallrot. Dicke verquollene Augen sprachen Bände von den Tränen, die ich geweint hatte. Umm Yasser bemerkte natürlich, dass unsere Arme oft Spuren von Schlägen aufwiesen. Die Kinder hatten blaue Flecken im Gesicht und am Hals.

Eines Tages, als die Situation zu Hause gerade wieder eskalierte, brach es aus mir heraus, und ich erzählte und weinte hemmungslos wie nie zuvor in Umm Yassers Armen. Ich zeigte ihr die auf einem USB-Stick gespeicherten Bilder meiner misshandelten Kinder. Striemen, Blutergüsse, Narben. Sie war erschüttert. Ich bat sie um Hilfe. Sie hatte immer in so hohen Tönen von ihrem Mann gesprochen, dass ich annahm, sie würden eine glückliche Ehe führen. Nach außen vermittelten die Yassers den Eindruck einer modernen und glücklichen Familie, auch wenn es mich wunderte, dass die Mutter und die älteste ihrer drei Töchter plötzlich mit Handschuhen und Gesichtsschleier herumliefen.

Umm Yasser hatte so viel von Ausflügen und Besuchen bei ihren Nachbarinnen erzählt, dass wir annahmen, sie könnten sich frei und ungezwungen bewegen. Aber das eine musste mit dem andern nichts zu tun haben. Viele Musliminnen fühlen sich gerade erst durch die Verschleierung sicher und souverän genug, um überall alleine hinzugehen.

Einige Tage danach rief mich Abu Yasser an und sagte, seine Frau hätte ihm erzählt, dass mein Mann uns prügeln und einsperren und mir mein Einkommen vorenthalten würde. Er wollte mit Mohamed reden. Deshalb kam Abu Yasser allein zu meinem Mann zu Besuch und blieb mehrere Stunden. Die Tür des Salons blieb geschlossen, sodass ich das Gespräch nicht belauschen konnte. Beim gemeinsamen Moscheebesuch hatte Abu Yasser heimlich auch Abdullah und Adnan befragt, die meine Schilderungen bestätigten.

Tags danach rief mich Abu Yasser erneut an und berichtete, er hätte mit meinem Mann über die Situation gesprochen und ihm nahegelegt, uns besser zu behandeln. Eine beruflich selbstständige und intelligente Frau wie ich brauche mehr Freiheiten, hätte er gesagt, und Mohamed solle doch froh sein, dass ich so viel Geld verdienen würde. Dafür sollte er dankbar sein. Mein Mann wiederum hatte sich bei Abu Yasser beklagt, ich würde seine Erziehungsmethoden kritisieren und die Kinder mit meiner milden deutschen Art nur verderben. Sie wären so frech geworden, dass er sie nur noch mit Prügeln erziehen könnte. Daraufhin hätte Abu Yasser ihm dringend geraten, mehr Nachsicht mit seinen Kindern zu üben, um sie nicht zu verlieren. Und das hätte ihm mein Mann versprochen. Ich sollte aber unbedingt anrufen, wenn es wider Erwarten nicht besser werden würde. Das versprach ich und hoffte sehnlichst auf Besserung.

Natürlich fragte mich Mohamed sofort, ob ich mich bei Umm Yasser über ihn beschwert hätte. Der Mann hätte so komische Andeutungen gemacht. Ich dürfte auf keinen Fall irgendwelche Privatangelegenheiten weitererzählen. »Das ist eine Sache unter uns, die keinen etwas angeht. Wehe, wenn ich erfahre, dass du über mich geredet hast!« Dabei nahm er eine Drohhaltung ein, als würde er zum Schlag ausholen, ballte die Hand zur Faust, aber ich wollte nicht mehr schweigen. Selbst der Tod erschien mir in manchen Minuten inzwischen besser als unser jetziges Leben. Geschlagen, eingesperrt, entmündigt, erniedrigt – was konnte denn noch schlimmer werden?

Ich entschloss mich zu kämpfen. »Wieso, hat Abu Yasser das etwa behauptet?«, fragte ich scheinheilig.

»Nein, aber er hat Fragen gestellt und über die Ehe geredet. Pass auf, ja. Wehe, wenn ich was rauskriege!«

»Vielleicht hat er selbst Probleme mit seiner Frau, oder er hat eine Vorlesung besucht und wollte dir den Inhalt weitergeben«, meinte ich. »Von mir hat er jedenfalls nichts gehört.« Das war noch nicht einmal gelogen, denn ich hatte mich seiner Frau anvertraut, nicht Abu Yasser. Reihum verhörte Mohamed nun die Kinder, die sich, vorgewarnt von mir, völlig ahnungslos gaben. Es war unsere einzige Chance, um seinen Verdacht auszuräumen. Eine Weile blieb es ruhig. Ich durfte sogar täglich mit meinem ältesten Sohn eine halbe Stunde lang am Kanal spazieren gehen, was meinen Kreislauf wieder einigermaßen in Schwung brachte.

*

Die Sache mit Abu Yasser war bald vergessen. Da rief Umm Yasser weinend bei mir an. »Hilf mir hier weg, ich kann nicht mehr.« Lange Geschichte, kurz erzählt: Sie hatte die Nase voll, Abu Yasser schickte sie und ihre Töchter regelmäßig zum Betteln zu den einheimischen Nachbarn, gut situierte Emiratis. Seit Wochen hatte sie nicht mehr das Haus verlassen dürfen. Ich wusste nicht, ob ich ihr glauben sollte. Sie, die immer so von ihrem Mann geschwärmt hatte, die mir von endlosen Shoppingtouren und Ausflügen mit Freundinnen an den Strand und in die Stadt erzählt hatte, sagte mir jetzt, dass es ihr beinahe genauso schlimm erging wie uns? Sollte ich das glauben?

Ich hatte Umm Yasser meinen Kummer anvertraut. Sie hatte mir zugehört und immer beteuert, wie froh sie sei, dass sie ihre Freiheit hätte. Längst war ich mit ihr so eng, dass wir gemeinsam Fluchtmöglichkeiten für mich durchzuspielen begannen. Ich hatte Vorbereitungen getroffen, unter anderem das Passwort für mein Paypal-Konto geändert, Mohamed von technischen Schwierigkeiten mit dem Konto erzählt und so in kleinen Beträgen genug Geld für Reisekosten auf die Seite geschafft.

Nun kam es ganz dicke. Umm Yasser bat mich, für sie und ihre Kinder übers Internet Flugtickets für denselben Tag zu bestellen. Sie stahl meinen Plan, und sie wollte, dass ich das auch noch finanzierte. Das konnte ich nicht.

»Ich kann dir nicht helfen, Umm Yasser«, sagte ich. »Wenn mein Mann, der täglich meinen Rechner und meine Konten und E-Mails kontrolliert, das herausbekommt, kann ich mir gleich mein eigenes Grab schaufeln. Der bringt mich um. Wenn ich mit meiner Kreditkarte deine Tickets bezahle, findet er es heraus und erschlägt mich. Bitte beruhige dich und warte bis morgen. Wir werden zusammen eine Lösung finden.«

»Gut, du willst mir also nicht helfen. Das kann ich in deiner Situation verstehen«, sagte Umm Yasser. »Wir werden es alleine schaffen, aber bitte verrate uns nicht, auch nicht, wenn mein Mann bei euch anruft. Ich werde mit meinen Kindern nach Ägypten fliegen. Dort erwartet uns Ruqaya, eine Freundin. Sie wird uns weiterhelfen.«

»Bist du sicher? Ihr Mann und dein Mann sind doch Freunde. Der wird Abu Yasser bestimmt direkt anrufen.«

»Nein, ich habe mit Ruqaya telefoniert, und sie hat mir ihre Hilfe bei Allah versprochen.«

»Na gut, dann viel Glück. Ruf mich an, wenn ihr in Sicherheit seid.«

Ich glaubte ehrlich nicht, dass Umm Yasser es aus dem mehrere Autostunden entfernten Ras al-Khaimah mit vier Kindern überhaupt bis zum Flughafengebäude in Dubai schaffen würde. Dann erreichte mich ihre SMS. »Sitze mit den Kindern im Flugzeug nach Ägypten, melde mich aus Alexandria.« Ich war baff und sauer. Umm Yasser hatte meinen Fluchtplan geklaut und ihn für mich womöglich wertlos gemacht. Denn Mohamed, alarmiert von dem Vorfall, würde nun mehr denn je aufpassen, wie sich zeigen sollte. Ich konnte es nicht fassen.

Am Abend nahm uns Mohamed in einen Park mit, wo uns laut seiner Aussage weder Menschen noch *dschinne*, Geister, beobachten, stören oder gar von uns Besitz ergreifen würden. Männer und Frauen saßen auf dem Rasen, nach Geschlechtern durch einen begrünten Erdhügel und eine Hecke strikt voneinander getrennt. Ich sah, wie Mohamed sein klingelndes Handy aus der Tasche zog und einen Anruf entgegennahm. Das Gespräch dauerte etwa zehn Minuten. Dann stapfte er auf mich zu, kreidebleich vor Wut.

Abu Yasser sät Misstrauen

»Das war Abu Yasser. Umm Yasser, die Dumme, ist mit ihren Kindern abgehauen. Wusstest du was davon? Weißt du, wo sie ist?«

»Ja, sie hat mich gerade angerufen, sie ist nach Afrika geflogen.«

»Diese dumme Kuh hat ihrem Mann das ganze Geld gestohlen und die Kinder mitgenommen. Abu Yasser geht es richtig schlecht. Er weiß nicht mal, wie er die Miete bezahlen soll. Jetzt ist mir klar, warum Abu Yasser letztens so mit mir gesprochen hat. Der hat Probleme mit seiner Frau. Diese schmutzige deutsche Frau hat kein Gefühl. Ihr Mann hat Diabetes, er war im Auto, als er es erfahren hat, und musste mitten auf der Straße anhalten, weil er fast gestorben wäre. Die Polizei hat ihm gesagt, er sei selber schuld, weil er ihr den Pass nicht weggenommen hat. Die können nichts machen.«

So ging es den Rest des Abends weiter. Ich sagte so gut wie gar nichts, aber innerlich fühlte ich mich leer, verzweifelt und in meiner Planung auf den Anfang zurückgeworfen. Gut, Umm Yasser hatte getan, was sie tun musste. Wenn ihr Mann sie tatsächlich zum Betteln gezwungen hatte, war er selbst schuld. Ich hatte ihr nicht geholfen, und somit konnte Mohamed mir nichts anhaben.

Ein paar Tage vergingen, dann sagte Mohamed: »Die waren in Ägypten. Der Mann von Umm Yassers Freundin in Alexandria hat sie gleich wieder rausgeworfen und in den Flieger nach Dubai gesetzt. Sie sind wieder da. Umm Yasser hat gedacht, sie kann mit all ihren Kindern bei denen wohnen, ohne Geld und ohne Arbeit, die Hexe. Die wird sich noch wundern. Was glaubt die, wer sie ist? Abu Yasser hat gesagt, die Alte kann ihre Sachen nehmen und abhauen, aber seine Kinder bleiben bei ihm.« Passierte das, dann stand Umm Yasser auf der Straße. Den Kontakt zu Freunden und ihrer Familie in Deutschland hatte sie abgebrochen, weil sie diese nicht zum Islam bekehren konnte. Ihre Mutter war bereits tot. Ich wusste nicht, wie ich ihr helfen sollte.

Ausgestanden war die Sache für mich mit Umm Yassers Rückkehr noch lange nicht. »Abu Yasser hat gesagt«, fing Mohamed ein paar Tage später wieder an, »seine Frau hätte ihm erzählt, dass du eingeweiht warst, dich aber geweigert hast zu helfen. Wieso hast du mir davon nichts gesagt?«

»Ganz einfach«, sagte ich mit klopfendem Herzen. »Ich habe ihr nicht geglaubt, als sie mir erzählt hat, was sie plante. Die hatte immer so von ihrem Mann geschwärmt, da klang alles so unglaubwürdig. Ich habe ihr gesagt, sie soll sich beruhigen, und wir finden eine Lösung, aber als sie mich das nächste Mal angerufen hat, saß sie schon im Flugzeug nach Ägypten.«

»Ja, das habe ich Abu Yasser auch gesagt. Du hast keine Schuld.«

Natürlich hatte ich keine Schuld, aber ich musste ab jetzt sehr vorsichtig sein. Ich war mir nicht sicher, was diese Frau noch so alles über mich und vor allem meine Fluchtpläne erzählen würde –

oder schon erzählt hatte. Ich durfte ab jetzt keinem Menschen mehr vertrauen. Wenn Umm Yasser, eine ungebildete Frau, es von Ras-al-Khaimah allein bis zum Flughafen Dubai geschafft hatte, würden wir es auch schaffen. Immerhin wohnten wir nur fünfzehn Autominuten vom Flughafen entfernt.

*

Das Thema schien erledigt zu sein. Drei Tage lang. Dann meinte Mohamed plötzlich: »Ich möchte eure Reisepässe haben. Ich werde sie bei einem Notar hinterlegen. Dann kann keiner von euch einfach so abhauen.«

»Wie bitte? Bist du jetzt total verrückt geworden? Wir sind deutsche Staatsbürger, und kein Mensch auf der Welt, auch du nicht, hat das Recht, uns unsere Reisepässe wegzunehmen. Wenn du das machst, verstößt du gegen unsere Menschenrechte. Ich werde mich dann an das Konsulat wenden und meine Rechte verlangen.«

Ich drehte mich um und verließ mit beleidigter Miene den Raum. In mir rumorte es. Angst, Panik, Entsetzen! Jetzt nur nicht durchdrehen, nur nicht die Nerven verlieren! Wir mussten hier weg, ganz schnell, bevor er uns die Pässe wegnahm.

Wie durch ein Wunder verfehlte mein theatralisch-beleidigter Abgang seine Wirkung nicht. Mohamed lenkte ein: »Du hast recht, du bist nicht wie diese schmutzige Frau, und die Kinder gehen hier nicht ohne dich weg. Ich vertraue dir.«

Ich wusste nicht genau, was sich bei Abu Yasser in diesen Tagen zu Hause abspielte. Um nicht in der Gosse zu landen, gestand Umm Yasser ihrem Mann wohl jedes Detail, und sie verriet ihm auch alles, was ich ihr je anvertraut hatte, um ihn ohne jede Rücksicht auf uns wieder gewogen zu stimmen. Sein Wissen nutzte Abu Yasser, um bei Mohamed Misstrauen zu säen.

»Pass auf«, warnte er ihn, »deine Familie macht Fotos von den

Verletzungen der Kinder. Ich habe sie mit eigenen Augen auf meinem Computer gesehen. Die haben sie meiner Frau geschickt. Die planen bestimmt irgendwas, die wollen dich ins Gefängnis stecken oder so.«

Natürlich reagierte Mohamed sofort misstrauisch, aber ich fand in meiner Not eine Erklärung. »Wie soll das denn gehen? Wir haben ja gar keine Kamera, und du kontrollierst unsere Handys ständig. Da hättest du die Bilder ja längst finden müssen. Und wie sollten wir sie denn an Umm Yasser schicken? Die haben doch gar kein Internet. Abu Yasser soll mal seinen Laptop bringen und die Fotos zeigen. Der spinnt, der hält dich doch für blöd.«

Am Ende glaubte Mohamed tatsächlich, dass Abu Yasser nur den Unsinn seiner um Gnade winselnden Frau wiederholt hatte. Welch ein Glück, dass wir die Fotos immer auf einen heimlich gekauften USB-Stick geladen und sofort vom Handy gelöscht hatten.

Umm Yasser sah ich nie wieder. Anlass, an sie zu denken, sollte ich leider noch haben.

Kapitel VII

AUF DER FLUCHT

Mohamed in Maryams Schlafzimmer

Heftiger als je zuvor galt ab Februar 2011 Mohameds Augenmerk meiner Tochter Maryam. Er begann ihr nun massiv mit Zwangsverheiratung zu drohen.

»Warte nur ab, wenn du mich weiter nervst, verheirate ich dich, und dein Mann wird dich täglich prügeln, du fette Bärin.« Zu mir sagte er offen: »Ich hasse dieses Mädchen. Sie ist stur und schmutzig. Es ist das Beste, wenn ich sie so bald wie möglich verheirate, damit ich sie los bin. Dann muss sich ihr Mann um sie kümmern.«

»Wie kannst du nur so etwas sagen?«, fragte ich ihn. »Es kann doch nicht sein, dass du deine eigene Tochter derart hasst, um ihr so etwas anzutun? Du willst ein Kind einem fremden Mann ausliefern?«

»Hat die schon ihre Periode? Du musst mir sagen, wenn sie ihre Periode hat, dann ist es vorbei mit der Kindheit, dann muss sie als Frau behandelt werden.«

Ich nickte – was sollte ich auch sagen? Er hätte nur wieder zugeschlagen.

Da Maryam schon dreizehn war, glaubte er mir nicht, dass sie ihre Periode noch nicht hätte. Er fing an, nachts, wenn sie schlief, in Maryams Zimmer zu schleichen und ihre Bettdecke anzuheben. Dabei sah er manchmal, dass unter der Decke die lange, weite Schlafanzughose, die sie im Bett trug, hochgerutscht war. Dann schlug er wütend auf das schlafende Kind ein: »Zieh dich ordentlich an, du schlampiges, schmutziges Mädchen. Du kannst nicht einfach mit Hosen schlafen, du musst eine Abaya darüber tragen. Los, steh auf und zieh dich an.«

Entsetzt rannte ich ins Kinderzimmer, wo das arme Mädchen sich in der Hitze schlaftrunken die Abaya überzog und wieder ins Bett schlüpfte.

»Was soll das? Du weckst die Kleinen auf«, schimpfte ich und zog Mohamed aus dem Zimmer.

»Dieses schmutzige Mädchen schläft ohne Abaya.«

»Sag mal, bist du jetzt total verrückt geworden? Wozu soll sie denn beim Schlafen eine Abaya anziehen? Das Licht ist doch aus, und wieso hast du überhaupt unter ihre Bettdecke geschaut? Schämst du dich nicht?«

Er murmelte auf Arabisch: »Ihr deutschen Frauen versteht das nicht, für euch ist sowieso alles egal. Halb nackt vor den Kindern, den Geschwistern und dem Vater. Ihr schämt euch gar nicht, und dieses Mädchen ist genauso.«

Von diesem Tag an begann ich ihn genau zu beobachten. Ich schlief nachts nur noch sehr leicht, schreckte sofort hoch, wenn irgendwo eine Tür klappte. Welcher Vater schleicht sich nachts in das Zimmer seiner heranwachsenden Tochter und schaut unter ihre Bettdecke? Was würde als Nächstes kommen? Der Missbrauch? Bei Maryam beobachtete ich, dass ihre Hände besonders nach dem Aufstehen heftig zitterten und sie auch tagsüber immer öfter schläfrig wirkte. So reagierte dieses zarte Mädchen auf die Attacken ihres Vaters, dachte ich lange, bis ich später hinter den wahren Grund dieser Körperreaktionen kam. Die Lage wurde für Maryam Tag für Tag gefährlicher, ebenso wie für Abdullah.

*

Harmlose Alltagssituationen, in jeder normalen Familie kein großes Ding, führten bei uns im Nu zu Gewalt. Abdullah hatte sich an einem Tag von seinem Taschengeld nach der Schule einen

Becher Fruchtjoghurt gekauft, den er vor sich auf den Esstisch stellte und leer aß, während seine Geschwister, die ihr Geld anderweitig ausgegeben hatten, zusehen mussten.

Mohamed explodierte. »Ich habe niemandem erlaubt, sich irgendetwas anderes zu essen zu kaufen als das, was wir alle hier am Tisch essen.«

»Ich esse ja, was auf den Tisch kommt«, antwortete Abdullah, »aber ich will auch mal etwas Joghurt essen, um meine Verdauung in Gang zu bringen. Seit Tagen ist unser Kühlschrank kaputt, wir essen nur Weißbrot und Käse, weil du einfach kein neues Gerät kaufst.« Mohamed schnaubte, Abdullah legte nach. »Ich verstehe überhaupt nicht, warum du mich wegen eines Joghurts anschreist« – worauf Abdullah ein Faustschlag über den Esstisch hinweg so heftig im Gesicht traf, dass er von seinem Stuhl flog und zu Boden ging.

Ich stürzte zu Abdullah und schrie Mohamed an. »Hör auf, die Kinder für Nichtigkeiten zu schlagen!«

»Lass mich in Ruhe, du Bärin, ich mache, was ich will. Ich werde diesen unverschämten Bengel erziehen!« Dann stürmte Mohamed aus der Wohnung.

Diesmal hatte ich Angst, Fotos von Abdullahs Verletzungen zu machen, weil ich befürchtete, Mohamed könnte sie finden, bevor ich in der Lage war, sie hochzuladen. Er war inzwischen sehr vorsichtig geworden und kontrollierte ständig unsere Handys. Manchmal verabschiedete er sich in die Moschee, verließ mit einem demonstrativen Türenknallen die Wohnung, schlich aber nach wenigen Minuten ganz leise auf Zehenspitzen wieder herein. Offenbar wollte er mich beim Hochladen der Fotos oder dergleichen erwischen, also unterließ ich es – und verfluchte diese Verräterin Umm Yasser jedes Mal aufs Neue.

Einen Kühlschrank bekamen wir übrigens noch länger nicht. Mohamed gönnte sich stattdessen erst einmal eine dreimal so teure Espressomaschine.

Der Hass meines Mannes gegen Abdullah wuchs mit jedem Tag. Mohamed weigerte sich nun, seinem ältesten Sohn jegliche Kleidung zu kaufen. Morgens nach Sonnenaufgang war es noch recht kühl, und der Junge zitterte vor Kälte. Er hatte seit zwei Wochen Grippe, nahm Antibiotika. Aber Mohamed ließ sich partout nicht erweichen, ihm irgendetwas zu kaufen. Abdullah, fünfzehn Jahre alt, musste Kindergröße 146 tragen. Er hatte nichts mehr anzuziehen außer zwei abgetragenen Hosen und zwei ausgebleichten T-Shirts. »Ich werde ihn zwingen, nur noch Gebetshemden zu tragen. Ich werde ihm nichts kaufen«, beharrte Mohamed. »Es wäre besser, wenn der Bengel endlich auf der Straße leben würde, weil er nur einen schlechten Einfluss auf seine Geschwister hat.«

Nicht einmal von seinem Taschengeld durfte sich Abdullah Klamotten kaufen. Da drohte er seinem Vater: »Weißt du was? Wenn du mir weiterhin keine Sachen zum Anziehen kaufst, werde ich zur Polizei gehen und erzählen, wie schlecht mein Vater mich behandelt. Dann sollen die mit dir reden.« Mit einem dumpfen Knall traf Abdullah ein Faustschlag ins Gesicht. Wie ein Boxer prügelte Mohamed außer Rand und Band auf seinen Sohn ein. Blitzschnell wich Abdullah zur Seite aus und drehte in einer sekundenschnellen Bewegung Mohameds Arme nach hinten. »Hör auf, mich zu schlagen«, brüllte er, »bleib weg von mir!«

Mohamed konnte sich mit schmerzverzerrtem Gesicht befreien, und die beiden kämpften jetzt auf dem Boden. Einmal hatte Abdullah Mohamed im Schwitzkasten, dann saß Mohamed auf Abdullah und schlug mit seinen Fäusten auf das Gesicht und den Bauch des Jungen ein. Hajar und Maryam weinten, und mein kleiner Adnan schrie vor Angst: »Hört auf, hört auf. Hört doch auf!«

Abdullah nutzte eine kurze Pause, sprang auf und schloss sich in einem Zimmer ein. Mohamed trommelte gegen die Tür. »Wenn du schläfst, werde ich dir die Beine brechen.«

Armer Abdullah. Er hatte sich in der letzten Zeit so sehr verändert und war genau zu dem geworden, wovor ich ihn all die Jahre bewahren wollte. Das war wirklich erschreckend. Er war gewalttätig geworden, schlug seine Schwestern und seinen kleinen Bruder, schrie mich und seinen Vater an und drohte allen. Aber was war bei dieser »Erziehung« schon anderes zu erwarten?

Abdullah weigerte sich immer öfter, mit seinem Vater zum Religionsunterricht zu gehen, manchmal weigerte er sich, überhaupt die Moschee zu besuchen. Er fing an, seinem Vater auf eine so entschlossene Weise entgegenzutreten, die für uns alle gefährlich werden konnte, ja, er drohte Mohamed sogar an, in Zukunft mit aller Kraft zurückzuschlagen.

Lieber Gott, dachte ich, mach, dass wir von hier wegkommen, bevor ich nicht mehr reparieren kann, was diese Hölle aus meinen Kindern macht.

*

Das Internet war mir inzwischen als einziges Fenster zur Welt geblieben, wenn ich meine getönte Wohnzimmerfront mit monotonem Blick auf Flanier-Corniche und das fast jeden Tag gleich blau gleißende Meer von Sharjah davon ausnehme. Ich suchte im Web intensiv nach Hilfe. Es gab ein Frauenhaus in Dubai, das ich anschrieb, aber so rechtes Vertrauen hatte ich nicht, dass unser mögliches Asyl dort viel anders enden würde als jene Nacht auf dem Polizeirevier, nämlich wieder in Mohameds Fängen.

Was das Internet anging, war ich inzwischen gewappnet. Mein Mann hatte eine Ausbildung als Programmierer und Netzwerkadministrator absolviert. Er verfolgte jede meiner Bewegungen auf dem PC und im Internet. Es hatte mich jahrelange Erfahrung gekostet, um herauszufinden, wie ich ihn austricksen und Browserverläufe löschen konnte, ohne dass er merkte, dass etwas gelöscht worden war. Er las alle E-Mails, die ich von Freunden bekam, kontrollierte, mit wem ich auf Skype sprach, und presste dann Gesprächsinhalte aus mir heraus. Nummern, die er nicht kannte, rief er einfach zurück, um herauszufinden, mit wem ich wann gesprochen hatte. Daraus schlussfolgerte er dann, ob ich eventuell jemandem etwas von seinen Gewalttaten erzählt haben könnte, und blockierte einige dieser Leute einfach oder löschte die Kontaktdaten. Wenn ich nachfragte, hatte er natürlich nichts mit alledem zu tun.

Diesmal wurde ich beim Surfen fündig. Aufs Geratewohl hatte ich die Begriffe »Hilfe für Deutsche im Ausland« in Google eingegeben. Ich traute meinen Augen kaum, als ich weiter unten in der Ergebnisliste auf einen gemeinnützigen Verein stieß, der tatsächlich so hieß und offenbar schon einmal einer Frau aus den Emiraten geholfen hatte. Diese Frau musste ich hinter Mohameds Rücken kontaktieren. Ich legte mir eine neue E-Mail-Adresse auf einem externen Server zu, den mein Mann nicht kontrollieren konnte, und schickte ihr eine Nachricht. Am nächsten Tag nutzte ich die Zeit, in der sich mein Mann in der Moschee aufhielt, um in das versteckte Postfach zu schauen. Tatsächlich hatte ich eine Antwort bekommen. Die Frau nannte sich Ruth. Schon nach den ersten Zeilen war mir klar, dass Ruth aus eigenem Erleben haarklein wusste, in welch auswegloser Situation ich angesichts der emiratischen Gesetze und des praktizierten Heimvorteils für Männer steckte. Sie schrieb:

Liebe Kerstin,
vielen Dank für Ihre E-Mail und das Vertrauen, das Sie in uns gesetzt haben. Da ich selbst in 2006 vier Monate grundlos und rechtlos in den Arabischen Emiraten festgehalten wurde, verstehe ich absolut, wie schwierig und bedrohlich Ihre Situation ist.
Und es ist ebenfalls wieder eine Schande mit anzusehen, wie sich das deutsche Konsulat komplett heraushält, wenn es darum geht, den eigenen Landsleuten zu helfen.
Wir haben ein deutsches Mitglied unseres Vereins in Dubai. Er ist

sehr aktiv und hat schon vielen Deutschen dort in Situationen geholfen, die aussichtslos schienen. Ich würde Ihnen einfach seine Telefonnummer geben und hoffe, dass Sie in der Lage sind, ihn anzurufen und Ihre Situation zu schildern. Sein Name ist John V. Schneider-Merck. Seine Mobilnummer lautet 00971████████. Er ist allerdings viel unterwegs, und von daher bitte nicht verzweifeln, wenn Sie ihn nicht gleich erreichen sollten. Ich bin mir sicher, dass er Ihnen helfen kann. Da er seit mehr als dreißig Jahren in den Emiraten lebt, kennt er die Gegebenheiten sehr gut. Wenn Sie mit ihm Kontakt aufnehmen, berufen Sie sich auf mich, und erzählen Sie ihm, dass Sie seine Telefonnummer von mir haben. Bitte halten Sie mich auf dem Laufenden, wie es weitergeht. Ich wünsche Ihnen und Ihren Kindern alles Gute und vor allem die Kraft, noch eine Weile durchzuhalten, bis wir gemeinsam das Problem gelöst haben.

Liebe Grüße aus Deutschland,
Ruth

Unfassbar! Es gab da draußen tatsächlich jemanden, der uns hier aus dieser Hölle heraushelfen konnte und wollte. Endlich! Erstmals sah ich Licht am Ende des Tunnels. Mein Herz wollte zerspringen vor Freude. Äußerlich aber ließ ich mir nichts anmerken, setzte wie immer meine undurchschaubare Maske auf. Mohamed durfte nichts merken, er hatte einen sechsten Sinn für sich anbahnende Veränderungen und bevorstehende Ereignisse. Am Abend, als er wieder in der Moschee war, informierte ich meine beiden Großen, Abdullah und Maryam. Ich musste mich ihnen einfach offenbaren. Ungläubig schauten sie mich an.

»Glaubst du wirklich, dass die uns hier alle heil rausbekommen? Was, wenn wir wieder verraten werden?«, fragte Maryam.

»Wir müssen es wenigstens versuchen«, machte ich uns Hoffnung, »immerhin ist es eine Chance. Ich werde mir anhören, was dieser Mann vorschlägt, und dann sehen wir weiter. Am Freitag rufe ich ihn an.«

Am Freitag aber hatte mich der Mut wieder verlassen. Was, wenn der Mann nicht vorsichtig genug war und hier anrief, wenn mein Mann zu Hause war? Ich war so oft enttäuscht worden, Fluchtpläne funktionierten bei genauerem Durchdenken nicht, Lichtblicke erwiesen sich als kurzlebige Hoffnungsschimmer, mir schnürte es die Kehle zu. Mir fehlte schlichtweg der Glaube daran, dass ein Entkommen aus dieser Hölle möglich wäre. Es fühlte sich an, als würde die Lawine meiner gesammelten Ängste jede Hoffnung unter sich begraben. Doch im Gegensatz zu früher spürte ich zugleich eine ungekannte Kraft in mir. Mut, gepaart mit Vorsicht, was sollte da schiefgehen? Fürs Erste entschied ich mich, aus Sicherheitsgründen Herrn Schneider-Merck nicht anzurufen, denn Mohamed bekam eine detaillierte Rechnung aller Telefonate und konnte somit jeden Anruf leicht nachverfolgen. Ich googelte seine E-Mail-Adresse und schrieb ihm, auf dem nun meine vagen Hoffnungen ruhten, eine lange Nachricht, unter anderem:

Lieber Mr. Schneider Merck,
ich weiß nicht, ob Sie uns wirklich helfen können – ich wende mich an Sie, weil ich einfach keinen Ausweg mehr aus unserer Lage sehe. (Not sure if you prefer German or English. Let me know.)
Wir (ich und meine 4 Kinder im Alter von 8, 11, 13 und 15 Jahren) sind seit Jahren der Gewalttätigkeit meines Ehemannes ausgesetzt und werden faktisch in unserer Wohnung in Sharjah gefangen gehalten. Wir dürfen die Wohnung (unter Androhung von Prügelstrafe) nicht verlassen ... Ich und meine Kinder werden fast täglich von ihm beschimpft, bedroht, und meine Kinder werden sehr häufig geschlagen (mit Holzlöffeln, Verlängerungskabeln, Sticks für die Heißklebepistole usw.). Er weigert sich teilweise, frische Lebensmittel einzukaufen (der Kühlschrank muss erst ganz leer sein), weigert sich, seinen beiden älteren Kindern anständige Kleidung zu kaufen, droht meiner älteren Tochter mit Zwangsverheiratung, hat uns jetzt

angekündigt, uns drei weibliche Familienmitglieder (meine jüngste Tochter ist 11) zum Tragen einer Burka zu zwingen (was er mit Sicherheit auch irgendwann tun wird, wenn wir nicht bald hier wegkommen).

Momentan sehe ich nur einen einzigen Weg, um mich und meine Kinder seiner weiteren Gewalt zu entziehen – und das wäre eine Flucht aus diesem Land. Dazu hat mir auch der deutsche Vizekonsul damals geraten, hat allerdings jegliche Hilfe vonseiten der Botschaft ausgeschlossen.

Gibt es von Ihrer Seite irgendeine Möglichkeit, uns zu helfen, hier wegzukommen, ohne die Gefahr, diesem Mann noch einmal ausgesetzt zu sein?

Bitte veröffentlichen Sie dieses Schreiben nicht und informieren Sie nicht die Medien – das würde mich in Lebensgefahr bringen. Sie können mir an diese E-Mail-Adresse antworten. Meinen vollen Namen möchte ich aus Sicherheitsgründen vorerst nicht nennen, da ich nicht mehr weiß, wem ich wirklich vertrauen kann.

Vielen Dank und freundliche Grüße,
Kerstin aus Sharjah, Vereinigte Arabische Emirate

*

Hatte ich gesagt, dass mir das Internet als Fenster hinaus in die Welt diente? Mohamed war plötzlich mit Eifer dabei, dieses Fenster systematisch zum schmalen Spalt zu verengen. Ab Februar 2011 war mir kein Kontakt mehr zu meinen Eltern in Deutschland möglich, nicht einmal mehr unter der Aufsicht von Mohamed. Er hatte Skype blockiert, sodass meine Eltern nicht mehr sehen konnten, wann ich online war, und mich nicht mehr anrufen konnten. Telefonate über Festnetz waren viel zu teuer für sie; ich wiederum hätte mir mit Auslandsgesprächen, die in Verbindungsnachweisen protokolliert wären, nur neue Prügel wegen Verschwendung eingehandelt. Als ich merkte, warum sich meine

Eltern nicht mehr meldeten, konfrontierte ich Mohamed damit, doch er gab sich tief besorgt: »Du bist so krank, du kannst im Moment nicht mit ihnen reden.« In der Tat, es ging mit meiner Gesundheit bergab, ich hatte vorübergehend meine Stimme verloren, war immer so müde, dass ich die Hälfte des Tages schlief und mich schon nach drei, vier Stunden leichter Arbeit nicht mehr auf den Beinen halten konnte. Mehrere Tage hintereinander – das hatte es noch nie gegeben! – putzte Mohamed freiwillig mit dem Nass-/Trockensauger die Wohnung. Er ließ mich nichts tun, machte – noch ein Novum – sogar die Betten. Aus seinem nie da gewesenen Verhalten zu schließen muss es in jener Zeit wirklich ernst um mich gestanden haben. So weit, einen Arzt zu rufen, ging seine Sorge allerdings nicht. Ich glaube, mein Tod war inzwischen Teil seines Kalküls.

Nach wie vor sprach Mohamed mit Abdullah kein einziges Wort. Die letzten beiden Tage hatte er sich sogar geweigert, am selben Tisch mit ihm zu Mittag zu essen. Es war jetzt eine Woche seit der letzten Prügelei zwischen den beiden vergangen. Wenn er sich an die Regeln des Islam gehalten hätte, die er uns immer predigte, dann hätte Mohamed seit drei Tagen wieder Abdullahs Gruß erwidern müssen, doch weit gefehlt. Das war ein weiterer Beweis dafür, wie weit Mohamed davon entfernt war, ein guter Gläubiger und der gütige Scheich zu sein, den er so gern vor anderen verkörperte. Der lange Bart, die Häkelmütze, das Gebetshemd – alles Maskerade, alles Heuchelei.

Neueste Schikane: Mohamed weigerte sich mit einer abstrusen Begründung, den beiden Kleinen Schulmaterial zu kaufen: »Es sind nur noch wenige Monate bis zum Schuljahresende, macht mich mit diesem Mist nicht verrückt, die brauchen das gar nicht«, fertigte er mich ab. Hajar und Adnan gab er vor: »Sagt eurer Lehrerin, euer Vater ist krank und kann das jetzt nicht kaufen, und ich werde eure Mutter totschlagen, wenn sie das Haus verlässt.« Als Hajar fragte, ob denn nicht ihr großer Bruder Abdullah gehen könnte, um die Sachen für sie zu kaufen, sagte er: »Vergiss es, ich werde diesen Hund nicht darum bitten, diesen Scheißdreck oder irgendwas sonst für dich zu kaufen. Ich werde selbst gehen, wenn es mir besser geht, so lange musst du warten.« Hajar, Adnan und Maryam verbot er nun, mit Abdullah auch nur ein Wort zu sprechen, ihn anzusehen, sich mit ihm in einem Raum aufzuhalten oder in seine Nähe zu kommen, ansonsten würde er sie alle grässlich verprügeln. Maryam rebellierte, sie würde so etwas nicht tun. Wie erwartet, drohte Mohamed Konsequenzen an. Ich riet den Kindern später zu tun, was ihr Vater verlangte.

»Das wird hier nicht mehr lange so gehen, versprochen«, glättete ich die Wogen. Was konnte ich sonst tun, als sie zur Ruhe zu ermahnen?

Der Freitag, der islamische Sonntag, wird bestimmt vom wichtigsten Gebet der Woche. An diesem Freitag prügelte Mohamed Maryam den ganzen Tag – nur weil sie mit ihrem kleinen Bruder gestritten hatte. Darüber wurde dieser Verrückte so wild, dass er begann, mit seinem alten Tennisschläger auf Maryam einzuschlagen.

»Hör auf, sie zu schlagen!«, schrie ich. »Wenn du sie totschlägst oder zum Krüppel machst, werden wir dafür sorgen, dass du für den Rest deines Lebens ins Gefängnis kommst.« Rasend vor Wut verließ er den Raum und schmiss das Bügelbrett mehrfach mit solcher Wucht auf den Boden, dass Bruchstücke aus den Fliesen splitterten. Ich befürchtete, er würde jetzt wieder einmal das gesamte Apartment demolieren, wie er es schon so oft getan hatte, aber zum Glück rief der Imam von der Moschee zum Nachmittagsgebet, sodass er schnell hinausging. Maryam schloss sich im Bad ein. Sie tat das zuletzt immer öfter, kam aber gewöhnlich nach fünf oder zehn Minuten wieder heraus, auffällig gefasst.

Ich war noch immer so verstört, dass mein Blutdruck und meine Herzfrequenz sofort wieder anstiegen, obwohl ich jetzt schon zwei Blutdrucksenker am Tag nahm. Dass ich beinahe in Ohnmacht fiel, hatte nur Maryam bemerkt, die mir auf einen Stuhl half, ehe ich umkippte. Ich hoffte so sehr, er würde ein paar Stunden wegbleiben, damit wir endlich fliehen könnten, aber er kam direkt nach dem Gebet zurück und tat so, als wäre überhaupt nichts geschehen. Später an diesem Tag schrie er mich an, wenn unser Sohn Abdullah nicht direkt nach dem Abendgebet nach Hause käme, würde er ihn endgültig hinauswerfen. Am Abend beruhigte er sich. Als ich kurz davor war einzuschlafen, kam er plötzlich und versprach, er würde uns ein Haus mit einem Garten und einem Swimmingpool suchen, er würde sich um mich kümmern, und er würde gleich morgen damit beginnen. Ich sagte nichts dazu.

Tags darauf ging er mit den beiden Kleinen und mir sehr früh am Morgen spazieren. Die Sonne war gerade erst aufgegangen, und es war noch kühl draußen. Wir liefen ungefähr drei Kilometer bis zur anderen Seite der Lagune, wo ein hübscher Park mit vielen Dattelpalmen, Mangroven, Blumen und Rasen lag. Mir zeigte der kurze Ausflug, dass wir bei jedem Schritt Gefangene von Mohameds Gnaden waren.

Ein echter Hoffnungsschimmer

Als Mohamed zum Gebet in der Moschee war, checkte ich meine geheime Mailbox. Herr Schneider-Merck hatte mir eine erste Mail geschickt.

Sehr geehrte Frau Kerstin,
Danke für Ihr Vertrauen!
Da Sie sich selbst zumindest im E-Mail-Absender Fatima nennen, gehe ich davon aus, dass Sie den Namen der Tochter unseres

Propheten annahmen, also zum Islam konvertierten! Damit haben Sie nach der Scharia MEHR Rechte, als Sie vermutlich meinen zu haben! Als Deutscher, resident in den Emiraten seit 1976, versichere ich Ihnen: Die falsch verstandene Diktatur Ihres Mannes wird nicht mehr lange andauern!

Ihr Mann mag ja den Islam nach seinem Gusto interpretieren, wie es ihm gefällt, ABER er wird sich dem Gesetz unterwerfen müssen!

Teilen Sie mir mit, wo, wie und wann ev. ein persönliches Treffen mit Ihnen und Ihrem Sohn möglich ist.

Wo ist Ihre eigene Familie? Bruder? Vater?

Haben Sie in Deutschland geheiratet!?

Wo ist die Heiratsurkunde?

Haben Sie bereits die Scheidung beantragt!?

Seien Sie versichert: Ihre Position wird sich schneller ändern, als Sie glauben!

Egal, was passiert, ich hole Sie da raus.

Wir brauchen nur ein Zeitfenster von etwa 30 Minuten zum Flughafen Dubai oder 90 Minuten für eine Flucht über die Grenze zum Oman!

Saludos
John V. Schneider-Merck

Ein Treffen mit mir und meinem Sohn? Zu diesem Zeitpunkt war das völlig ausgeschlossen. Ich schrieb sofort zurück.

Hallo Herr Schneider-Merck,
Danke für Ihre Mail. Ich weiß, dass ich hier im Land offiziell weit mehr Rechte habe, als mein Mann mir gewährt. Leider hat ihn das noch nie interessiert, und jeder Versuch von mir, Hilfe von außen zu holen (seine Eltern in Syrien, sein Onkel und seine Tante hier in den Emiraten, die einer anderen islamischen Richtung angehören, meine Eltern und mein Bruder in Deutschland, die Atheisten sind,

die Polizei hier in Sharjah) hat immer nur noch mehr Ärger, noch mehr Gefahr für uns gebracht, denn er macht es uns zum Vorwurf, wenn wir Hilfe holen, fühlt sich bedroht.

Er versteht, WAS ER WILL, von der islamischen Scharia.

Dieser Mann wird sich NIE ändern, denn er ist psychisch krank, sein Gehirn gewaschen von seinen Salafistenfreunden. Er will eine Machtposition, weil er es in seinem Leben nie zu etwas gebracht hat. Und da ist es am leichtesten, sich an Schwächeren zu vergreifen, leider!

Insbesondere wenn ich Hilfe bei Menschen gesucht habe, die er als nicht-islamisch oder fehlgeleitet einstuft (dazu gehören leider auch seine Familie und vor allem meine Familie in Deutschland), ist es immer noch schlimmer geworden.

Ich sehe momentan keine andere Lösung, als aus seiner Reichweite zu verschwinden, vor allem für die Kinder.

Grüße aus Sharjah,
Kerstin

*

Inzwischen hatte Mohamed all meine Kontakte aus Skype gelöscht und blockiert. Meinen Bruder, Mohameds mir immer sehr gewogene Tante, einfach alle. Dafür hörte ich Mohamed nun nachts mit diesem Prediger Abu Bakr in Aachen über Skype telefonieren, auch mit anderen Leuten sprach er, schloss aber vorher immer alle Türen und setzte sich Kopfhörer auf, damit wir nicht mithören konnte. Manchmal wurde ich dennoch Ohrenzeuge ziemlich heftiger Diskussionen. Mohamed fing dann so laut an zu schreien, dass es durch die ganze Wohnung hallte und keiner mehr schlafen konnte. Diese Gespräche hätten uns einerlei sein können, wenn Mohamed danach nicht immer mit noch mehr Hass auf die Deutschen – vor allem auf uns deutsche Frauen – reagiert und seinen ganzen Frust, den dieser Prediger ihm über Skype einhämmerte, an mir und den Kindern ausgelassen hätte.

Bald kam ich auch dahinter, was Mohamed so erzürnte.

Abu Bakr hatte sich in Deutschland eine zweite Frau genommen, offenbar eine Deutsche, die ihm die Hölle heißmachte, weil sie sich vernachlässigt und ungerecht behandelt fühlte. In Mohamed kochte bei dem Gedanken daran die Wut hoch, dass ich ihm eine Zweitfrau verweigerte. Fast jeden Tag sagte er mir nun, wie sehr er die Deutschen hasse, und niemand außer ihm wüsste, wie schlimm sie wirklich wären. Auch Abdullah hätte einen »bösartigen deutschen Charakter« geerbt und würde niemals ein guter Mensch werden. Gegen den deutschen Pass, den er selbst bis heute besitzt, hatte Mohamed aber nie etwas einzuwenden, auch hörte ich ihn nie sagen, dass er ihn gern wieder gegen den syrischen eintauschen wollte.

Abdullas böser Charakter zeigte sich für Mohamed in dessen Freude an Sport und Fitness. »Das ist *haram*«, sagte er gerne, wenn Abdullah zu Hause mit den Hanteln trainierte.

»Was hat das denn bitte für religiöse Hintergründe?«, fragte ich dann und trumpfte, als das Thema zum wiederholten Male aufkam, mit meinen Recherchen auf. »Bewegung gehört zur Entwicklung des Menschen. Selbst der Prophet Mohammed, *alaihi as-salaam,* Friede sei mit ihm, hat nach authentischen Überlieferungen mit seiner Frau Aisha Wettläufe veranstaltet und ihr sogar ermöglicht, bei Reiterwettkämpfen zuzuschauen.«

Mohamed guckte ziemlich blöde und sagte nichts darauf.

»Wenn du Abdullah Sport verbietest«, fuhr ich fort, »verletzt du Menschenrechte und verstößt gegen die Regeln des Islam.«

Mohamed schwieg verbissen. Ich wusste, in Wahrheit hatte er nur Angst, Abdullah könnte schon bald viel stärker als er selbst sein. Dann würden andere Kräfteverhältnisse im Hause herrschen. Mohamed trieb nämlich keinerlei Sport und bewegte sich nur in dem Dreieck zwischen Bett, PC und Moschee.

Von guten Folterknechten ist bekannt, dass sie ihre Opfer in regelmäßigen Abständen wieder zu Kräften kommen und Luft holen lassen, um sie länger quälen zu können. Dieses Prinzip hatte Mohamed bis zur Perfektion verinnerlicht. Zum Kräftetanken führte er uns gern in den Mushrif-Park in Dubai. Bekannte von ihm hatten uns als Familie zu einem Picknick eingeladen. Doch bevor wir losfuhren, überprüfte er uns wie immer. Er schnüffelte, als sei er ein Drogenhund, an uns Frauen herum, ob auch ja kein Hauch eines Parfümdufts von uns ausging. Er sah unter unseren Abayas nach, ob wir dick genug angezogen waren. Die Kleiderkontrolle dauerte eine gute Stunde, dann ging's zum Park. Endlich raus, endlich wieder Menschen sehen, Luft schnappen.

Als Maryam anderntags von der Schule zurückkehrte, beschimpfte er sie: »Du Vieh, warum trägst du keine Hosen unter deiner Abaya? Wo warst du? Du warst nicht in der Schule, du warst woanders. Warum hast du diese Tasche mitgenommen? Sag es mir sofort – die Leute haben dich gesehen.« Später schrie er den kleinen Adnan grundlos an, dann prügelte er auf Maryam ein.

Ich schlug mit der Hand auf den Tisch, weil ich diese Gewaltausbrüche nicht länger ertragen konnte. Ich spürte, dass mir der Kontakt zu John neue Kraft verlieh. Ich fühlte auf einmal wieder den Mut, mich diesem Monster zu widersetzen, obwohl ich kurz vor einem Nervenzusammenbruch stand. Ich schrie Mohamed an, ob er nicht endlich mit seiner Gewalt und seinen ständigen Drohungen gegen uns aufhören könne.

Er fing an, mich vor den Kindern zu verfluchen. »Eure Mutter ist eine schmutzige deutsche Frau, die überhaupt nichts versteht, keine Ahnung vom Islam hat, die meine Familie und meine Kinder zerstört, die ich zu erziehen versuche.«

*

John und ich, wir nannten uns inzwischen bei den Vornamen, schrieben uns Dutzende, wenn nicht Hunderte E-Mails. Er tröstete mich, hörte sich meine Geschichte an. Er baute mich auf. Er gab mir genaue Anweisungen, welche Dokumente ich für die Flucht mitnehmen, was ich einpacken müsse. Sobald das erledigt sei, müssten wir nur auf eine der wirklich sehr seltenen Gelegenheiten warten, zu der alle vier Kinder zu Hause wären und Mohamed unterwegs wäre, riet John.

Lieber John,
danke, das sehe ich momentan auch als die einzige Lösung.
Wir sind schon lange darauf vorbereitet. Meine Eltern wissen
Bescheid, können aber auch nur vor Ort in Deutschland helfen,
da sie schon weit über sechzig sind.
Wir würden innerhalb von einer halben bis maximal dreiviertel
Stunde alles bereit haben und warten nur auf eine Möglichkeit
zu fliehen.
Grüße, Kerstin

Ich klickte auf Senden. Das klang alles so vielversprechend, aber konnte ich wirklich daran glauben? Konnte ich diesem Fremden überhaupt vertrauen? War das nicht paradox: John hatte uns nie getroffen und half, aber die vielen, die sogar unsere Verletzungen sahen, blieben tatenlos. Zu John gab es keine Alternative, das war mir in den vergangenen Wochen klar geworden. Wir hatten nichts mehr zu verlieren, wir mussten es riskieren. In der Korrespondenz mit ihm nahm ich mir vor, unsere Namen und unsere Adresse so lange wie möglich geheim zu halten, dann könnten wir auch nicht auffliegen. John kannte nur meinen deutschen Vornamen Kerstin und den arabischen Vornamen Fatima, bei dem mich unser Familienterrorist seit der Hochzeit nannte. Bei meiner verschleierten Identität sollte es für John vorerst bleiben, solange keine konkreten Daten nötig waren. Ich musste ganz sicher sein, dass es klappen würde. Kein Verrat sollte unsere Flucht gefährden. Eine weitere Chance würde es mit Mohamed nicht geben, zumal er nach wie vor seine Fühler Richtung Saudi-Arabien ausstreckte. Er hatte vor einiger Zeit sogar einen Geschäftsmann mit der Beschaffung von Visa für uns beauftragt. Würde Mohamed mit uns nach Saudi-Arabien umziehen, dann steckten wir endgültig in einem Kerker, dessen Tür sich nie mehr öffnen würde.

Über mehrere Tage verteilt, kopierten die Kinder und ich unsere Originaldokumente – Pässe, Ehevertrag, Heirats- und Geburtsurkunden – und deponierten die Originale in einer Reisetasche, die wir für unsere Flucht vorbereitet hatten und in einer Kammer versteckten. Die Kopien legten wir an den Platz zurück, wo vorher die Originale gewesen waren, damit Mohamed zumindest auf den ersten Blick nichts merkte. Außerdem schickte ich zur Sicherheit einen gescannten Satz aller Dokumente an eine Freundin in England, die sie für den Fall, dass wir etwas vergessen sollten, bei sich speicherte.

Immer noch war ich für John anonym, aber er akzeptierte das. Als ich John schrieb, dass ich im Besitz unserer deutschen Pässe wäre, war er ziemlich überrascht. Meistens würden Ehemänner in solchen Fällen alle Papiere ihrer Familie einkassieren; davon war er auch in unserem Fall ausgegangen, zumal wir ein sogenanntes Familienvisum hatten, das auf Mohameds Namen ausgestellt war.

Sehr geehrte Frau Kerstin,
das ist alles viel einfacher, als ich befürchtet habe! Wir werden Ihre Flucht mit den Kindern in die Freiheit und den RECHTSSICHEREN Raum der BRD organisieren, und zwar so, dass wir lediglich ein »window of opportunity« von max. zwei bis drei Stunden benötigen!

Alles muss ready for GO vorbereitet sein!

Das werden wir organisieren!

Saludos

John

*

Mohamed sah uns an, als stünde die Brut des leibhaftigen Satans vor ihm. Maryam drohte er, sie sofort zu verheiraten, wenn er außerhalb des Hauses noch ein einziges Mal auch nur irgendeinen Teil ihres Körpers unbedeckt sehen würde. Der Anlass war banal: Maryam hatte ihre Abaya vorn ein wenig angehoben, als sie die Treppen hochging, ein kleiner Teil ihrer weißen Strümpfe war unter dem knöchellangen Schulkleid und der bodenlangen Abaya zum Vorschein gekommen. Maryam verbarrikadierte sich zitternd im Bad, ihrem Refugium. Bei anderer Gelegenheit – wir hatten uns aus Angst in einem Zimmer eingeschlossen und den Schreibtisch vor die Tür geschoben – hatte Mohamed die Tür mit einem schweren Hammer eingeschlagen. Diesmal verließ er wütend die Wohnung.

Anweisungen, Drohungen, Hinweise auf den Islam, den Koran, Weisheiten der gottesfürchtigen Salafisten, mehr hörten wir von Mohamed eigentlich nicht mehr. Es gab keine anderen Themen. Er lebte inzwischen auch völlig asynchron zu uns. Er ging ins Bett, wenn ich aufstand, und er stand auf, wenn ich ins Bett ging. Hinter meinem Rücken und wenn ich schlief, kontrollierte er meine Bankkonten und verschob das Geld, wie er wollte. Abdullah verdächtigte er, Geld aus unseren Taschen zu stehlen und Drogen zu nehmen. Dann trat er mit den Füßen nach ihm. Die kleine Hajar schlug er mit einem Kleiderbügel auf die Fingerknöchel. Vierzehn Mal – und Mohamed zählte diese Schläge auch noch genüsslich und laut mit. Manchmal musste derjenige, der verprügelt wurde, selbst mitzählen. Ich versuchte, ihn aufzuhalten, vergebens. Er stieß mich einfach weg. Als Maryam ebenfalls versuchte, ihn am Weiterschlagen zu hindern, hieb er auch ihr auf die Finger. Diesmal konnten wir Fotos von ihren geschundenen Händen machen und auf den Server hochladen, als er zur Moschee ging.

Den Mädchen kündigte Mohamed nun an, dass sie definitiv eine Burka tragen müssten, diesen schwarzen Ganzkörperschleier, der den Körper von Kopf bis Fuß bedeckt und um die Augenpartie eine Art Fenster aus sichtdurchlässigem Stoff besitzt. Ich riet Maryam und Hajar, sich nicht zu wehren. Die Burkas würden uns vielleicht bei der Flucht als Verkleidung helfen, denn darin würde uns niemand erkennen. Mir sagte Mohamed täglich, wie dumm ich wäre. Nachts schlief er fast gar nicht mehr, jedenfalls nicht mehr als zwei, drei Stunden bis zum Morgengebet. Ich hörte, wie er im Apartment herumlief. Er heckte etwas aus, aber ich wusste nicht, was. Es würde sicher nichts Gutes für uns sein.

Die Kinder hatten nun Ferien. Den Mädchen erlaubte er nicht, die Wohnung zu verlassen, nur die Jungs durften ab und an für eine halbe Stunde zum Spielen hinunter.

»Frauen müssen immer im Haus bleiben, weil auf den Straßen die Gefahr besteht, dass sie von Fremden belästigt werden.« Am Abend nannte er Abdullah wieder einmal »Terrorist« und Maryam »Vieh« und »ekelhaft fett«. Nachdem ich ihm konsequent den ganzen Tag aus dem Weg gegangen war und kein Wort zu ihm gesagt hatte, kam er plötzlich an und wollte, dass ich mit ihm schmuse.

»Lass mich in Ruhe, das ist vorbei, Mohamed.«

»Du hast kein Recht, mir etwas zu verweigern, ich bin immer noch dein Mann.«

Nach einer halben Stunde kam Mohamed erneut an und sagte: »Du musst mehr Sport machen, du bist fett geworden.«

Glaubte er wirklich, unser Leben würde ewig so weitergehen?

*

Ein größeres Problem war für mich die Finanzierung der Flucht gewesen. Seit einigen Monaten schon »unterschlug« ich immer wieder kleinere Beträge auf meinem Online-Konto, über das mich meine amerikanischen Kunden bezahlten. So hatte sich mittlerweile ein passabler Betrag angesammelt. Ich kam mir dabei vor wie eine Diebin, dabei war es mein, ganz und gar mein verdientes Geld, mein Recht, nicht Mohameds, aber so empfand ich damals. Das Passwort zu diesem Konto änderte ich ständig, sodass Mohamed nicht auf die Onlineauszüge zugreifen konnte. Ich täuschte technische Probleme der Website vor. Lange würde das nicht mehr gut gehen, dann würde er mir auf die Schliche kommen, da war ich sicher.

Die wichtigsten Vorbereitungen waren erledigt. Jetzt brauchten wir nur noch auf eine passende Gelegenheit zu warten. Immer wieder meldete sich John, fragte nach, wie es uns ging, gab Tipps und Hinweise. Es machte Mut, dass da jemand war. Es gab mir Kraft – wir kämpften nicht mehr allein. Und das war nötig. Am 10. April 2011 mailte ich ihm:

Lieber John,
wir bereiten ab sofort alles vor. Die Situation hat sich schon wieder verschlimmert. Mein Mann will meine Töchter ab morgen zwingen, eine Burka zu tragen, wenn sie zur Schule gehen. Als meine 13-jährige Tochter sich weigerte, hat er sie mit einem Kleiderbügel verprügelt. Je eher wir hier weg können, umso besser!
Vielen Dank,
Kerstin

John spielte mit Hochdruck alle Möglichkeiten durch, suchte nach Lösungen, uns endlich zu befreien. Die Gunst der Stunde würde sich nicht lange ankündigen, meinte er einmal und mailte:

Sehr geehrte Frau Kerstin!

Schlage vor, Sie bereiten sich SOFORT auf eine Abreise mit den Kindern vor!

Nur eine Tasche oder Koffer!

Nur Pässe und Dokumente!

In 60 bis 90 Minuten fahre ich Sie bei Hatta über die Grenze in den Oman und bringe Sie nach Muscat + dann per Flugzeug ab nach Deutschland!

Sollte Ihr Mann die Wohnung ohne Frau + Kinder vorfinden, muss er glauben, Sie seien noch irgendwo in der Stadt!

Nichts anmerken lassen!

Saludos

John

Das also war der Plan, eine Flucht über den Oman. Da die Emirate wirklich ein nur kleines Land sind, ist die Landesgrenze schnell erreicht. Als Deutsche brauchten wir auch keine Visa zur Einreise in den Oman. Behutsam bereitete ich die Kinder darauf vor, dass sie ihre heißgeliebten Nymphensittiche hier zurücklassen mussten. Das war bitter, es tat weh, auch mir, aber schließlich verstanden alle vier den Ernst der Lage. Es trieb mir die Tränen in die Augen, wenn ich daran dachte, was die Kinder alles hinter sich lassen mussten. Sie würden sich nicht einmal von ihren wenigen Freunden verabschieden können. Wir würden kaum persönliche Dinge mitnehmen können, sie würden uns bei der Flucht nur behindern. Wir warteten und warteten auf das Zeitfenster, durch das unser Sprung in die Freiheit gelingen konnte. Immer wieder mussten wir unsere Pläne verschieben: Eine Salafistenvorlesung Mohameds in Dubai fiel aus, ein geplanter Einkauf, Besuch bei einem Freund oder bei seinem Onkel im Krankenhaus – nichts fand wie angekündigt statt. Es war wie verhext, unsere Nerven lagen blank. John beruhigte uns per E-Mail, er hatte nun auch eine zweite Fluchtoption aufgetan:

Liebe Frau Kerstin,

jeder Mensch ist ein Gewohnheitstier ... zu welcher Zeit und für wie lange verlässt Ihr Mann die Wohnung + wohin geht er?
Um eine falsche Fährte zu legen, könnte man sogar Flüge von Dubai kurzfristig BUCHEN! Wie gesagt: Wir brauchen nur ein sehr kurzes »window of opportunity« und einen Treffpunkt abzumachen! Treffpunkt am besten z. B. Tiefgarage »Sahara Centre« oder »Mega Mall« oder City Centre«!
Wir müssen nur sichergehen, dem Diktator nicht durch einen dummen Zufall über den Weg zu laufen!
Jeder Tag muss bei Ihnen wie sonst auch sein! Alles muss normale Routine bleiben!
Haben Sie überhaupt keine Freunde, denen Sie voll vertrauen können!?
Mein Vorschlag wäre, das Haus wirklich praktisch OHNE Gepäck zu verlassen! Ich könnte für Sie und die Kinder Zahnbürsten und Pyjamas und Kleidung zum Umziehen sowie Koffer und Reisetasche kaufen und den Rest dann eben in Muscat besorgen, falls entschieden wird, den Weg über den Oman zu wählen!
Werde mich aber noch erkundigen, ob Ihr Mann Sie überhaupt noch stoppen könnte, falls Sie und die Kinder am Flughafen Dubai, die andere Fluchtmöglichkeit, bereits durch die Immigration sind!

Saludos,
John

Hajar bekommt kalte Füße

Neuer Tag, alte Überraschung. Mohamed kam mit der Ansage, er wäre nun bereit, die Familie zu verlassen und woanders allein zu leben, aber er würde nicht in eine Scheidung einwilligen, weil ihn seine Kinder brauchten. Ich jedenfalls hätte für ihn keine Bedeutung.

»Okay, Mohamed, wenn du mich sowieso nie geliebt hast und nicht mit mir zufrieden bist, warum gehst du dann nicht endlich und lässt mich hier allein?«

Er schüttelte den Kopf.

»Willige in die Scheidung ein und beginne ein neues, glückliches Leben mit deiner goldenen arabischen Frau. Ich wünsche dir viel Glück. Da ist die Tür.«

Er machte natürlich keine Anstalten zu gehen. Ich bot ihm sogar Geld an, eine kleine monatliche Summe.

Er schüttelte den Kopf und rückte mit dem Rest seiner Idee heraus. »Ich brauche unser Geld«, sagte er. »Wenn ich eine arabische Zweitfrau hätte, müsste die natürlich nicht arbeiten, du aber schon.«

Ich wandte mich ab. Im Weggehen sagte ich noch: »Schon mal die Idee gehabt, selbst Geld zu verdienen?«

Am Morgen wachte ich mit starken Schmerzen in den Beinen auf und trug eine Mixtur aus Kampfer und Eukalyptus-Öl auf beide Beine auf, um die stechenden Schmerzen etwas zu lindern. Als Mohamed das Schlafzimmer betrat, fragte er: »Wie viel von diesem Öl hast du genommen?«

»So viel, wie ich brauchte, um diese Schmerzen in meinen Beinen zu lindern.«

»Ekelhaft, du bist impertinent und unerzogen. Bei Allah, du quälst mich.«

Mein Körper, so hatte ich den Eindruck, rebellierte viel mehr als mein Geist gegen unsere Lebenssituation. Immer öfter bekam ich Migräneanfälle. Ich musste Paracetamol einnehmen, um überhaupt noch zu funktionieren. Wir hatten im Bad daher immer einen sehr großen Vorrat an Paracetamol-Packungen deponiert, die wir uns von seinen Salafistenbrüdern, die ich bei uns bekochen durfte, aber nie zu Gesicht bekam, aus Deutschland mitbringen ließen. In der letzten Zeit hatte ich das Gefühl, dass die Menge der Packungen ungewöhnlich rapide abnahm. Wahrscheinlich, dachte ich mir, verschenkte Mohamed, ein Wohltäter gegenüber allen Fremden, großzügig mein einziges Mittel gegen Migräne an Bekannte oder Freunde. Er leugnete, und ich bat jedes meiner Kinder, die Augen offen zu halten und mir sofort Bescheid zu geben, wenn sie etwas bemerkten.

Tage später kam Hajar zu mir. »Mama, ich hab gesehen, dass Maryam sich eine Packung Tabletten in ihren Ranzen gesteckt hat.«

Maryam? Maryam! Wie blind war ich gewesen. Deshalb war sie in letzter Zeit immer so schläfrig. Deshalb zitterten ihre Hände beim Aufwachen – meine Tochter hatte in ihrer Not zu dem einzigen Mittel gegriffen, das sie sich vorstellen konnte, um ihre seelischen und körperlichen Schmerzen zu betäuben. Sie war abhängig von Paracetamol geworden. Das Zittern war womöglich eine Entzugserscheinung, denn seit ich die Packungen woanders versteckt hatte, kam sie nicht mehr auf ihre tägliche Dosis. Ich sprach Maryam darauf an, und sie gab zu, täglich bis zu acht Tabletten geschluckt zu haben, und das schon seit längerer Zeit.

»Du darfst das Zeug nicht nehmen, du gehst daran kaputt«, sagte ich.

»Das ist mir egal, Mama. Das hier ist doch sowieso kein Leben. Da bin ich lieber tot, als so weiterleben zu müssen.«

Worte meiner dreizehnjährigen Tochter. Oh mein Gott, es war wirklich fünf vor zwölf. Wir mussten hier weg, bevor meine Kinder vor die Hunde gingen! Ich musste alles auf eine Karte setzen: John.

*

Seit etwa zwei Wochen tauschte ich nun Mails mit John aus. Ich wusste, dass er Ende sechzig war und als Markenzeichen immer eine Fliege zum Jackett trug. Sich selbst bezeichnete er als altes

Wüstenkrokodil, weil er seit Jahrzehnten im Nahen Osten zu Hause sei. Iran, Irak, Golfstaaten, er kannte wirklich jedes Land. Für ihn war ich noch immer eine verschreckte Kerstin-Fatima ohne Nachnamen. Es wurde Zeit, mich insofern zu outen, dass ich ihm unsere Wohngegend verriet. Mein Name spielte für die Fluchtplanung noch keine Rolle, noch nicht. Ich wusste, John würde mein Zaudern verstehen.

Lieber John,
vielen Dank für Ihre Umsicht! Ich habe schon vor einigen Monaten aufgehört, offen gegen die Ungerechtigkeiten meines Mannes aufzubegehren, es bringt ja eh nichts. Ich rede nur noch mit ihm, wenn es sich nicht vermeiden lässt. Auch die Kinder sind entsprechend instruiert. Insofern ist jeder Tag so eintönig wie der nächste, und er wird gar nicht merken, dass wir etwas geplant haben, er traut mir sowieso nichts zu ...
Wir wohnen in Sharjah am Qasbah-Kanal, direkt vor der Brücke zur Buhairah Corniche. Kennen Sie das Al-Fardan-Centre? Direkt die Straße hinter dem Gebäude, das letzte Haus am Kanal.
Es ist viel kleiner als die anderen Häuser in der Gegend und hat wesentlich größere Fenster. Sahara Centre oder Mega Mall wäre zu weit, die Tiefgarage vom City Centre wäre besser, mein Sohn könnte uns ein Taxi rufen.
Ganz ohne Kleidung ist schwierig, denn die Größen meiner Kinder fallen sehr aus dem Rahmen. Die eine Tochter ist viel zu groß für ihr Alter, die andere viel zu klein. Trotzdem danke für das Angebot.
Wir werden nur das Allernötigste mitnehmen – eine normal große, rollbare Reisetasche mit den nötigsten Kleidungsstücken und einen Aktenkoffer mit zwei Laptops und Speichermedien (die für meine Arbeit unumgänglich sind) sowie den wichtigsten Dokumenten. Den Rest kann man jederzeit unterwegs kaufen.
Voraussichtlich will mein Noch-Ehemann nächsten Sonntagnachmittag, den 17.4., nach Al-Ain fahren (nach dem Asr-Gebet) –

das wäre die beste Chance, weil er dann mindestens sechs bis sieben Stunden weg wäre. Allerdings ist dieser Mann seit 20 Jahren nicht berechenbar und kann im letzten Moment plötzlich seine Meinung ändern, auch wenn schon alles geplant und abgesprochen ist. Man kann sich also nicht hundertprozentig darauf verlassen.

Liebe Grüße,
Kerstin

Johns Antwort kam keine Stunde später.

Von wann bis wann wäre Ihr Mann am Sonntag, den 17.4., nicht in Sharjah?
Man könnte dann evtl. den Dubai Airport benutzen!
Muscat Oman – bisher habe ich nur Gulf Air um 18:55 via Bahrain + 23:55 LH nach FRA!

Wie befürchtet, platzte Mohameds Termin und damit unsere Hoffnung wie eine Seifenblase, mit Lufthansa von Muscat aus nach Frankfurt auszufliegen.

*

Es war nur einen Tag später, der 12. April 2011, als sich das Fenster der Gelegenheit, das »window of opportunity«, wie John es so oft in seinen E-Mails nannte, ganz weit öffnete. Am frühen Nachmittag sagte Mohamed beiläufig, dass er abends zum Stoffmarkt und zum Schneider gehen würde, weil er sich wieder einmal neue Kleidung nähen lassen wollte. Alles vom Feinsten und genau nach Maß, ein Kaffee mit dem Schneider, ein Plausch über die religiös gerade noch erlaubte Breite des Saums und die angesagtesten Töne von Weiß. Das würde unseren Terroristen lange aufhalten, seine Eitelkeit eröffnete uns die Chance unseres Lebens, womöglich die letzte.

Eiligst schrieb ich eine E-Mail an John, damit er Tickets kaufen und am Flughafen für uns hinterlegen konnte. Es wurde ernst: John brauchte unsere Namen, Geburtsdaten, Geburtsorte und Nummern der Reisepässe. Was sollte ich nur tun? Wenn es eine Falle war, dann hatten sie den Beweis schwarz auf weiß. Egal, es gab kein Zurück mehr. Die werden mich wegen Entführung meiner eigenen Kinder für Jahre ins Gefängnis stecken, dachte ich voller Panik. Durchatmen. Jetzt nur nicht durchdrehen, ging es mir durch den Kopf.

Ich musste John vertrauen. Warum sollten er und der Verein »Hilfe für Deutsche im Ausland e. V.« uns auch verraten? Sie wollten helfen – ich musste es einfach glauben, ich musste John jetzt tausendprozentig vertrauen. Ich machte alle unsere Daten fertig. Mit einem Kloß im Hals und zitternden Fingern starrte ich auf die sendefertige E-Mail auf dem Bildschirm, den Finger auf der Maus.

Lieber John,
wir alle haben resident visa (without work permit)
Hier unsere Daten[6]:
Mrs Kerstin ████████, Reisepass-Nr. des alten Passes, in dem
das Emirate-Visum steht: ████████████, U. I. D. no ██████████
Mr Abdullah ████████, Reisepass-Nr. █████████████,
U. I. D. no. ██████████
Mrs Maryam ████████, Reisepass-Nr. ███████████,
U. I. D. no. ██████████
Kind Hajar ████████, Reisepass-Nr. ██████████,
U. I. D. no. ██████████
Kind Adnan ████████, Reisepass-Nr. ██████████,
U. I. D. no ██████████

Klick, weg war die Mail. Hopp oder Top, unser Schicksal lag nicht mehr in meiner Hand. »Überprüfen Sie noch einmal alle Daten anhand der Reisepässe. Es darf kein einziger Tippfehler vorhanden sein«, schrieb John kurz zurück. Mit den Kindern sprach ich ab, dass diesmal keines von ihnen mit Mohamed zum Schneider mitgehen dürfe. Sie täuschten Prüfungen und viele Hausaufgaben vor, sodass Mohamed schließlich ohne sie das Haus verließ. Er musste einen sehr guten Tag gehabt haben, er meckerte deswegen nicht einmal.

»Endlich ist er weg. Jetzt oder nie«, rief Abdullah und sprang auf. Wir schauten vorsichtig aus dem Fenster, um sicherzugehen, dass er auch wirklich losfuhr. Wir sahen ihn mit unserem Mercedes auf der Corniche mitten im Stau stecken. Da käme er so schnell nicht wieder raus. Erleichtert atmeten wir auf. Die erste Hürde – geschafft. Wir schickten eine Mail an John.

Lieber John,
der Weg ist frei, der Terrorist ist weg. Ich hoffe so sehr, dass es diesmal klappt, vor allem der Kinder wegen.
Kerstin

Gespannt warteten wir auf Johns Antwort. Die Kinder packten inzwischen jeder ein oder zwei Dinge ein, die sie unbedingt noch mitnehmen wollten. Zehn Minuten, dann traf Johns Antwort ein. Als typischer Auslandsdeutscher, verheiratet mit einer Engländerin, wechselte er wie so oft zwischen Deutsch und Englisch.

Wir haben 2 Möglichkeiten:
Qatar ETD 22:15 check in latest 20:45 Hs
Gulf Air ETD 23:25 check in latest 21:45
Pls by return tell me what to do?
John

John hatte inzwischen zwei Flüge für uns gebucht: einen über Katar und einen siebzig Minuten später über Bahrain. Die Kosten von rund 25 000 Dirham, damals rund 5 500 Euro, streckte John erst einmal vor und bezahlte die Tickets bar am Flughafen, um alle Spuren durch Kreditkartendaten von vornherein zu vermeiden. Sein Plan war wirklich genial. Solange wir nicht aufgehalten wurden, konnte eigentlich nichts schiefgehen. Und wenn doch, wollten wir behaupten, mit der Erlaubnis meines Mannes zum Osterfest nach Deutschland zu reisen. Diese plausible Ausrede hatte uns John empfohlen, und sie klang glaubwürdig, denn wir waren alle fünf Deutsche. Ich antwortete John:

Flug über Qatar wäre wahrscheinlich die bessere Variante, aber ist das zu schaffen? Von hier bis zum Flughafen sind es mindestens 20 Minuten. Das Schlimmste wäre, wenn er uns doch noch am Flughafen aufhalten könnte – er würde uns die Hölle auf Erden schaffen!
K.

Inzwischen hatten wir alles gepackt, auch die Kopien und Originale aller Papiere, die Laptops sowie alle Speichermedien. Mohamed sollte keinerlei Unterlagen über die Kinder, diese Ehe und mich zurückbehalten, vor allem keine aktuellen Fotos. Wie es der Zufall wollte, hatte unser Terrorist zwei Tage zuvor Goldbarren verkauft. Entgegen seinen Plänen hatte er das Geld noch nicht auf die Bank gebracht. Danke, Mohamed, für die Reisekasse! Schnell steckte ich den Packen Scheine in meine Handtasche.

Auf einmal bekam Hajar einen Weinkrampf. Sie hatte plötzlich große Angst, dass wir auffliegen würden, sie wollte die Flucht »auf morgen« verschieben.

»Hajar, morgen haben wir keine Chance mehr. Dann bringt er das Geld auf die Bank und wird für lange Zeit nicht mehr rausgehen«, versuchte ich sie zu beruhigen.

Abdullah unterstützte mich: »Hajar, der wird uns nicht erwischen, morgen sind wir weit weg von hier. Der wird dir nie wieder was tun. Glaub mir das.« Abdullah nahm die Kleine in den Arm und drückte sie ganz fest. Schließlich fing sie sich wieder. Wir mussten uns beeilen, die Zeit lief so schnell.

Maryam trocknete Hajars Tränen. »Wir schaffen das, hörst du.« Zuletzt packten wir meinen Familienschmuck und ein paar Wertsachen ein.

Abdullah ging nach unten und stoppte ein Taxi auf der Straße. Wir verabschiedeten uns von unseren beiden geliebten hand-zahmen Nymphensittichen. »Ich hab euch sehr, sehr lieb«, sagte Maryam. »Aber wir können euch nicht mitnehmen. Passt gut auf euch auf«, sagte sie und streichelte die beiden ein letztes Mal. Ich weiß nicht, warum wir sie nicht einfach freigelassen haben. Wer weiß, was Mohamed ihnen in seiner Wut angetan hat.

Mit einem tönenden Bling traf eine neue E-Mail ein.

Tickets liegen am Flughafen bereit. Habe aus Sicherheitsgründen beide Flüge gebucht + auch gekauft – Qatar + Bahrain!
Wenn es nicht klappt, wird eben umgebucht! Kostet zwar etwas, lässt sich aber nicht ändern!
Ich halte es für besser, wenn Sie mit dem Taxi sofort + sobald es möglich ist, direkt zum Terminal 1 fahren! Qatar Air flight 0119 departure 22:15. Selbst wenn Sie erst um 21:15 eintreffen:
Am Check-in wird man Sie mitnehmen, alles bezahlt mit Cash!
Sie brauchen nur die Pässe auf den Counter zu legen! Weiterflug 0:45 von Doha nach Frankfurt mit QR 027!

Jedes Detail der E-Mail las ich laut vor, damit die Kinder sich ebenfalls alles einprägen konnten. Wir durften keinen Fehler machen, durften nicht zu spät kommen. Abdullah rief von unten über die Gegensprechanlage an. Das Taxi wäre da, am Haupteingang. Ich packte den letzten Laptop ein. Wir fuhren mit dem Lift hinunter. Das Foyer war zum Glück voller Leute, so fiel es gar nicht auf, dass wir mit der Reisetasche und dem kleinen Trolley hinausgingen.

Uff! Uns fiel ein Stein vom Herzen. Zitternd sprangen wir in das Taxi und fuhren los. Keiner von uns blickte zurück.

Abdullah spornte den bengalischen Taxifahrer zur Eile an: »Bitte fahren Sie schneller, wir müssen den Flug schaffen.«

Ein Sandsturm, ausgerechnet jetzt!

Den guten Willen des Fahrers bremste ausgerechnet der Stau, der uns bei Mohamed so gefreut hatte. Nach zehn Minuten waren wir noch keine 500 Meter von unserem Haus entfernt. Diese Straße war schon immer ein Nadelöhr, hier blieb man gerade abends oft stecken. Für uns war die Lage jetzt brandgefährlich. Mein Herz schlug bis zum Hals. Hoffentlich sieht und erkennt uns jetzt niemand, dachte ich. Adnan versank mit seinem hellblonden Haar vorsichtshalber tief im Fond des Wagens. Maryam, Hajar und ich, in Abayas gekleidet, zogen die dunklen Kopftücher tief ins Gesicht. Nur nicht auffallen. Immer wenn wir auf dem Gehweg Nachbarn sahen, senkten wir die Köpfe. Endlich ging es weiter. Der Fahrer kannte einen Schleichweg zum Flughafen, im Zickzack durch die Stadt. Es half nichts.

Als wir den Schalter von Qatar Airways in Terminal 1, Halle A zu unserem Flug nach Frankfurt über Doha erreichten, war dieser bereits seit fünfzehn Minuten geschlossen. »Oh mein Gott! Der Flug ist weg!«, rief ich und schlug entsetzt die Hände vors Gesicht. »Wir dürfen den zweiten nicht verpassen.« Waren wir bisher relativ ruhig gewesen, so hatten wir nun die blanke Angst, erwischt zu werden, Angst, dass uns der Terrorist bereits auf den Fersen war. »Ruhig bleiben, jetzt nur nicht nervös werden«, mahnte ich die Kinder und mich selbst. »Los, machen wir uns gegenseitig Mut.«

Da rief John an. »Wo seid ihr, was ist passiert?« Abdullah

erklärte die Lage. Wir hielten mit John nur Handykontakt, er wollte nicht, dass wir am Flughafen gemeinsam gesehen würden und deswegen auffielen. Immerhin hatte er gute Nachrichten. John hatte überprüfen lassen, ob es einen »travel ban«, ein Ausreiseverbot, für uns gab – tat es nicht. »Der Weg ist frei, Kerstin. Ihr müsst jetzt zu Halle B laufen, Terminal 1 Halle B, zum Flug von Gulf Airways über Bahrain nach Frankfurt. Das ist gleich nebenan, aus der Halle rechts raus und ins nächste Gebäude rein.«

Wir rannten los. Einer von uns schaute immer nach hinten, ob uns jemand folgte. Hinter jeder Säule fürchteten wir Mohamed zu entdecken. Abdullah lief voraus. »Hier wird gerade Gulf Airways eingecheckt«, winkte er uns zu einem Schalter. Wir reihten uns ein, atemlos, keuchend.

Gott sei Dank. Es war noch nicht zu spät. Wir bekamen unsere Tickets ausgehändigt und hasteten los. Es war eine Stunde vor Abflug, wir bekamen immer mehr Angst. Ob Mohamed, zurück von seinem Edelschneider, schon gemerkt hatte, dass wir weg waren? Oder hatte er noch einen Abstecher zu seinen Salafistenfreunden in die Moschee unternommen? Dann war er wahrscheinlich noch ahnungslos. Jetzt ging es durch den Security-Check mit der Sicherheitsschleuse, weiter zur Passkontrolle. Fünfmal verschwanden unsere Pässe in einem Lesegerät, das die Daten per Computer überprüfte, fünfmal ging der Stempel für die Ausreiseerlaubnis auf unseren Pässen nieder.

*

Alles gut gegangen, wir waren im riesigen Transitbereich des Flughafens. Hier wurden teure Sportautos verlost. Reisende kauften im Duty-free Schmuck, Elektronik, Alkohol, Zigaretten, Parfüms. Wir beachteten all die Kostbarkeiten, den Glitzer und Glitter gar nicht. Mit Tunnelblick liefen wir schnurstracks Richtung Abflug-Gate – weg hier, weg, weg, weg! Während wir auf das

Boarding warteten, summte das Handy, eine SMS von John: »Ihr seid im internationalen Raum und damit sicher vor Verfolgung. Offiziell habt ihr die Emirate bereits verlassen, als ihr die Passkontrolle passiert habt. Niemand kann euch jetzt mehr aufhalten, auch keine Polizei.« Ich weiß bis heute nicht, ob uns die hiesige Polizei nicht notfalls noch aus der Maschine hätte holen können, nach den Gesetzen der Emirate war der Tatbestand einer Entführung ja wohl erfüllt – aber beruhigend war Johns SMS in diesem Moment auf alle Fälle.

»Juhu!«, jubelten die Kinder und ich – leider zu früh. Kaum an Bord, verkündete die Ansage des Pursers kurz vor dreiundzwanzig Uhr, wegen des Sandsturms über Saudi-Arabien würde sich der Abflug bis ein Uhr dreißig verzögern. Noch zweieinhalb Stunden. In dieser Zeit konnte der Terrorist Himmel und Hölle in Bewegung setzen. Ratlos schauten wir uns an.

»Was nun?«, fragte Maryam, den Tränen nahe. »Sind wir hier in Sicherheit, oder gerät jetzt unser ganzer Plan in Gefahr? Was ist, wenn er zum Flughafen kommt und erfährt, dass wir noch hier sind?« Ich wusste keine Antwort, nahm Maryam nur stumm in den Arm, dann Hajar, dann Adnan.

Abdullah winkte ziemlich cool ab. »Wir sind doch schon raus aus den Emiraten, am besten rufen wir John an, der muss das doch wissen.« Gesagt, getan. John beruhigte uns: »Ihr seid in der Maschine sicher.«

Aber was war mit Mohamed los? Er kam wohl etwa zur gleichen Zeit, als uns die Ansage im Flugzeug schockte, nach Hause und fing an, abwechselnd unsere Handys anzurufen und Textnachrichten zu schicken. Reihum klingelten im Flugzeug unsere Telefone. »Wo steckt ihr«, textete er. »Wer hat euch erlaubt, das Haus zu verlassen? Wenn ihr kommt, werde ich euch bestrafen!« Mohamed hatte offenbar keine Ahnung, wo wir waren, noch nicht. Wir saßen da, angeschnallt, und zitterten. Die Kinder zuckten bei jedem Anruf zusammen. Ich entschied, alle Handys auszuschalten und sofort die Karten aus den Handys herauszunehmen, damit keine Ortung mehr möglich war. Abdullah schickte eine letzte SMS an John. Unermüdlich beruhigte er uns aus der Ferne: »Ihr müsst ruhig bleiben, nur nicht durchdrehen jetzt, nicht die Nerven verlieren! Ihr habt es fast geschafft. Es KANN euch nichts mehr passieren. Ihr seid nicht mehr im Land.« Wenn das mal stimmte ...

Es verblieben immer noch zwei lange Stunden voller Bangen, bis die Maschine endlich vom Finger des Gates abdockte und Richtung Startbahn gezogen wurde. Als wir um ein Uhr dreißig abhoben, rief ich: »Hurra – jetzt kann er uns hundertprozentig nicht mehr zurückzwingen. Wir sind endlich frei! Frei!«

»Heyyyy«, lachte Hajar ausgelassen.

»Yes, yes, yes«, sagte der kleine Adnan.

Aber ganz so reibungslos, wie wir hofften, sollte sich der Rest der Reise nicht gestalten.

*

Kurz nach zwei Uhr morgens landeten wir auf dem Flughafen in Bahrain. Unser Anschlussflug nach Frankfurt war weg. Bis zum Weiterflug am kommenden Abend sollten wir im Airline-Hotel in der City untergebracht werden – und da war sie wieder, die Angst. Mohamed konnte am Internet verfolgt haben, dass wir den Anschlussflug verpasst hatten. Am frühen Morgen könnte er in Bahrain eintreffen. Das Hotel für gestrandete Fluggäste zu finden – eine Kleinigkeit, selbst für ihn.

»Wird er uns hier finden?«, fragt Hajar.

Maryam nahm sie in den Arm. »Der kriegt uns nicht zurück. Wir sind bis hierher gekommen, und wenn er auftaucht, verstecken wir uns.«

Ein Shuttle-Bus brachte uns ins Hotel. An der Rezeption wurden plötzlich unsere Reisepässe einbehalten. Was hatte das zu bedeuten? Ein Kloß bildete sich in meinem Hals, es schnürte mir die Kehle zu. Beherzigt sprach ich mit der Rezeptionistin. Ich musste alles auf eine Karte, sprich: auf ihre Verschwiegenheit setzen. »Bitte geben Sie diese Pässe nicht weiter, und bitte sagen Sie um Gottes willen keinem Anrufer, dass wir hier sind«, flehte ich die Frau, eine Asiatin, an. »Egal, wer anruft, stellen Sie keine Anrufe zu uns durch. Wir werden verfolgt und sind in Lebensgefahr.« Meine Stimme bebte, meine Hände zitterten, ich war nervlich am Ende.

Sie hätte selbst Kinder, sagte die Frau mit ruhiger Stimme. »Seien Sie versichert, dass Sie hier absolut sicher sind. Hier gehen keine Informationen raus.« Dann schloss sie die Pässe in dem Tresor ein und lächelte uns freundlich zu. »Das Passwort hierzu habe nur ich. Und morgen bekommen Sie die Pässe zurück.« Heute weiß ich, dass die Abnahme der Reisepässe eine reine Sicherheitsmaßnahme der Behörde war, um illegale Einwanderungen zu verhindern.

Auf dem Zimmer steckte ich meine SIM-Karte wieder ins Telefon, zehn Anrufe in Abwesenheit. Ich musste John eine SMS schicken, hoffentlich würde Mohamed nicht ausgerechnet in dieser Zeit anrufen. Da – es klingelte. Alle zucken zusammen. Ich drückte den Anruf Mohameds einfach weg, ein Reflex. John textete ich kurz durch, dass wir festsaßen. Dann schaltete ich das Handy wieder aus. Keiner von uns konnte schlafen. Der Flachbildfernseher lief die ganze Nacht. Das erste Mal im Leben meiner Kinder. Da sie komplett ohne Fernseher aufgewachsen waren, saugten sie einen Film nach dem anderen förmlich in sich auf, schalteten von einem Programm zum nächsten. Keiner traute sich, die Augen zu schließen.

Am nächsten Morgen checkte ich wieder die SMS. John hatte geschrieben, er hätte versucht, uns telefonisch auf dem Zimmer zu erreichen, war aber nicht durchgestellt worden. Die Rezeptionistin hätte gesagt, wir seien nicht mehr da. Wir wären in der Nacht nach England weitergeflogen.

»Ha!«, lachte ich. »Unser Plan hat funktioniert. Die Rezeptionistin hat ihr Versprechen mehr als gehalten. Nicht einmal John ist es mit seinen exzellenten Verbindungen gelungen, zu uns durchzudringen. Herrlich!« Also konnte uns auch Mohamed nicht finden, dazu war er nicht clever genug. Wir waren tatsächlich in Sicherheit. Sicherheit ... Welch ein Gefühl! Gemütlich schlenderten wir am Morgen zum reichlich beladenen Buffet im Speisesaal und genossen die erlesene Auswahl. Die Kinder hatten einen Bärenhunger, sie ließen sich Rührei zubereiten, aßen Obst, gefülltes Gebäck, Fruchtquark, Pudding, tranken frischen Mango- und Bananensaft, so viel sie wollten. Ich glaube, sie empfanden den Frühstücksraum als Schlaraffenland.

Da wir bis zum Weiterflug in der Nacht noch viel Zeit hatten, gingen wir zum *Souq,* Kleidung kaufen, das Nötigste für die Ankunft in Deutschland, wir hatten ja kaum Sachen mitgenommen. Ich kaufte auch eine Prepaid-Karte, um endlich in Ruhe und ohne Angst vor Ortung mit John zu telefonieren. Er versuchte, unsere Weiterreise zu beschleunigen. Es klappte nicht, zu viele Leute warteten nach dem Sandsturm in Bahrain auf ihre Anschlussflüge. Wir waren enttäuscht, und plötzlich überkam uns alle wieder die Angst.

»Was ist, wenn der Terrorist längst weiß, wo wir sind, und den nächsten Flug genommen hat, um uns zu folgen?«, fragte Abdullah.

Mir schnürte es die Kehle zu.

»Wir passen auf«, sagte ich entschlossen. »Er hat keine Papiere von uns, keine Passbilder, wir haben alles mitgenommen. Er kann noch nicht einmal beweisen, dass er euer Vater ist, auch wenn er den gleichen Nachnamen hat«, erklärte ich den Kindern. »Im Ernstfall fangt ihr einfach an zu schreien: ›Mama, was will dieser

Mann? Wer ist das?‹ Die Security wird ihn sofort festnehmen, und bis die Wahrheit geklärt ist, sind wir über alle Berge.«

Die Kinder lachten: »Ja, so machen wir das.«

Gegen dreiundzwanzig Uhr wurden wir mit einem Shuttle von Gulf Air zum Flughafen gefahren und checkten ein. Wir hatten rund sechsunddreißig Stunden nicht geschlafen. »Wir dürfen jetzt nicht durchdrehen. Bleibt ruhig. Wir sind ganz normale Reisende«, mahnte ich die Kinder, während sich Abdullah allein in der Halle umsah und zu uns zurückkam.

»Alles in Ordnung. Der ist nicht hier.«

War uns Mohamed wirklich nicht gefolgt? Womöglich erwartete er uns, wenn nicht hier in Bahrain, dann am Flughafen Frankfurt. Ich hatte das Gefühl, dass mich diese ständige Ungewissheit und die immer neu aufflackernde Angst noch umbringen würden.

Um zwei Uhr dreißig hob Flug GF 0017 nach Frankfurt ab. Noch nie zuvor hatten wir uns alle so frei gefühlt. Und doch bekam keiner von uns ein Wort heraus. Immer wieder schauten wir uns an, ich drückte die Hände der Kinder, streichelte über ihre hochroten Köpfe.

Auf andere Leute mögen wir merkwürdig gewirkt haben: Europäer in viel zu dünner arabischer Kleidung. Abdullah trug eine zu kurze, enge Hose. Hajar und Adnan wirkten wie Kleinkinder, sie waren extrem klein und dünn für ihr Alter, mit eingefallenen Wangenknochen und viel zu großen Augen, wie auch Abdullah. Maryam wirkte mit ihren damals dreizehn Jahren viel zu erwachsen.

Meine E-Mails checkte ich erst Tage später nach unserer Ankunft in Frankfurt und dem Besuch bei der Polizei, als ich endlich ausgeschlafen hatte. Es gab Dutzende Nachrichten von Mohamed, nur die erste las ich.

Assalamu Aleikum, Friede sei mit dir!
Fatima, du kannst nicht einfach die Kinder von mir trennen. Wenn du
die Scheidung haben willst, habe ich dir gesagt, musst du per Gericht
vorgehen. Richter müssen klären, wie das gehen soll. Was du gemacht
hast, ist leicht, ich hätte das auch machen können. Du musst dir mal
vorstellen, wenn du wie ich nach Hause zurückkommst, und alle
Kinder sind weg. Es ist ungefähr so wie der Tod, der plötzlich
kommt. Ich bin fast gelähmt vor Schock, muss auch heute ins
Krankenhaus, mein halbes Gesicht kitzelt manchmal und zittert.
Was soll ich der Polizei sagen? Wenn die Sache schlimmer wird ...
du könntest ein Messer nehmen und mich erstechen, das ist
das Gleiche.
Die Kinder sind mein Recht genau wie deines, und wenn du sie
versteckst, bei Allah geht nichts verloren, du machst die Familie
kaputt, nur aus Rache. Irgendwann sind die Kinder groß und
werden nach ihrem Vater fragen.
Bitte Fatima, melde dich. Ich kann nicht mehr. Ich habe ein Recht
auf die Kinder, egal was mit uns passiert. Ich kriege vielleicht einen
Herzinfarkt, wenn du so weitermachst. Ich bin nicht so gehässig,
ich schimpfe viel, aber vergesse sehr schnell. Du erinnerst dich,
ich habe dir nach einem Streit einen Kaffee gemacht.
Wallahi, ich schwöre bei Gott, als ich vom Schneider zurückkam,
habe ich dir wieder ein Parfüm gekauft, warum nimmst du so
Rache? Bitte mache die Sache nicht schlimmer, gib auf, lass den
Shaytan, den Satan in dir, nicht noch mehr hetzen.
Du hast jetzt gewonnen, aber wie lange noch? Du machst mich
kaputt und dich auch.
Streit gibt es doch in jeder Familie.
Mohamed

Parfüm, Herzinfarkt, Satan. Danke, ich hatte keinen Bedarf an
weiteren Nachrichten und Drohmails, mit denen Mohamed mich
noch bombardieren sollte.

Lange Zeit dachte ich übrigens, wie viel Pech wir doch auf den einzelnen Etappen dieser Flucht gehabt hatten, auch wenn am Ende alles gut ausgegangen war. Ich war mir sicher, dass der Stau vor unserem Haus in Sharjah und der deswegen verpasste erste Flug ein Unglück waren. Doch so war es nicht, Stau und verpasster Flug erwiesen sich vielmehr als glückliche Volte unseres Schicksals. Ich kam darauf, als ich Wochen nach unserer Flucht die Kraft hatte, die vielen anderen hasserfüllten E-Mails zu lesen, die Mohamed nach unserer Flucht geschrieben hatte.

Anders als wir in jener Fluchtnacht aus seinen ersten wütenden Nachrichten geschlossen hatten, war er nämlich nicht daheim, sondern längst am Flughafen Dubai, während wir dort wegen des Sandsturms auf den Start unseres Fluges warteten. Das fehlende Geld, die verschwundene Reisetasche und, und, und: Mohamed hatte sofort durchschaut, wohin unsere Reise gehen sollte. Am Flughafen Dubai ließ er unsere Namen im Buchungssystem suchen. Man gab Mohamed die Auskunft, wir hätten den Flug nach Qatar genommen und wären längst weg. Dies war der erste auf unsere Namen gebuchte Flug, den wir verpasst hatten. Dass im System noch ein zweiter Flug auf unsere Namen existierte, jener nach Bahrain nämlich, war niemandem aufgefallen.

Kapitel VIII

DER ANRUF

Ein fataler Buchstabendreher

Es kam so, wie ich es mir vorgestellt hatte. Mohamed war angesichts unserer unerwarteten Flucht am Boden zerstört. Neben dem Verlust der Familie kam für ihn hinzu, dass wir ihn vor seinen Salafistenfreunden blamiert und seine Ehre zutiefst verletzt hatten. Keine Woche nach unserer Flucht schrieb er seinem ältesten Sohn eine E-Mail.

Betreff: Haram, haram, haram!

Mein lieber Sohn Abdullah,
das ist die siebte Nacht, seitdem ich alle meine Kinder ungerechterweise verloren haben, und der Prophet hat gesagt: Fürchtet die Ungerechtigkeit, denn Ungerechtigkeit bringt Dunkelheit beim Jüngsten Gericht. Der Prophet hat befohlen, dass man Barmherzigkeit gegenüber Tieren zeigt, überlege dir, was das erst recht für Menschen zu bedeuten hat.
Als ich damals den gelben Wellensittich frei fliegen ließ, wart ihr alle sehr traurig, und ihr habt sogar geweint, wegen des Abschieds von einem kleinen Tier.
Seid ihr nun nicht traurig wegen der Trennung von eurem Vater? Ihr wisst, dass es im Koran und in den Ahadith steht, dass man den Eltern nichts Böses antun soll, und sogar in den Orten der Ungläubigen, der Ketzer, weiß man, dass das Leben nicht gerade geführt werden kann ohne dieses Gebot. Ich weiß, dass ihr euch

vielleicht an mir rächen wollt, da ich manchmal euch gegenüber hart und streng war. Ich wollte euch aber damit nach der Lehre Gottes und seines Propheten auf den richtigen Weg führen.

Ich habe zwei Monate lang mit dir nicht geredet, Abdullah, nachdem du mich attackiert hast. Ich habe darauf gewartet, dass du dich entschuldigst und um Verzeihung bittest. Stattdessen hast du mit deiner Mutter und deinen Geschwistern das Haus verlassen. Heimtückisch das Haus verlassen. Deine Mutter hat auch alle Pässe, Kopien etc. mitgenommen, sodass ich nichts mehr in der Hand hatte und die Polizei anrufen und dort nachfragen musste, ob ihr die Emirate verlassen habt oder nicht.

Ist das nicht kriminell???? Diese Unterlagen gehören auch mir!!!! Ich schwöre bei Allah, ich schwöre bei Allah, ich schwöre bei Allah [sic!], dass Abu Yasser mich schon vorgewarnt und mir gesagt hatte, ich sollte alle Unterlagen verstecken, um später, falls meine Frau abhauen wollte, nicht vom Gesetz verfolgt zu werden. Ich dachte, das könnte doch nie passieren. Meine Frau und meine Kinder wurden nach den Gesetzen der Scharia, der islamischen Rechtslehre, gut erzogen, und ich vertraute ihnen. Aber leider ist dann das passiert, was passiert ist.

Ist das meine Belohnung, weil ich euch vertraut habe?

Ich kann das, was geschehen ist, niemandem erzählen, nicht Abu Yasser oder irgendeinem anderen Menschen, weil ich euch und mich nicht vor den Leuten blamieren will. Ich muss das Leid alleine tragen und kann kaum schlafen, sodass ich sogar gezwungen bin, Schlaftabletten zu nehmen, und du weißt, wie schädlich die für die Gesundheit sind und was für Nebeneffekte die haben!

Die Trauer überfällt mich überall wegen des Verlusts von Hajar und Adnan. Sie sind noch so jung und brauchen extra Betreuung und Fürsorge. Besonders Hajar. Sie ist so schwach und zierlich, und wenn ein brutaler krimineller Junge sie schlagen würde, dann könnte er sie umbringen! Und wer wird dann beim Jüngsten Gericht die Schuld dafür tragen?

Deine Mutter kann sich ohne meine Zustimmung von mir nicht scheiden lassen. Sie ist immer noch meine Ehefrau, sie darf nicht verreisen oder heiraten oder irgendwas tun, bis das beendet ist. Sollte sie noch mal heiraten, ohne dass ich ihr die Scheidung gewähre, dann begeht sie Ehebruch. Deine Schwester Maryam darf auch ohne meine Einwilligung nicht heiraten, sonst ist sie auch Ehebrecherin, und ihre Kinder wären dann uneheliche Kinder.

Mein lieber Sohn Abdullah, begreife die Situation schnell, bevor es zu spät ist. Wie wirst du die Konsequenzen all dieser Verstöße gegen die Scharia ertragen können?

Es war der Teufel, der euch in eine Falle gelockt hat, damit ihr euch von eurer Religion entfernt, und er hat euch davon überzeugt, dass euer Vater euer größter Feind ist und dass ihr ihn bekämpfen müsst, damit er, der Teufel, euch unter Kontrolle bekommt!!!!

Meine Trauer offenbare ich nur Allah.

Dein Vater
Montag, den 14. Djamadi el Awwel 1432[9]

*

Die Abaya hatte ich nach unserer Ankunft am Frankfurter Flughafen abgelegt und bei einem gemeinnützigen Verein eine warme Jacke bekommen. Ohne Kopftücher, die wir alle zusammen ebenfalls noch in Frankfurt ablegten, fuhren wir nach Hamburg. Es war ein Gefühl, als würden Fußfesseln von uns abfallen. Wir legten diese Kleidung ab und die falschen Sitten und Gebräuche der Salafisten, nicht aber unseren Glauben an Gott – oder Allah, wie Gott auf Arabisch heißt. Ohne diesen tiefen Glauben an die ausgleichende Gerechtigkeit Gottes hätten wir dieses jahrelange Martyrium nicht überstehen können.

Im Spätherbst 2011, ein gutes halbes Jahr nach unser Flucht, hatte ich das alleinige Sorgerecht für meine Kinder erstritten, hatte durch die Unterstützung des örtlichen Jugendamtes eine Erziehungshelferin zur Seite bekommen, die sich wunderbar auf die Kinder und deren Bedürfnisse einstellte und viele Ausflüge mit ihnen unternahm, während ich mich um Arbeit und organisatorische Dinge kümmerte, um langsam wieder zu einem normalen Alltag zurückzufinden. Wir hatte ja nichts, keine Kleidung, keine Wohnung, einfach nichts.

Nach langem Suchen ließen wir uns an einem sicheren Ort irgendwo in Deutschland in einem kleinen Haus nieder, das selbst für Einheimische schwer zu finden war. Wir hatten genug Platz für uns alle und dazu noch einen hübschen Garten mit Maschendrahtzaun und Sonnenterrasse. Ein Sichtschutz verwehrte Einblick von der Straße aus. In unserem Idyll konnten die Kinder endlich ohne Angst spielen, vor Blicken geschützt. Den Dachboden bauten wir aus, so hatte jedes der Kinder endlich ein eigenes Zimmer. Die Nachbarn erwiesen sich für uns Zugezogene als sehr hilfsbereit. Mich beruhigte besonders das Polizeirevier am Ende unserer Straße; jede Streifenfahrt führte in geringer Entfernung an unserem Häuschen vorbei. Allmählich gewöhnten sich die Kinder an ihr neues Umfeld und ihre Freiheit, sie blühten auf. Bald kannten sie alle Kinder in unserem Viertel, gingen auch ohne meine Begleitung zum Spielplatz, fuhren mit den Fahrrädern in die Innenstadt oder an den See.

Zügig hatte ich in Zusammenarbeit mit der zuständigen Behörde auch passende Schulen gefunden, in denen sie in ihrer sprachlichen Entwicklung unterstützt und gefördert wurden. Bald zeigten alle vier – es geht auch ohne Prügel, nicht wahr? – durchschnittliche und später wieder die gewohnt guten Lernergebnisse. Vor allem die beiden Kleinen, Hajar und Adnan, wurden intensiv von einem Psychologen betreut, um ihre Ängste abzubauen. Ich schickte sie zum Karatetraining, was ihrem Selbstbewusstsein einen kräftigen Schub verlieh. Die beiden wuchsen in Turboschritten und holten vier Jahre Entwicklung binnen Kurzem auf. Auch die beiden Großen waren langsam wieder zugänglich geworden. Maryam hatte ich bei einer Reitschule angemeldet, wo sie, die ihr Leben lang wie im Käfig zu Hause gehalten worden war, schnell Freundinnen fand. Abdullah entwickelte sich mit seiner neuen Clique ebenso prächtig. Gewalt ist in unserer Familie längst tabu.

Anfang 2012 hatte ich endlich die Scheidung durchgesetzt – in Abwesenheit unseres Peinigers. Das Trennungsjahr musste ich allerdings abwarten, bis die Scheidung rechtskräftig war. Dieses Ereignis feierten wir ganz groß. Dazu hatten wir auch allesamt neue Namen bekommen, die Geburtsurkunden der Kinder wurden auf dem Standesamt ebenfalls nachträglich geändert. Nichts sollte sie mehr an ihre traumatische Kindheit erinnern. Mit viel Beharrlichkeit erreichten wir, dass Mohamed zur internationalen Fahndung ausgeschrieben wurde. Wo er auch nach uns suchen würde: Unsere Daten, unsere alten Namen – alles hatte sich für ihn in Luft aufgelöst. Die Angst, die uns so lange begleitet hatte, war langsam aus unserem Leben verschwunden. Wir konnten wieder ungezwungen und von Herzen lachen – bis eines Vormittags im März 2013 Skype, das Internettelefon, klingelte. Es war ein Account aus Emirate-Zeiten, den ich stillzulegen vergessen hatte, der aber zum Glück keine Lokalisierung erlaubte.

Ein Bekannter jenes Studenten-Imams, der uns 1990 in der Kölner Moschee islamisch getraut hatte, rief an und sprach leise, fast flüsternd: Wie auch immer es geschehen konnte, Mohamed wäre nach Deutschland eingereist und würde nach den Kindern suchen, weil er diese zurückhaben wollte.

Diese Drohung kannte ich. Mohamed hatte unserem Fluchtorganisator John mehrmals per Skype und E-Mail offen gesagt, dass er versuchen würde, die Kinder in ein islamisches Land zu entführen, und er jedem, der bei der »Verschleppung der Kinder« durch mich, wie er es nannte, geholfen hätte, den Garaus machen würde. Mohamed und John standen in Kontakt, weil John versucht hatte, aus der Wohnung in Sharjah ein paar persönliche Dinge, darunter für mich wichtige Bücher, zu holen. Aber Mohamed rückte nichts heraus.

So weit, so schlecht. Mehr als beunruhigend war nun, dass es Mohamed offenbar gelungen war, trotz eines internationalen Haftbefehls in Deutschland einzureisen. Konnte das wirklich sein?

»Er ist in Deutschland«, bestätigte der Anrufer, »wir haben ihn gesehen.«

Die Nachricht löste bei mir, um das Geringste zu sagen, eine Panikattacke aus. Mein Herz raste, ich konnte kaum mehr atmen, mein Kreislauf fuhr Achterbahn, wie er es zuletzt getan hatte, als wir noch mit Mohamed zusammenlebten. Als ich mich einigermaßen beruhigt hatte, alarmierte ich die Kripo, die Schulen meiner Kinder, meine Familie und all meine Freunde. Wir brauchten Schutz, aber ich wollte mich nicht mehr erpressen lassen. Die Kinder, die mittlerweile den Familiennamen ihres Erzeugers abgelegt hatten, um nicht mehr bei der Nennung des Namens an ihr Martyrium erinnert zu werden, verfielen in pure Panik, als sie davon erfuhren. Sie alle redeten auf mich ein, nur Abdullah blieb besonnen.

»Mama, der wird hierherkommen. Der wird uns fangen und mit Gewalt fortschaffen. Der wird dich umbringen und uns zwangsverheiraten!«, weinten meine Töchter.

Eine Frage nach der anderen hämmerte auf mich ein.

»Was machen wir jetzt?« – »Müssen wir wieder weglaufen, uns wieder verstecken, wieder alle unsere Freunde zurücklassen, jetzt, wo wir hier endlich zu Hause sind?« – »Warum hat die Polizei ihn nicht gefasst, als er eingereist ist?« – »Wie ist es möglich, dass er trotz des Haftbefehls einreisen konnte?« – »Warum gehen die nicht einfach zu ihm und nehmen ihn fest? Die wissen doch jetzt, wo der ist.«

Fragen über Fragen, die ich meinen Kindern nicht beantworten konnte. Weinend brach Maryam zusammen: »Oh Gott, jetzt geht alles von vorne los.«

»Mama, tu was«, schrie Hajar. »Komm, wir hauen ab – egal wohin, nur weg!«

»Bleibt ruhig, wir dürfen jetzt nicht die Nerven verlieren«, versuchte ich sie zu beschwichtigen. »Sonst machen wir vielleicht Fehler, und er kann uns leichter finden. Die Polizei beobachtet ihn, wir fahren erst mal ein paar Tage zu Verwandten. Wir finden zusammen eine Lösung, ihr müsst keine Angst mehr haben.«

Im Team – Kripo, Familie und ich – beratschlagten wir, was zu tun sei, auch um die Kinder vor weiteren traumatischen Erfahrungen zu schützen. Die Polizei schlug vor, erst einmal alle Kinder aus der Schule zu nehmen und bis auf Weiteres an einen unbekannten Ort zu verreisen. Nur für unsere Kontaktperson bei der Polizei sollte ich erreichbar bleiben. Nach längerer Überlegung und eingehender Beratung rief ich liebe Verwandte in der Nähe von Berlin an, die mein Ex-Mann glücklicherweise nie kennengelernt hatte. Er kannte weder ihren Namen noch ihre Adresse. Dort würde er uns also auf keinen Fall suchen. Sie versprachen uns aufzunehmen, bis unser Peiniger gefasst wäre.

Versteckt in Berlin

Wir packten unsere Reisetaschen, Kleidung erst einmal für eine Woche, Essen und ein paar Spielsachen. Abdullah entschied, als Einziger zu bleiben und auf das Haus zu achten. Er stellte eine Webcam ins Fenster, die auch Nachtaufnahmen machte, und beobachtete das Geschehen rund ums Haus. Er hatte sich einige legale Waffen zugelegt, auf die er im Notfall zurückgreifen würde.

Ja, so weit hatte uns unsere Angst vor Mohamed gebracht. Wir alle hatten uns nach und nach einige Mittel zu unserer Verteidigung besorgt. Über Abdullahs Schreibtisch hing damals sogar ein Samuraischwert, das er weniger als Waffe denn als Symbol seiner Freiheit schätzte.

Einige unserer Nachbarn informierte ich ebenfalls, damit sie die Polizei rufen würden, wenn ihnen in unserer Gegend jemand verdächtig vorkäme. So vorbereitet, fuhr ich mit Adnan, Hajar und Maryam los. Unterwegs, etwa fünfzig Kilometer vor Berlin, hatten die Kinder das Gefühl, dass uns ein dunkler Mercedes schon eine Weile folgte. Als der Wagen nach geraumer Zeit immer noch hinter uns klebte, fuhr ich bei der nächsten Ausfahrt, man guckt ja Krimis, ruckartig und ohne zu blinken von der Autobahn ab. Der Mercedes fuhr weiter. »Abgehängt«, lachte ich und fuhr entspannt zur nächsten Autobahnauffahrt zurück. »Kein dunkler Mercedes mehr zu sehen!«

Betont gemütlich zuckelten wir nach Berlin, die Kinder sahen sich immer wieder um, konnten aber nichts Beunruhigendes mehr entdecken. Es folgte uns niemand. Der falsche Alarm zeigte, wie sehr uns die Angst in den Knochen steckte.

Unsere Verwandten nahmen uns sehr freundlich und liebevoll auf, sie umsorgten uns rührend.

»Ist euch niemand gefolgt?«, fragten sie nur.

»Und wenn doch, dann haben wir die kurz vor Berlin erfolgreich abgehängt«, lachte ich und erzählte die Begebenheit mit dem Mercedes.

»Das ist ja wie im Krimi«, lachten nun alle herzlich. Die Anspannung fiel von uns ab. Die Kinder fühlten sich sofort wohler, verloren ganz langsam ihre Nervosität. Wir genossen die Ruhe, versuchten ein bisschen Urlaubsstimmung zu schaffen, indem wir Ausflüge in einen Wasserpark unternahmen, ein Kanu ausliehen und auf der Spree herumpaddelten.

Merkwürdig kam mir nur vor, dass ich auch drei Tage nach unserer überstürzten Abreise noch immer nichts Erhellendes von der Polizei gehört hatte. Mein Ex-Mann, so hatten Ermittler herausgefunden, war über die niederländische Grenze zu seinem Scheich gefahren und wieder zurück nach Köln. Jetzt wurde ich unruhig. Wie lange sollte das so weitergehen? Es musste schnell etwas geschehen. Die Kinder mussten wieder zur Schule und in ihr normales Leben zurückkehren. Wir konnten doch nicht ständig auf der Flucht sein.

Uns half ein Zufall, den ich angesichts des kriminalistischen Beamtenelans, den ich hier erlebte, nicht Kommissar Zufall titulieren möchte. Ich erfuhr – zum Schutz mehrerer Personen kann ich nicht verraten, wie genau –, dass Mohamed inzwischen Sozialhilfe in Deutschland beantragt hatte. Richtig gelesen: Mein per Haftbefehl gesuchter Ex war nicht nur bequem eingereist, er hatte auch noch Sozialhilfe beantragt, ganz offiziell.

Wie konnte das sein? Er hätte doch sofort gefasst werden müssen! War er unter falschem Namen, womöglich mit neuem Reisepass, eingereist? Was um Himmels willen war denn bloß geschehen? Auch die Polizei konnte mir meine Frage nicht beantworten – nicht in diesem Moment, sosehr mich die Ungewissheit auch quälte.

*

Ich machte mich nun selbst auf die Suche und recherchierte mit aller Vorsicht, nutzte alte, nicht mehr verwendete E-Mail-Adressen, setzte zum Mailabruf unterschiedliche Computer ein und telefonierte nur mit Prepaidkarten und unterdrückten Rufnummern. Ich fand heraus, dass Mohamed bei einem Kölner Jobcenter gemeldet sein musste, denn nach den Informationen, die ich aus dem Umfeld der dortigen Salafisten bekommen hatte, wohnte er in einem Mehrparteienhaus in Köln-Ehrenfeld, das seiner Schwägerin Iman und deren drei Geschwistern gehörte. Also tat ich, was eigentlich auch die Polizei hätte tun können – offenbar war bei den Profikriminalisten aber niemand darauf gekommen, oder man jagte wichtigere Verbrecher. Ich schrieb kurzerhand alle infrage kommenden Jobcenter in und um Köln-Ehrenfeld an und teilte der jeweiligen Jobcenter-Leitung mit, dass Mohamed auf der Fahndungsliste stand. »Sollte er bei Ihnen geführt werden und eventuell sogar Sozialhilfe beziehen, dann sollten Sie sich unverzüglich an die Kripo Köln wenden.«

Nachdem ich die Rundmail abgeschickt hatte, dauerte es genau zwölf Stunden, dann meldete sich die Kripo bei mir. Mohamed sei endlich verhaftet worden. Der Tipp kam von einem Jobcenter. Ein Einsatzkommando überraschte meinen Ex in der Kölner Glasstraße in einem Apartment seiner Familie. Ein Foto des Hauses, heruntergeladen von Google Street View, hatte ich, als ahnte ich es, der Polizei zuvor geschickt. Das Reihenhaus fiel mit seiner beschmierten Fassade und dem grauem Garagentor in der Straße auf. Ich erinnerte mich, dass im Inneren überall der Putz von den Wänden blätterte und im baufälligen Treppenhaus große, nasse Flächen voller Salpeter zu sehen waren, als ich dort noch ein und aus gegangen war. Mit dem Foto hatte ich den richtigen Riecher gehabt. Mohamed hatte als Meldeadresse beim Jobcenter ein Haus gegenüber angegeben. Das hätte ihm so gepasst: womöglich vom Fenster aus zuschauen, wie die Polizei das falsche Haus stürmte.

Bei uns brach ein Gejohle los, als ich meinen Kindern die Neuigkeit erzählte. In weniger als zwei Stunden machten wir uns von unserem Zufluchtsort bei Berlin auf den Rückweg zu unserem Wohnort. Nach rund sechs Stunden Autobahnfahrt konnten wir in unser eigenes Haus, in unser Leben zurückkehren. Nun erfuhr ich auch den Grund dafür, warum man Mohamed nicht schon an der Grenze verhaftet hatte. Die Auflösung erschien mir so simpel wie unfassbar.

Im Haftbefehl war der Schreibkraft bei Gericht beim Übertragen von Mohameds Nachnamen ein Fehler unterlaufen: ein dämlicher Buchstabendreher, der uns beinahe Kopf und Kragen gekostet hätte. Wenn ich an diesen Dreher denke, bin ich noch heute nicht wirklich darüber hinweg. Dieser Tippfehler im Familiennamen, »uh« satt »hu«, hat uns alle damals um Jahre zurückgeworfen und sämtliche Wunden wieder aufgerissen.

Wir stießen am Abend von Mohameds Verhaftung, es war der 26. Juni 2013, mit Kindersekt und Saft an, knabberten Chips und stellten uns ausgelassen Mohamed im Gefängnis in Aachen vor, in schwarz-weiß gestreifter Häftlingskluft, Einzelzelle, schwer bewacht, mit Fußfesseln am Bett festgekettet. Die Kinder schliefen in jener Nacht erstmals wieder ruhig. Ich brauchte länger, um einzuschlafen. Meine Gedanken kreisten um die Vorstellung, dass ich Mohamed, der erst einmal sicher in Untersuchungshaft saß, früher oder später wiedersehen würde. Beim Prozess, unserer Abrechnung mit ihm.

Kapitel IX

DER PROZESS

Eine Staatsanwältin klagt an

Krefelder Straße 251, 52070 Aachen, das war Mohameds neue Adresse: die örtliche Justizvollzugsanstalt. Da saß er seit seiner Verhaftung am 26. Juni 2013, und wir konnten erst einmal aufatmen, aber nicht allzu lange. Eine Kripobeamtin riet uns, rasch einen wirklich guten Strafrechtler als Anwalt zu nehmen. Viel zu oft würden solche Täter wie Mohamed ungeschoren davonkommen. Meine Kinder und ich würden im Prozess Nebenkläger und zugleich Zeugen sein, da bei der Schwere von Mohameds Verbrechen die Staatsanwaltschaft von Amts wegen handelt, so wie es das Gesetz auch bei anderen sogenannten Offizialdelikten, wie Raub oder Mord, vorsieht. Ein hervorragender Anwalt lag auch in unserem Interesse. Wir wollten, dass Mohamed für alles bezahlte, was er uns angetan hatte.

Den Kontakt zu dem Strafrechtler vermittelte meine Anwältin für Familienrecht, die mich in den vergangenen zwei Jahren mit viel Herz und Einfühlungsvermögen durch diverse Sorgerechtsprozesse und das Scheidungsverfahren begleitet hatte.

»Ich habe einen sehr guten und erfahrenen Kollegen«, schlug sie vor, »mit dem ich in der Vergangenheit schon öfter zusammengearbeitet habe. Er ist in der Regel sehr beschäftigt, aber wenn Sie möchten, rufe ich ihn gleich an und frage, ob er diesen Fall übernehmen möchte.« Der Anwalt sagte zu.

Ich war erleichtert, aber auch tief besorgt. Wie würden die Kinder reagieren, wenn sie ihrem Vater im Gerichtssaal begegnen?

Würden sie einen Rückzieher machen, zusammenbrechen, verstummen – oder mutig erzählen, was ihnen widerfahren war? Und wie würde sich Mohamed verhalten? Würde er gestehen, alles leugnen oder mit Koransuren seine Erziehungsmethoden rechtfertigen? Nein, ein Geständnis konnte ich nach zwanzig Ehejahren ausschließen.

Meinen Anwalt mochte ich auf Anhieb. Er war Ende vierzig, schlank, sehr gepflegt, hatte dünnes Bürstenhaar, trug eine Nickelbrille. Seine Augen beobachteten mich aufmerksam.

Mitte Juli 2013 erhielt ich über ihn und später noch einmal über eine örtlich zuständige Staatsanwältin Einblick in die Anklageschrift, welche die Staatsanwaltschaft bei der Jugendschutzkammer des Landgerichts Aachen eingereicht hatte. Auf dem Deckblatt stand das wohl längste und für mich erfreulichste Satzungetüm, das mir je untergekommen ist.

Mohamed M., deutscher Staatsangehöriger, in dieser Sache seit dem 26.06.2013 in Untersuchungshaft in der JVA Aachen aufgrund des Haftbefehls des Amtsgerichts Aachen vom 27.11.2012 (690 Gs 1978/12); vorläufig festgenommen am 26.06.2013

wird angeklagt,

in der Zeit zwischen dem 26.02.2003 und dem 15.03.2011 in Aachen, den Vereinigten Arabischen Emiraten und in Syrien durch 69 selbständige Handlungen

1. in 66 Fällen eine Person unter achtzehn Jahren, die seiner Fürsorge und Obhut unterstand, gequält und roh misshandelt zu haben,

und in 47 Fällen durch dieselbe Handlung eine andere Person körperlich misshandelt und an der Gesundheit geschädigt zu haben,

wobei er in 28 Fällen ein gefährliches Werkzeug verwendete,

2. in 3 Fällen eine andere Person körperlich misshandelt und an der Gesundheit geschädigt zu haben, wobei er in 2 Fällen ein gefährliches Werkzeug verwendete.

Auf einunddreißig Seiten mit Anlagen war unser jahrelanges Martyrium komprimiert gelistet und juristisch sauber zu durchnummerierten Fällen geronnen, kühl, knapp, reine Fakten. Ich blätterte durch das Papier. Jeder einzelne Fall war für mich eine schmerzliche Erinnerung. Die Details beruhten auf meinem Tagebuch, meinen versteckt gebunkerten Fotos und den Aussagen der Kinder und von mir nach unserer Ankunft in Frankfurt. Ich überflog einige der Fälle.

»Fall 1. Als Maryam fünf Jahre alt war, also zwischen dem 26.02.2003 und dem 25.02.2004, schlug der Angeschuldigte sie wegen einer kleinen, typisch kindlichen Verfehlung so sehr mit einem etwa 30 cm langen Holzbaustein auf das nackte Gesäß, dass sie infolgedessen an dieser Körperstelle riesige schwarze Hämatome hatte.«

»Fall 4. Im Winter 2006 schlug der Angeschuldigte die Geschädigte Kerstin Wenzel mit einem Kochlöffel so lange und so stark auf die Oberschenkel, dass diese bluteten. Ihre Haut war wie ein Schwamm. Der Grund für diese Schläge war, dass ihr Strumpf etwas heruntergerutscht war, sodass man ein Stückchen Haut sehen konnte.«

»Fall 5. Der Angeschuldigte schlug seinen Sohn Abdullah während eines Aufenthaltes in Sharjah grundlos mit einem Verlängerungskabel. Der ganze Rücken des Kindes war danach mit roten, geschwollenen Striemen bedeckt.«

»Fall 6. Während eines Syrienurlaubs im Jahr 2008 schlug der Angeschuldigte das Kind Abdullah zusammen. Als das Kind am

Boden lag, trat er auf es ein. Der Grund für die Gewalt war, dass Abdullah gesagt hatte, er möchte nicht mit zum Einkaufen gehen.«

»Fall 12. Am 5. März schlug er das Kind Adnan mit einem Metalllineal auf seine Hände, weil er ihn verdächtigte, einen Radiergummi aus der Schule gestohlen zu haben. In Wahrheit hatte der Junge den Radiergummi nicht gestohlen, dies durfte er seinem Vater aber gar nicht erst erklären.«

»Fall 26. Am 6. Mai 2009 schlug er das Kind Adnan mit einem Besenstiel, weil dieser mit den Vögeln spiele. Die Fortsetzung der Attacke erfolgte mit einem Gummilatschen auf die nackten Schultern und das Gesäß, weil er ›zu wild‹ war.«

»Fall 39. Am 27. Juni 2009 schlug er das Kind Maryam mit einem Kleiderbügel, weil sie vergessen hatte, diesen nach dem Duschen mit aus dem Badezimmer zu nehmen.«

»Fall 51. Am 20. Juni 2010 trat er das Kind Maryam schmerzhaft mit den Füßen, weil sie sich nicht schnell genug bewegte.«

»Fall 57. Am 2. August 2010 weckte er das Kind Maryam mitten in der Nacht und schlug sie mehr als 3 Mal und heftig, weil ein Stück ihres Beines unter der Bettdecke hervorluge.«

»Fall 69. Am selben Tag schlug er das Kind Hajar grundlos 14 Mal mit einem Kleiderbügel auf ihre Finger. Als das Kind Maryam versuchte, ihn davon abzuhalten, schlug er sie ebenfalls auf die Finger.«

So las sich unsere Familienhölle, die von Hunderten möglichen auf 69 Anklagepunkte reduziert worden war, um einerseits das

Verfahren durch eine Auswahl zu beschleunigen und andererseits genügend Fälle für eine wasserdichte Anklage und Verurteilung zu haben.

»Der Angeschuldigte«, fasste die Staatsanwältin in der Anklageschrift zusammen, »war die ganze Zeit über gegenüber den Leiden seiner Kinder gleichgültig und brachte durch die ständigen Schläge der Kinder seine rohe Gesinnung zum Ausdruck.« Juristisch bewertet, stellte das, was uns all die Jahre widerfahren war, ein »Vergehen der Misshandlung von Schutzbefohlenen, der gefährlichen Körperverletzung und der Körperverletzung gem. §§ 223, Abs. 1, 224 Abs. 1, Nr. 2, 225 Abs. 152, 53 Strafgesetzbuch« dar.

Aus der Anklageschrift erfuhr ich auch, und das war nun wirklich eine Neuigkeit, dass Mohamed nach unserer Flucht zunächst noch in der Wohnung in Sharjah gelebt hatte. Da ihm aber die Lebenshaltungskosten in den Emiraten über den Kopf gewachsen waren und laut Anklageschrift »seine einzige Einnahmequelle«, nämlich ich, »nun fehlte, begab er sich dann nach Ägypten zu Freunden von Verwandten, bei denen er ein Jahr lebte, ohne zu arbeiten. Er verdiente in dieser Zeit nichts«, wie zu erwarten. »Der Angeschuldigte«, schloss die Staatsanwältin, »hat zunächst von seinem Recht Gebrauch gemacht, sich nicht zur Sache einzulassen. In einer Hauptverhandlung ist der Angeschuldigte sicher zu überführen.«

Chaos-Nächte mit den Kindern

Nach etwa fünf Monaten wurde die Gerichtsverhandlung anberaumt, sechs Verhandlungstage im Dezember 2013 und im Januar 2014 vor der 5. Großen Strafkammer des Landgerichts Aachen, ein Vorsitzender Richter, eine Richterin, zwei Schöffen.[10] Obwohl ich mit meinem Anwalt jedes Detail der Anklageschrift, jeden der 69 Fälle immer wieder durchgesprochen hatte und mich sicher fühlte, trafen mich die gerichtlichen Ladungen dann doch unerwartet schwer. Alle vier Kinder, die bereits von der zuständigen Richterin unseres Amtsbereichs ausführlich befragt worden waren, wurden zu einer öffentlichen Verhandlung als Zeugen geladen. Ich war bis dahin immer davon ausgegangen, die Kinder würden nicht ein zweites Mal von einem Richter oder wenigstens in nicht öffentlicher Verhandlung befragt, welch ein Irrtum. Zudem sollte Adnan ausgerechnet an seinem zwölften Geburtstag, dem vierten in Freiheit, wie er rechnete, vor Gericht erscheinen. Sein Vater hatte nie erlaubt, dass einer von uns seinen Geburtstag feierte, denn auch der Prophet Mohammed hätte das nie getan.

»Das können die doch nicht machen«, rief ich meinen Anwalt empört an. »Die Kinder, die gerade erst zur Ruhe gekommen sind, sich endlich normal entwickeln, endlich keine Angst mehr haben, sollen jetzt wieder mit allem konfrontiert werden?! Noch dazu in Aachen, der Hochburg der Salafisten, wo das ganze Übel überhaupt erst begonnen hat? Das kann doch nicht sein. Ich lasse das nicht zu.«

»Nun, die Sache ist so«, brachte mein Anwalt mir bei, »die Aussagen der Kinder sind unsere einzige Chance, den Anschuldigungen genug Glaubwürdigkeit zu verleihen und vor Gericht eine reelle Chance zu haben, dass Ihr Ex-Mann tatsächlich zu einer Haftstrafe verurteilt wird. Reden Sie mit den Kindern. Wenn sie vor Gericht weinen, ist das nicht schlimm. Den auf Adnans Geburtstag festgelegten Termin wird der Richter sicher verschieben. Aber Sie sollten versuchen, alle Kinder dazu zu bewegen, dass sie aussagen.«

Das würde ich hinkriegen, aber welchen Schutz sollten wir im Gericht bekommen? Mit den Kindern nach Aachen zu fahren, wo mein Mann tief in alle salafistischen Kreise vernetzt war, hielt ich für ein ziemliches Risiko. Mein Anwalt versprach das zu klären und meldete sich alsbald mit der nächsten, für uns gar nicht frohen Botschaft. Er hatte mir mitzuteilen, man sähe bei Gericht keine akute Gefahr für meine Kinder und mich. Wir würden im Gerichtsgebäude den üblichen Schutz durch die anwesenden Sicherheitsbeamten bekommen.

Diese Nachricht war für uns alle ein Schock.

Ich weinte mit meinen Kindern, wir alle waren verzweifelt. Wie konnte es denn sein, dass man uns nicht ernst nahm? Was, wenn Mohamed aus dem Gefängnis heraus ein Kind entführen ließ? Was, wenn Mohamed seine ganze Sippe, seinen Scheich sowie dessen Anhängerschaft zur Gerichtsverhandlung schicken würde? Wenn uns Salafisten abpassten? Wie sollte ich mich als Frau mit vier Kindern im Schlepptau im Fall des Falles wehren? Ich war fassungslos.

»Aber wir müssen nicht vor dem Papa und seinen Leuten aussagen, oder?«, fragte Maryam. »Versprich mir das, Mama, dass du das nicht zulassen wirst.«

»Ich kann das nicht verhindern, Maryam. Ich kann euch nur versprechen, dass ich alles tun werde, was ich kann, um euch zu schützen. Ich schreibe noch heute eine Mail an den Anwalt, dann sehen wir weiter.«

Wenigstens eine gute Nachricht gab es. Der Termin für Adnans Befragung wurde um zwei Tage verschoben, der Junge konnte im Tobeland, einem Freizeitpark, feiern. Nun kam auf mich der weitaus schwierigere Part der Reise nach Aachen zu. Da wir vom Gericht auch auf Nachfrage meines Anwalts keinerlei Personenschutz gestellt bekamen, rief ich Mike Leder an, der früher Offizier einer Spezialeinheit, jetzt Besitzer eines Sicherheitsdienstes war, ein erfahrener Bodyguard, der uns nach unserer Ankunft in Deutschland zu vielen Gerichtsterminen begleitet hatte und unser Wohnumfeld sicherheitstechnisch untersucht und begutachtet hatte. Mike sollte uns bis in den Gerichtssaal begleiten. Im Vorfeld nahm er mit den Behörden Kontakt auf. Mit ihm an unserer Seite konnte uns eigentlich gar nichts passieren. Da uns der Staat keinen Schutz auf dem Weg zum und vom Gericht gewährte, begleitete uns auf Anraten unseres Fluchthelfers John auch eine befreundete Fernsehjournalistin, um die Gerichtsverhandlung zu dokumentieren. Sollte uns etwas passieren, dann würden wenigstens die Behörden zur Rechenschaft gezogen werden. Mit Mike und der Presse an unserer Seite fühlten sich auch die Kinder sicher.

Nun fehlte nur noch eine geeignete Unterkunft. Das erwies sich als gar nicht so einfach. In den Hotels der Stadt hätte man uns – Mutter und vier Kinder – schnell ausfindig gemacht, außerdem war uns ein Hotel auch viel zu teuer.

»Komm doch zu uns in die Eifel«, riet mir meine Freundin Susi, die kurz zuvor von Köln dorthin gezogen war. »Hier seid ihr absolut sicher. Nehmt euch eine Ferienwohnung – oder, noch besser, gleich ein Ferienhaus.« Gesagt, getan. In Mechernich, einer kleinen Stadt in der Nordeifel, bekannt wegen ihrer Burgen und Schlösser, mieteten wir ein Ferienhaus, das wie eine kleine Festung von vier Meter hohen Mauern umgeben und mit einem abschließbaren Eisentor gesichert war. Meine Eltern und mein Bruder Jens, ein durchtrainierter Leistungssportler, ein Muskelpaket, kamen auch mit. Er war froh, endlich helfen zu können. Ich hatte ihn während meiner Zeit in den Emiraten außen vor gelassen, was die Gewaltsituation in meiner Familie anging. Er hat eine eigene Familie mit zwei kleinen Kindern, ein Haus, das er gerade gekauft hatte, besaß obendrein eine eigene Handwerksfirma, die sich damals gerade im Aufbau befand. Jens, dachte ich mir immer, hätte weder Zeit noch das Geld gehabt, uns in Sharjah zu besuchen. Er war in seinem Leben nie im Ausland gewesen, sprach kaum Fremdsprachen, nur ein bisschen Schulenglisch, und fühlte sich in der Fremde einfach nicht wohl. Ich wollte ihn daher nicht behelligen. Ich glaube, er kann bis heute nicht nachvollziehen, dass ich ihn nicht zu Hilfe rief.

*

Für den 11. Dezember war der erste Prozesstag angesetzt. Mike war zwei Tage vor uns nach Aachen gefahren, um die Umgebung des Gerichtsgebäudes zu überprüfen. Er mietete sich in unmittelbarer Nähe des Gerichts in ein Hotel ein. Ich beschloss, mit den Kindern zur Zerstreuung erst einmal einen Abstecher zum Kölner Weihnachtsmarkt zu unternehmen. Wir aßen gebrannte Mandeln, Fischbrötchen, Crêpes mit Nutella und die üblichen Weihnachtsleckereien, ehe wir unser Quartier in Mechernich bezogen.

Die Kinder sahen sich das geräumige Haus an und freuten sich, wie viel Platz wir dort hatten, während wir Erwachsenen den Ablauf für den folgenden Tag besprachen. Da klopfte es plötzlich, und Susi stand mit ihrem Lebensgefährten vor der Tür. Ich war so froh, dass sie da war.

»Ihr müsst das nicht alleine durchstehen«, meinte sie und drückte mich. »Ich komme jeden Tag nach der Arbeit vorbei, dann werden wir doch mal sehen, ob wir euch nicht auf andere Gedanken bringen. Ins Fantasialand können wir auch mal fahren.«

Maryam war das alles zu viel, sie brach in einem Weinkrampf zusammen. Mein Bruder nahm sie in den Arm und beruhigte sie. Doch diese Nacht vor dem ersten Prozesstag war nicht nur für Maryam eine Qual. Auch wenn wir mit – zugegeben, teils zäher – Heiterkeit die Anspannung zu überspielen versuchten, war für uns alle ein Abwesender präsent wie lange nicht mehr: Mohamed.

Zum Schlafen zogen die Kinder und ich uns in das riesige Mansardenzimmer unterm Dach zurück. Mit der Holzverkleidung und den Balken wirkte es heimelig, und in dieser Nacht vor unseren Zeugenaussagen wollte keiner von uns alleine schlafen. Wir bauten uns ein kuscheliges Matratzenlager. Gegen zwei Uhr nachts hörte ich jemanden eiligst die Treppe hinunterlaufen. Es war Abdullah, der sich im Bad heftig übergab.

»Was ist denn los?«, fragte ich ihn beunruhigt, als er kreidebleich aus dem Bad wankte und sich kraftlos auf das Sofa im angrenzenden Arbeitszimmer warf.

»Ich weiß es nicht, mir war auf einmal so schlecht«, hauchte
er erschöpft. »Ich glaube, es geht gleich wieder los. Ich bleibe
lieber hier auf dem Sofa«, brachte er mühevoll hervor. »Mir ist
so kalt.«

Ich deckte ihn mit einer Wolldecke zu und stieg leise die Holz-
treppe zum Dachgeschoss hinauf. Alles war ruhig. Ich schlief
noch einmal kurz ein.

Am Morgen machten wir uns nach einem kleinen Frühstück
für die Fahrt zum Gericht fertig. »Meinst du, du kannst trotzdem
aussagen, oder sollen wir das Ganze lieber verschieben?«, fragte
ich Abdullah, dem noch immer die strapaziöse Nacht ins kreide-
bleiche Gesicht geschrieben stand.

»Mama, ich weiß nicht, was es ist, aber ich glaube, ich bin nicht
krank. Ich ziehe das jetzt durch. Ich will diesen Mist schnell hinter mich bringen. Außerdem bin ich ja erst für morgen zur Aussage bestellt«, teilte mir mein Sohn gefasst mit. »Ich will heute
dabei sein, ich bleib hier nicht allein.«

Viel zu spät fuhren wir los. Kurz vor Aachen klingelte mein
Handy. Es war Mike. »Wo bleibt ihr?«, fragte er. Ich erzählte ihm
von der Nacht. »Das sind die Nerven«, beruhigte er mich, »alles
wird gut.«

*

Wir parkten in der Tiefgarage des Gerichtsgebäudes am Adalbert-
steinweg, einem historischen Gebäude, weit verzweigt in etlichen
Flügeln und Nebengebäuden, mit Haupttreppe und imposantem
Portal, vor dem unser Anwalt wartete. Gemeinsam betraten wir –
die Kinder, meine Eltern, Jens, Mike und ich – das Gerichtsgebäude und steuerten durch den Lichthof unseren Saal in der
zweiten Etage an. Mittlerweile war auch mir schlecht. Abdullah

scannte mit Blicken jeden Winkel, wie er es zuletzt bei unserer Flucht an den Flughäfen in Dubai und Bahrain getan hatte. Mike hatte vor und im Gerichtsgebäude niemanden gesehen, der uns verdächtig vorkam, aber sicher fühlte ich mich nicht. Als mich eine Reporterin des WDR ansprach, ob ich bereit wäre, im Vorfeld ein kurzes Interview zu geben, lehnte ich ab. Dazu hatte ich in dem Moment weder die Kraft noch die Nerven. Ich musste mich jetzt auf meine Zeugenaussage konzentrieren.

Kurz vor neun Uhr betrat ich mit Mike den Gerichtssaal, einen großen, mit hellem Holz verkleideten Raum, den Neonröhren in unangenehmes Licht tauchten. Vor dem erhöhten Richtertisch waren für Anklage, Nebenklage und Verteidigung die Tische U-förmig angeordnet, in der Mitte befand sich der Zeugenstand, ein Tisch und ein Stuhl. Ich setzte mich links neben meinen Anwalt gleich in den Zeugenstand, während Mike in den Zuschauerreihen direkt hinter mir Platz nahm. Die Staatsanwältin, eine jung und energisch, aber freundlich wirkende Frau, deren Name mir aus der Anklageschrift bekannt war, nickte mir zu. Ich hatte sie schon auf dem Flur kurz gesprochen. Ich schätzte sie auf Ende dreißig, eine elegante Frau mit dunkelbraun glänzendem Haar. Sie trug Ton in Ton: blaue Schuhe, blaue Strumpfhose und blaues Kleid. Unter der Robe, die sie später trug, sah man davon wenig. Der Duft eines blumigen Parfüms umgab sie.

Als die drei Richter und die beiden Schöffen durch eine Tür hinter dem Richtertisch den Saal betraten, erhoben wir uns alle. Ich wusste, dass der Richter als harter Knochen galt, er sah aus wie ein gestrenger Uni-Professor, Anfang fünfzig, ein drahtiger, fast knochiger Typ mit dunklen kurzen Haaren, der beim Sprechen immer über seine runde Nickelbrille schaute.

Rumpelstilzchen im Jogginganzug

Schließlich öffnete sich eine Tür in der rechten Ecke des Saals, die mir vorher gar nicht aufgefallen war. Zwei Polizisten führten den Angeklagten herein. Mohamed trug einen dunkelblauen Jogginganzug, die Kapuze komplett über den Kopf gezogen. Mit den Händen in Handschellen verdeckte Mohamed sein Gesicht vor den Kameras. Nur der Zottelbart schaute wild wuchernd und struppig hervor. Mohamed setzte sich mit dem Rücken zu den Zuschauern neben den Mann, der offenbar sein Verteidiger war und mich noch viele Nerven und Tränen kosten sollte.

Feigling, dachte ich bei mir, und noch ein paar nicht druckbare Ausdrücke. Jetzt hat er Angst, abgelichtet zu werden. Bei uns damals, den Schwächeren, da war er stark.

Sein Anwalt, Anfang fünfzig, ein großer, schlaksiger Mann mit grauen Haaren und dicker roter Nase, trug Jeans und ein gelbes Jackett unter der Robe und redete auf Mohamed ein: »Ist gut, ist gut.«

Aus den Augenwinkeln, ohne den Kopf zu wenden, beobachtete ich, dass Mohamed nun langsam die Kapuze abnahm. Zum Vorschein kam ein wilder Strubbelkopf. »Rumpelstilzchen«, schoss es mir, ich weiß nicht warum, durch den Sinn. »Du wirst gegen Rumpelstilzchen aussagen.« Jetzt war der Moment gekommen, den ich so sehr herbeigesehnt und gleichermaßen gefürchtet hatte. Herbeigesehnt, weil ich seit fast zwanzig Jahren erstmals Mohamed gegenübersaß, ohne Angst vor ihm, vor Schlägen und Erniedrigungen haben zu müssen. Gefürchtet, weil ich nicht wusste, wie sehr er und sein Anwalt mich und die Kinder quälen und diffamieren würden, obgleich mich mein Anwalt schon darauf vorbereitet hatte.

Mohamed saß regungslos da, rutschte ab und an auf seinem Stuhl hin und her, starrte dabei meist vor sich ins Leere, blickte manchmal zu dem Richter. Ganz selten, das spürte ich, suchte er Blickkontakt zu mir, was ich ignorierte. Nachdem der Richter unter anderem Mohameds Personalien abgefragt hatte, früher Syrer, jetzt Deutscher, geboren in Algerien, Vater Lehrer, musste ich als Zeugin erst einmal den Gerichtssaal verlassen. Vor dem Saal saßen meine Eltern mit den Kindern. Ich erzählte ihnen alles, während drinnen im Gerichtssaal die mir hinlänglich bekannte Anklageschrift verlesen wurde. Mit »Rumpelstilzchen« brachte ich die Kinder zum Lachen. Mit diesem Bild im Hinterkopf konzentrierte ich mich eine knappe Stunde später auf den Richter, der mich als Zeugin vereidigte und dann einzeln alle Punkte der Anklageschrift abfragte. Viele der Geschehnisse hatte ich noch, oder vielmehr nach fast zweijähriger Psychotherapie wieder sehr gut im Kopf. Unmittelbar nach unserer Flucht war ich von einer Amnesie heimgesucht worden. Infolge dieses vorübergehenden und teilweisen Gedächtnisverlustes konnte ich mich, wie Jahre zuvor bereits geschehen, an viele Begebenheiten und Daten plötzlich nicht mehr erinnern. Insbesondere Zahlen, Geburtsdaten, PIN und Telefonnummern waren zeitweise wie ausgelöscht. Diese Erinnerungsblockade erkannte Mohameds Verteidiger als meine Schwachstelle, meine offene Flanke.

Akribisch versuchte er, meine Aussagen ins Lächerliche zu ziehen, mich zu verwirren und mich insgesamt unglaubwürdig erscheinen zu lassen. Versuch eins galt meinem Tagebuch, das ich in Sharjah mehr als drei Jahre lang auf Englisch geführt hatte. Ich hätte es in Teilen nachträglich verfasst, versuchte mir Mohameds Verteidiger zu unterstellen. Das war zum Glück jedoch nicht möglich, da ich es direkt nach unserer Flucht auf dem Polizeirevier am Frankfurter Flughafen abgegeben hatte. 1:0 für mich.

An anderer Stelle versuchte mir der Verteidiger Randnotizen unterzuschieben, die jemand auf dem Ausdruck des ins Deutsche übersetzten Tagebuchs gemacht hatte. Da ich diesen Ausdruck, der wohl einer ermittelnden Richterin gehörte, nie gesehen oder zu fassen bekommen hatte, geschweige denn von dessen Existenz wusste, stand es 2:0 für mich.

Beim dritten Versuch zog der Verteidiger die Daumenschrauben weiter an. Er wollte mich als notorische Lügnerin hinstellen. Gelingen sollte das mithilfe eines einzelnen Vorfalls, den ich in meinem Jahre umfassenden Tagebuch, ausgedruckt waren es dreihundert Seiten, dokumentiert hatte. Mohameds Verteidiger nannte ein Datum, ein paar nebensächliche Fakten, die ich damals notiert hatte, und ich sollte dann aus dem Stegreif schildern, zu welchen Gewalttätigkeiten es genau an jenem Tag gekommen war. Das konnte ich angesichts der Vielzahl von Übergriffen nicht, und wäre mir das gelungen, hätte der Verteidiger mir sicherlich unterstellt, alles inszeniert und auswendig gelernt zu haben.

Ich sagte also: »Meiner Meinung nach ist es so abgelaufen ...«, und dann schilderte ich, was meiner Erinnerung zufolge an jenem Tag passiert war. Bei zwei früheren Befragungen, nämlich bei meiner ersten Aussage bei der Polizei Frankfurt und zwei Jahre später bei einer Befragung durch eine Richterin im Rahmen des Ermittlungsverfahrens, das zum Haftbefehl führte, hatte ich einige Details wohl etwas anders geschildert. Das nahm der Verteidiger nun zum Anlass, um immer wieder nachzubohren.

»Bei der Polizei und zwei Jahre später bei der richterlichen Befragung haben Sie das aber ganz anders erzählt.«

»Ich habe es so erzählt, wie ich mich damals erinnert habe. Ich litt infolge der traumatischen Ereignisse an einer Amnesie, das wusste auch die Richterin, die mich damals befragt hat.«

»Und wenn Sie jetzt in zwei Jahren nochmals befragt würden, würden Sie dann auch wieder etwas anderes erzählen?«

»Das weiß ich nicht«, gab ich unsicher zurück. »Erinnerungen sind ja immer subjektiv und haben auch viel mit der Zeitdauer zu tun, die inzwischen vergangen ist. Mit der Zeit verblassen Erinnerungen, andere kommen wieder deutlicher zum Vorschein, je mehr eine bestehende Amnesie zurückgeht, so wie es bei mir der Fall war.«

»Vielleicht haben Sie ja auch absichtlich gelogen, um meinen Mandanten schlecht darzustellen. Vielleicht haben Sie sich die ganze Geschichte ja auch nur ausgedacht.«

Das war mir zu viel. »Hand aufs Herz, Herr Richter«, sagte ich, dem Weinen nahe, an den Vorsitzenden gewandt. »Wenn ich Ihnen ein Datum von einem Tag vor fünf Jahren nenne, aus einer Zeit, in der sich die Ereignisse täglich überschlagen haben, können Sie mir dann heute noch genau sagen, was sich an diesem Tag wann ereignet hat und wer was zu Ihnen gesagt hat?«

»Nein«, sagte, der Richter, »das kann ich nicht.«

3:0 für mich, ein bitteres 3:0.

»Danke«, gab ich zurück. »Ich habe das Gefühl, dass ich hier auf der Anklagebank sitze und nicht im Zeugenstand, und dieses Gefühl, als Lügnerin hingestellt und dermaßen angegriffen zu werden, ist gerade einfach zu viel für mich.«

Mein Anwalt merkte, dass ich kurz davor war zusammenzubrechen, und beantragte eine Pause. Verstört verließ ich den Gerichtssaal und fiel meinem Vater im Flur weinend in die Arme. Ich konnte nicht mehr, mit so viel Dreistigkeit hatte ich nicht gerechnet. Da war ich als Opfer in den Zeugenstand gerufen worden und wurde demontiert und behandelt, als sei ich selbst die Schuldige.

»Das hast du gut gemacht«, meinte Mike, der bei diesem Kreuzverhör des Verteidigers im Saal dabei gewesen war. »Nimm dir das jetzt nicht zu Herzen. Das ist doch dessen Aufgabe, dich zu verunsichern und unglaubwürdig zu machen. Wir sind auf der sicheren Seite, du hast so viele Beweise, und die Kinder sind ja auch noch da und werden deine Aussagen bestätigen.«

Ich war außer mir. »Ich kann nicht nachvollziehen, wie ein Anwalt so ein Mandat übernehmen und einen Gewalttäter auch noch in Schutz nehmen kann«, schluchzte ich und dachte an dessen Homepage mit dem Slogan »Strafverteidiger aus Leidenschaft«. Unser Anwalt kam heraus und beruhigte mich. »Es ist alles gut gelaufen. Der Richter hat den Verteidiger Ihres Ex-Mannes noch deutlich in seine Schranken verwiesen. Außerdem habe ich die Schöffen beobachtet. Die sind alle auf Ihrer Seite, und die Staatsanwältin ebenfalls.« Mein Anwalt lächelte beruhigend. »Machen Sie so weiter, und wenn Sie das nächste Mal weinen müssen oder zusammenbrechen, dann lassen Sie es ruhig im Gerichtssaal geschehen. Es spricht für Sie und zeigt, wie kaputt Sie das alles macht.«

»Ich will nicht vor meinem Ex-Mann heulen. Ich will ihm diesen Triumph nicht gönnen, aber lange hätte ich das eben nicht mehr durchgehalten.«

*

Nach zehnminütiger Pause ging es weiter. Meine Befragung dauerte fast den ganzen Tag. Ich lag richtig mit meiner Vermutung, dass Mohameds Verteidiger mit der nächsten fiesen Nummer meine Glaubwürdigkeit erschüttern wollte.

»Frau Wenzel, Sie erinnern sich an den Syrienurlaub 2006? Ihr Schwiegervater äußerte sich abfällig über den Bart Ihres damaligen Mannes, und Sie haben dem beigepflichtet. Laut Aussage Ihres Sohnes Abdullah wurden Sie deswegen noch am selben Tag von Ihrem Mann verprügelt. Warum fehlt dieser Vorfall in Ihrem Tagebuch, hat er vielleicht wie so vieles andere überhaupt nie stattgefunden?«

»Mein Tagebuch enthält nicht jeden einzelnen Vorfall.«

Zum Mittagessen brachte ich nicht einen Bissen hinunter. Als ich am Nachmittag kurz davor war, endgültig zusammenzubrechen, unterbrach der Vorsitzende Richter die Verhandlung kurz, vertagte meine Befragung auf das Ende der Woche und beriet sich mit seinen Beisitzern. Nun wurde überraschend Abdullah in den Gerichtssaal gerufen, der eigentlich erst für den folgenden

Tag bestellt war. Ich durfte nicht im Saal Platz nehmen, denn ich hatte ja noch nicht abschließend ausgesagt und durfte als Zeugin nicht von anderen Aussagen beeinflusst werden.

Kurzerhand entschied Jens, sich unter die Zuschauer zu mischen und sich dort so zu positionieren, dass er Mohamed auffallen musste, wenn dieser zu Abdullah hinüberschaute und ihn womöglich mit Blicken bedrängte und bedrohte. Zu diesem Zeitpunkt war nämlich noch nicht sicher, ob Mohamed und die Zuschauer während der Aussage des minderjährigen Abdullah den Saal verlassen mussten. Unser Anwalt hatte das beantragt. Dann verkündete der Vorsitzende Richter die Entscheidung. Während der Aussagen der Kinder wurden die Zuschauer ausgeschlossen, der Angeklagte über Video aus einem Nebenraum zugeschaltet. Wie erleichtert Abdullah darüber war und wir anderen auch, kann sich gewiss jeder ausmalen.

»Du bist für mich nie ein Vater gewesen«

Für uns auf dem Flur vor dem Saal begann eine nervenaufreibende Wartezeit. Nach drei Stunden, die mir wie ein ganzer Tag erschienen, kam Abdullah aus dem Gerichtssaal. Er wirkte erschöpft, aber er strahlte.

»Die haben mir eine Botschaft von dem Typen vorgelesen«, meinte er aufgeregt. »Der Typ«, gemeint war Mohamed, »ließ mir über seinen Anwalt sagen: ›Ich liebe dich, und ich bin nicht dein Feind.‹«

»Was hast du geantwortet?«, fragte ich aufgeregt.

»Ich habe gelächelt und ihm über seinen Anwalt ausrichten lassen: ›Du bist für mich nie ein Vater gewesen, du wirst für mich nie ein Vater sein. Ich hatte siebzehn Jahre lang nie das Gefühl, dass du mich liebst, und du hast es mir auch nie gesagt. Und wenn du jetzt behauptest, dass du mich liebst, dann kann ich ja auch gleich erzählen, dass du und dein Freund Abu Yasser vorhattet, mich zusammen mit seinem Sohn Abdulrahman in den Dschihad zu schicken, als ich gerade mal fünfzehn Jahre alt war. Und ehrlich: Ich wäre sogar in den Dschihad gegangen, nur um von dir wegzukommen, um das nicht mehr ertragen zu müssen.‹«

Von der Staatsanwältin zu der besonders heftigen Attacke mit einem Verlängerungskabel befragt, zeigte Abdullah auf ein ähnliches Kabel im Gerichtssaal.

»So ein weißes wie da vorne war es. Der Angeklagte hat das Kabel unten zusammengeknickt und eine Schlaufe daraus gemacht, damit er besser zuschlagen konnte. Manchmal steckte er den Stecker und die Dose auch zusammen.«

Abdullah nannte seinen Vater bei seiner gesamten folgenden Zeugenaussage durchgängig »Angeklagter« oder »Täter«, niemals aber Vater; seine Geschwister taten es ihm gleich.

»Wo wurden Sie getroffen?«, fragte die Staatsanwältin weiter.

»Der Angeklagte hat den Rücken getroffen und die Beine, aber auch die Arme und den Kopf, weil man sich ja auch bewegt, um sich dem zu entziehen. Aber die Schläge haben dann auch nicht aufgehört. Er hat weitergeschlagen, wenn ich mich bewegt habe, um mich zu schützen.«

»Wie sahen Ihre Verletzungen aus?«

»Wenn ich mit dem Kabel geschlagen wurde, gab es meistens, aber nicht immer rote Striemen. Bei anderen Schlägen hatten wir manchmal nur Kratzer, manchmal war auch äußerlich gar nichts zu erkennen.«

»Welche Arten von körperlichen Übergriffen hat es sonst noch gegeben?«

»Es waren keine Ohrfeigen, die hätte ich mir ja gewünscht; das wäre wohl das Normale in einer Erziehung gewesen. Ich aber habe Prügel, immer wieder richtige Prügel bekommen, ich wurde ununterbrochen geprügelt.«

»Wie oft kam es zu Angriffen?«

»Die starken Übergriffe fanden manchmal kurz hintereinander statt, manchmal lagen sie zeitlich weiter auseinander. Das hing von der Stimmung des Angeklagten ab.«

»Können Sie das näher erklären?«

»Ich, wir hatten jedes Mal Angst, wenn der Täter nach Hause kam, das war mindestens fünfmal am Tag, so oft ging er zum Beten in die Moschee. Ich habe dann immer darauf geachtet, wie er die Tür aufgemacht hat. Wenn er sie mit Wucht geöffnet hat, dann habe ich mich auf das Schlimmste vorbereitet.«

»Wie standen Sie zu den Überlegungen Ihrer Mutter, Ihren Vater zu verlassen und mit allen Kindern zu fliehen?«

»Ich wollte das anfangs als Einziger nicht. Ich fand nicht gut, was der Angeklagte mit uns gemacht hat, aber er war trotz allem immer noch mein Vater, ich kannte das ja nicht anders, und die Familie muss zusammenbleiben. Das verlangt der Islam, dass man seinen Vater achtet, auch wenn er nicht gut zu einem ist. Ich durfte mir keine anderen Freunde aussuchen als die, die er mir aussuchte. Aber ich hatte Sorge, wir würden ohne ihn nicht klarkommen.«

»Wie war das, wenn der Angeklagte gut zu Ihnen war?«

»Meine Mutter sagt, dass er zu mir sehr liebevoll war, als ich ein Baby war. Ich selbst kann mich an keine Momente erinnern, in denen er liebevoll mit mir umgegangen ist oder mir gesagt hat, dass er mich liebt.«

»Sie haben Ihre Mutter tatkräftig bei der Flucht unterstützt. Was hatte sich geändert?«

»Meine Einstellung zum Angeklagten hatte sich mit der Zeit verändert. Als er mich einfach so beschuldigte, dass ich Drogen nehme, er mich von unseren gemeinsamen Mahlzeiten ausschloss und mich dann auch noch aus der Wohnung warf, das war für mich zu viel. Das durfte er nicht.«

Stundenlang schilderte Abdullah Mohameds Grausamkeiten.

Als er aus dem Saal kam, nahm ich ihn auf dem von Schritten hallenden Flur nur in den Arm. Es schmerzte mich so sehr, dass er nie eine Kindheit gehabt hatte, dass sein Vater ihn all die Jahre zurückgewiesen und weggestoßen hatte. Was war das für ein Monster. Wie schlimm musste es für meinen Sohn gewesen sein, dass sein Vater plante, ihn als Kanonenfutter in irgendeinen sinnlosen Islamistenkrieg zu schicken. Mir schossen die Tränen in die Augen, ich ließ Abdullah los und drehte mich weg, um ihn nicht zu verunsichern. Jens nahm nun Abdullah in den Arm.

»Ich muss gleich noch mal rein«, sagte Abdullah. »Die haben nur eine Pause gemacht.«

»Wie bitte?«, fragte ich entsetzt. »Noch mal rein?«

*

Inzwischen war Mohameds Anwalt in einer Pause zweimal an uns vorbeigegangen und hatte uns schief angesehen. Wollte er herausfinden, wie wir uns verhielten, um es dann gegen uns zu verwenden, dieser hinterhältige Mensch?

»Du schaffst das«, rief ich Abdullah hinterher, als er wieder im Gerichtssaal verschwand. Hajar turnte gelangweilt im Flur herum und freundete sich mit einem der Kameraassistenten an, der um die zwanzig war und mit uns wartete. Maryam saß meistens mit der Fernsehjournalistin oder ihrem Onkel zusammen, redete aber nicht viel. Eine Stunde später kam Abdullah heraus. Geschafft, dachten wir. Da kam unser Anwalt heraus. »Dem Gericht ist ein Fehler unterlaufen. Die Öffentlichkeit hätte nicht ausgeschlossen werden dürfen. Abdullah muss seine gesamte Aussage noch einmal machen. Andernfalls läge ein schwerer Verfahrensfehler vor.«

»Wie bitte?!«, kreischte ich. »Das darf doch wohl nicht wahr sein.«

Abdullah lächelte müde. »Ist nicht schlimm, Mama, dann werde ich eben alles noch mal erzählen.«

Gegen halb fünf war für diesen Verhandlungstag zum Glück Schluss. Nach einem Tag Pause sollte der Prozess weitergehen. Abdullah steckte die ihm erneut bevorstehende Aussage offenbar nicht so locker weg, wie er vorgab. Nach einem gemeinsamen Abendessen in einer griechischen Taverne setzten bei ihm wieder die Bauchschmerzen ein, kaum dass wir in unserem Ferienhaus waren. Wie am Vorabend hing er über der Toilette und musste sich übergeben. Es war einfach alles zu viel für den Jungen. Nach einem Kamillentee schlief er ein. Doch mitten in der Nacht ging es dann richtig los. Abdullah rannte die Treppen hinunter und schaffte es gerade noch rechtzeitig ins Bad. Kaum kam er wieder heraus und hatte einen Schluck getrunken (ich war inzwischen in die Küche gegangen und hatte ihm noch einen Tee gemacht), da ging es auch schon weiter. Müde und ausgelaugt sackte mein Sohn auf das Sofa neben der Tür zum Bad. »Ich glaub, ich bleibe lieber wieder hier liegen. Dann habe ich einen kürzeren Weg, wenn es wieder anfängt.« Ich ging nach oben. Wir alle mussten Kraft schöpfen.

Zwei Stunden lag ich da, konnte aber nicht wieder in den Schlaf finden. War es richtig, den Kindern diesen Prozess zuzumuten, oder hatte ich sie überfordert? Der Gedanke beschäftigte mich. Unten rannte Abdullah zum dritten Mal ins Bad, als sich plötzlich auch noch Hajar neben ihrem Bett übergab.

»Oh Gott, was ist denn hier los?«, rief ich, riss ihre Bettdecke zurück, band ihr das lange Haar aus dem Gesicht, rannte im Eilschritt nach unten, um Tücher zum Wegwischen zu holen. Jens war von dem Lärm auch wach geworden. Kaum hatte ich den Schlamassel beseitigt, da sprang Maryam aus dem Bett und rannte nach unten. Das war ja wie eine Epidemie. Den Rest der Nacht ging es so weiter. Die Kinder rannten abwechselnd ins Bad, bis zum Morgengrauen.

Am Morgen war dann auch mir flau im Magen. Mit Hajar schlenderte ich zum Bäcker und holte frische Brötchen für das Frühstück. Alle anderen schliefen noch. Hajar und ich unternahmen spontan einen Spaziergang zur nahen Pferdekoppel. Hajar genoss die Ruhe und freute sich über die zutraulichen Tiere, die an den Zaun kamen und sich streicheln ließen. Wir waren etwa eine Stunde unterwegs gewesen und wanderten langsam zurück. Unterwegs rief ich meine Freundin Susi an und fragte sie, ob sie glaube, dass das Essen in der Taverne nicht in Ordnung gewesen sei. »Nee, nee, dann würde es uns ja auch schlecht gehen. Das sind die Nerven, die bei euch blank liegen.«

Langsam gingen Hajar und ich zum Haus zurück. Eine Katze saß auf der Fensterbank, eine dicke, hellbraune Katze mit blauen Augen. Hajar freute sich. Sie hatte jetzt eine Freundin zum Kuscheln, während ich das Frühstück vorbereitete. Den Rest des Tages waren wir alle schlapp – und am Tag darauf noch viel mehr. Wir hatten uns in der Eifel auf Besichtigungstour gemacht, um Burgen anzuschauen. Den Abend ließen wir mit einem Film und Salzstangen ausklingen. Leider wiederholte sich auch in dieser Nacht das Tohuwabohu. Den Brechattacken fiel als Letzte auch ich zum Opfer, die ganze Nacht hindurch.

*

Völlig gerädert erreichten wir das Gericht. Der Flur mit all seinen Verzweigungen war mir, die ich dort die meiste Zeit mit Warten und Schlendern verbrachte, inzwischen gut vertraut. Den Weg zum Kaffeeautomaten hätte ich mit verbundenen Augen gefunden. In den Zeugenstand wurde erst einmal ein Gutachter des Max-Planck-Institutes für ausländisches und internationales Strafrecht gerufen. Es sollte um die spannende Frage gehen, ob Mohamed für die Torturen, die er uns angetan hatte, auch nach syrischem Recht, mit dem er aufgewachsen war, und dem Recht der Emirate, wo ein Großteil der Taten geschah, zu verurteilen wäre.

Das Gericht wollte wissen, ob es nach dem Recht dieser Länder, das sich an der Scharia orientiert, einen »rechtfertigenden Züchtigungsgrund« gebe, also ob Mohamed dort das Recht hatte, uns so zu malträtieren, wie er es getan hatte. Wäre dem so gewesen, dann hätte Mohameds Verteidiger Gründe für eine mildere Haftstrafe geltend machen können.

»In den Vereinigten Arabischen Emiraten«, stellte der Gutachter fest, »steht gemäß dem dort geltenden Artikel 339 Strafgesetzbuch vorsätzliche Körperverletzung unter Strafe, und auch in Syrien ist nach Artikel 540 des syrischen Strafgesetzbuches eine vorsätzlich begangene Körperverletzung strafbar.«

Dieses Ergebnis war schon mal gut für mich und schlecht für Mohamed. Er konnte sich nicht herausreden, wo er herkomme, da seien Schläge für Frau und Kinder erlaubt; dieses Hintertürchen war ihm nun versperrt. Danach ging es um die Frage, was Schläge laut Scharia überhaupt seien, eher der Klaps oder doch die Prügel. Eine Züchtigung durch Schläge, führte der Gutachter aus, sei von der Scharia zwar gedeckt, jedoch seien nicht mehr als drei Schläge erlaubt. »Diese müssen zudem leicht sein. Maßlose Schläge sind nicht gedeckt. Die Schläge müssen mit der Hand gegeben werden, also nicht beispielsweise mit einem Stock oder einer Peitsche, damit sie leicht sind und keine Spuren auf dem Körper hinterlassen.« Sein Fazit: »Züchtigungsmittel, die die Zufügung von Qualen und körperlichen Schmerzen mit sich bringen, sind nicht erlaubt. Handlungen wie beispielsweise Tritte oder Haare ausreißen sind mithin nicht erlaubt.« Ich wette, Mohamed dachte in diesem Moment, das sei die Auslegung von islamischen Weicheiern, nicht die allein gültige der glaubensfesten Salafisten.

Danach wurde Abdullah erneut als Zeuge aufgerufen. Fünf Stunden dauerte die Wiederholung seiner gesamten Aussage, die er per Videoübertragung von einem Nebenraum des Gerichtssaals aus machen durfte. Diesmal war Abdullah deutlich gefasster, deutlich kämpferischer, teilweise lächelte er sogar in die Kamera. »So, jetzt hast du keine Macht mehr über uns, jetzt sind wir am Zug«, lautete die Botschaft dieses Lächelns an seinen Vater.

*

Mein Vater begleitete Maryam bei ihrer Zeugenaussage in den Gerichtssaal, um sie zu stützen, falls sie zusammenbrechen würde. Schüchtern und zögerlich trat Maryam in den Zeugenstand. Als unser Anwalt bemerkte, wie schlimm es ihr ging, bat er das Gericht, ob ihr Großvater nicht neben Maryam sitzen könne. Der Vorsitzende Richter befürwortete den Beistand. Maryam drückte die Hand ihres Großvaters ganz fest, als sie vom Kopftuchzwang, dem Eingesperrtsein in der Wohnung und der immer wieder angedrohten Zwangsverheiratung erzählte. Auch sie bestätigte die Gewaltexzesse ihres Vaters, der sie immer auf besondere Weise malträtiert hatte. Er nutzte Maryams dickes Haar, das bis zu ihrem Po reichte. »Wenn mein Erzeuger wütend war«, schilderte sie auf eine Frage der Staatsanwältin, »hat er mich oft nach den Prügeln an den Haaren hinter sich her durch die Wohnung gezogen. Meine Mutter wollte mir deswegen immer die Haare kurz schneiden, aber das hat er verboten.« Manchmal brach Maryams Stimme weg, standen Tränen in ihren Augen, sie brachte ihre Aussage jedoch glücklich zu Ende. Ganze vier Stunden dauerte die Befragung, und sie erinnerte sich an die meisten Dinge ziemlich genau so, wie ich sie in meinem Tagebuch geschildert hatte.

Mohameds Verteidiger gab sich taktisch zahm, er stellte den Kindern kaum Fragen. Er konnte sie nicht so hart wie mich angehen und zu zerlegen versuchen, sonst hätte er für seinen Mandanten auch nur das geringste Verständnis vonseiten des Richters und der Schöffen verloren und seiner eigenen Reputation empfindlich geschadet. Na, immerhin.

Mohameds Anwalt grillt mich

In einer kurzen Pause, als die Kinder für eine Weile mit meinem Bruder ins Freie gegangen waren, stand plötzlich Pauline vor ihnen, meine gute alte Freundin aus frühester Zeit in Aachen. Sie kannte Mohamed, als er noch der liebenswerte Student war, sie kannte all meine Kinder seit ihrer Geburt. Sie war immer da gewesen, solange wir in Aachen gewohnt hatten, war immer an Mohamed, als er schon salafistisch und seltsam wurde, vorbeigerauscht, wenn sie mich besuchen wollte. Gegen sie war Mohamed machtlos gewesen. Sie hatte sich durch ihn nie aufhalten lassen. Abdullah traute seinen Augen nicht, als er sie sah.

»Pauline?«, fragte er ungläubig.

»Ja, Abdullah, ich bin's. Was bist du groß geworden, ich hätte dich fast nicht erkannt.«

Jetzt begrüßte Pauline auch Maryam, Hajar und Adnan, der sich verständlicherweise nicht mehr erinnerte, denn als wir Aachen verlassen hatten, war er noch ein Kleinkind gewesen. Wie schön, dass Pauline den Mut gefunden hatte, in dieser Stunde bei uns zu sein.

Unser jahrelanges Martyrium hatte auch sie sehr schockiert. Vor allem war sie fassungslos, dass ich all die Jahre nicht darüber hatte reden können. Natürlich hatte auch sie etwas geahnt, aber das ganze Ausmaß unseres Leidens hatte sie erst nach unserer Flucht erfahren.

»Ich setze mich hinten in die Zuschauerreihen, Hajar«, sagte

Pauline. »Dann weißt du, dass ich da bin. Vielleicht gibt dir das ein bisschen Kraft.« Pauline nahm Hajar in den Arm und ging mit ihr in den Gerichtssaal.

Auch Hajar meisterte ihre Aussage. Sie knetete die Hand ihres Großvaters, er streichelte sie.

»Wieso«, wurde sie vom Vorsitzenden Richter gefragt, »nennst du deinen Vater immer Erzeuger, nie Vater?«

»Was ist das denn für ein Vater?«, frage Hajar zurück.

Bei ihrer Vernehmung erinnerte sich Hajar zwar nicht so sehr an einzelne Tathergänge, konnte aber sehr genau dieses Umfeld der Angst und des Terrors beschreiben, in dem wir so lang gelebt hatten, die vielen Schläge, die ihr Vater brutal abgezählt hatte, wenn er sie immer wieder für Nichtigkeiten bestraft hatte. Hajar sprach zögernd und leise, schaute ängstlich in die Kamera, die auch ihre Aussage von einem Nebenraum in den Gerichtssaal übertrug. Als der Richter merkte, dass Hajar nach über drei Stunden dem Weinen nahe und am Ende ihrer Kräfte war, entließ er sie.

Bei Adnan musste unser Anwalt vom Recht auf Zeugnisverweigerung Gebrauch machen. Kaum war der Kleine als Zeuge aufgerufen worden, rannte er hinaus und zur Toilette, wo er sich mehrmals so heftig übergab, dass an eine Rückkehr in den Gerichtssaal nicht zu denken war. Adnan hätte diese Befragung nicht durchgestanden.

»Kein Problem«, beruhigte mich unser Anwalt, »seine Geschwister haben eh schon alles gesagt, und Adnan war damals noch so klein, er würde sich nur an wenige Einzelheiten erinnern.«

*

Wir machten uns gerade auf dem Flur fertig für die Fahrt zu unserem Ferienhaus, da wurden auf Anweisung des Vorsitzenden Richters plötzlich alle Kinder noch einmal in den Gerichtssaal gerufen – zur »Entlassung der Zeugen«, wie es hieß. Was aber die Kinder nun im Gerichtssaal erwartete, darauf waren sie in keiner Weise vorbereitet. Auf einmal standen sie Mohamed, ihrem Vater und Peiniger, Auge in Auge gegenüber. Der Atem stockte den Kindern vor Schreck. Instinktiv versteckten sich Adnan und Hajar hinter Mike, der sie in den Saal begleitet hatte. Maryam und Abdullah standen ungeschützt da. Ihr Vater blickte sie lange an. Sie versuchten wegzusehen. Dann starrte Mohamed Mike an, eine elegante Erscheinung, groß, durchtrainierter Körper. Vielleicht glaubte er, dass Mike mein neuer Mann wäre, der ihm nun die Kinder weggenommen hatte und uns beschützte. Wenn Mohamed das dachte, so war mir das in dem Moment durchaus recht; die Idee hielt ihn innerlich fern von uns und zerstörte hoffentlich die Reste seiner kranken Illusion, wir könnten wieder eine Familie werden.

Schluchzend kamen Maryam und Hajar aus dem Gerichtssaal: »Mama, der war da drin. Der hat uns angesehen«, weinten sie. Zitternd nahm ich beide in die Arme. »Das war furchtbar«, sagte Maryam. »Warum machen die so was? Was wollten sie damit erreichen?« Ich war fassungslos, hatte keine Erklärung für dieses Vorgehen. Wie herzlos konnte ein Gericht sein, den Kindern so etwas anzutun? Ich hätte diese Situation meinen Kindern, die ihren Vater nie wieder sehen wollten, gerne erspart. Das Gericht aber, dachte ich, wollte vermutlich die Gelegenheit nutzen, um mit eigenen Augen den Schrecken zu sehen, den allein Mohameds Anblick bei den Kindern auslöste. Diese irrsinnige Gegenüberstellung warf die Kinder um Monate zurück, was die Aufarbeitung ihrer Traumata anging. Leider war sie nötig. Jeder Zeuge muss in Anwesenheit des Angeklagten entlassen werden, sonst ist ein Urteil wegen eines Verfahrensfehlers anfechtbar.

*

An einem Freitag vor Weihnachten musste ich als Letzte meine unterbrochene Zeugenaussage zu Ende bringen, dann konnten wir alle wieder nach Hause fahren. Um die Kinder auf andere Gedanken zu bringen, fuhren wir am Abend zuvor wieder nach Köln zum Weihnachtsmarkt, kauften uns Pizza auf die Hand und setzten uns mit unserem Abendessen an den Rhein – an den Ort, an dem ich mit Mohamed so viele Stunden verbracht hatte, als noch alles in Ordnung gewesen war. Auf dem Wasser spiegelten sich die Lichter der City, ein paar Kähne zogen vorbei, Ausflugsdampfer mit Weihnachtsfeiern. In der Nacht erwischte es mich genauso wie die Nächte zuvor meine Kinder. Ich pendelte zwischen Bad und Bett. Am Morgen war ich mir nicht sicher, ob ich diesen Tag im Gericht unbeschadet durchstehen könnte. Im Zeugenstand entschuldigte ich mich im Vorhinein bei den Richtern, dass es mir nicht gut ginge und ich möglicherweise plötzlich aus dem Saal rennen müsste.

»Haben Sie eine Virusinfektion?«, fragte mich der Vorsitzende Richter.

»Nein, das sind psychosomatische Störungen. Das alles hier hat uns doch sehr mitgenommen.«

»Glauben Sie denn, dass Sie in der Lage sind, hier und heute auszusagen, oder sollten wir den Termin vielleicht doch lieber vertagen?«, fragte der Richter.

»Nein, ich möchte, dass die Befragung stattfindet. Das hat nichts mit meiner Aussage zu tun.« Ich bekam von einem Beamten ein Glas Wasser und Taschentücher gereicht. So still sich Mohameds Verteidiger bei den Zeugenaussagen der Kinder verhalten hatte, so aggressiv knöpfte er sich nun mich vor. Wie gehabt, verdrehte er meine Aussagen, zog sie ins Lächerliche, zweifelte alles an, was ich sagte. Am Ende zweifelte er sogar an, dass Mohamed und ich von den Emiraten aus zweimal in Syrien gewesen waren, einmal im Winter und einmal im Sommer.

Wie wäre ich nun aufgeschmissen gewesen, wenn ich nicht

instinktiv vor unserer Abfahrt zum Prozess unsere alten Reisepässe eingesteckt hätte, die ich bei unserer Flucht aus Sharjah
mit all den anderen Dokumenten mitgenommen hatte. Ich zog
nun, Hokuspokus, im Zeugenstand die Pässe aus meiner Handtasche. Die Visastempel, so bestätigte es der Gerichtsdolmetscher,
belegten meine Aussage. Zweimal Syrien, einmal Winter 2006,
einmal Sommer 2008. Vom Verteidiger kam keine Reaktion.

Am späten Nachmittag wollte der Vorsitzende Richter meine
Befragung abschließen, aber Mohameds Verteidiger gab vor, er
hätte noch etliche weitere Fragen an mich. Es musste ein weiterer Termin für mich im Januar angesetzt werden.

Die Weihnachtsfeiertage waren damit für uns alle kein Fest
der Freude. Ich hatte keinen Elan, fühlte mich nur noch leer. Den
Kindern schenkte ich, was ich sonst völlig ablehne, einfach je ein
Geldguthaben für Dinge, die sie sich wünschten und selbst kaufen sollten. Besuche der Familie sagte ich ab, ich hatte keine Kraft
mehr. Was wollten die noch von mir?

Im Januar begleitete mich Mike nach Aachen. Dieser Termin war
noch schlimmer als befürchtet. Nicht nur, dass Mohameds Verteidiger versuchte, mich als Diebin und notorische Lügnerin hin-
zustellen, er stellte jetzt sogar in Abrede, dass mein Ex-Mann,
dieser arme, dünne Mensch, körperlich überhaupt dazu in der
Lage gewesen sein konnte, uns allen derartige Verletzungen bei-
zubringen, wie ich sie beschrieben und auf vielen Beweisfotos
dokumentiert hatte.

»Hat Ihr Mann jemals Sport getrieben?«, fragte mich der Verteidiger.

»Nein, nicht dass ich wüsste«, antwortete ich irritiert. Was
sollte diese Frage? Triumphierend zeigte der Verteidiger auf Mohamed, der in seinem zwei Nummern zu großen Knast-Jogging-
anzug tatsächlich eine äußerst kümmerliche Gestalt abgab und
aussah wie ein fragiles Männlein, Rumpelstilzchen eben.

»Frau Wenzel, Sie wollen uns doch nicht im Ernst erzählen, dass dieser kleine, schmächtige Mann so brutal zuschlagen kann?«
Ich war perplex. Glücklicherweise wurde der Verteidiger gebremst.

»Was soll das jetzt?«, fuhr ihn, nicht zum ersten und nicht zum letzten Mal, die Staatsanwältin an. »Lassen Sie die Zeugin in Ruhe.«

Doch Mohameds Anwalt wurde immer dreister und malte nun das Szenario einer Verschwörung, die ich gegen meinen damaligen Mann angezettelt hätte. Abdullah, unterstellte der Verteidiger, hätte mit all diesen Gegenständen, mit Kabeln, Latschen und Kochlöffeln, auf seine Geschwister und möglicherweise sogar auf mich eingeprügelt. Ich hätte die Kinder nach diesen Prügeleien fotografiert und es so hingestellt, als sei Mohamed der Täter. So ging es weiter. Das Tagebuch, von mir seiner Ansicht nach nachträglich aus Rache verfasst, hätte ich nur fabriziert, weil ich berühmt werden wollte. Dafür hätte ich sogar die Leiden meiner Kinder in Kauf genommen.

Hilfesuchend blickte ich zu den Richtern und Schöffen. Es war aus ihren Gesichtern nicht abzulesen, ob sie ebenso dachten. Im Urteil, sagte mein Anwalt später, würden wir erfahren, wie die Richter diesen Vorwurf einordnen würden. Da war ich ja mal gespannt.

Ich war jedenfalls fix und fertig. Wie konnte der Verteidiger es wagen, so etwas zu behaupten. Er kannte mich überhaupt nicht. Er hatte im Flur gesehen, wie liebevoll und herzlich die Beziehung zwischen mir und meinen Kindern war. Er hatte die Aussagen meiner Kinder vernommen – hatte er da überhaupt zugehört? Und wenn ich angeblich berühmt werden wollte: Warum hatte ich dann in all den Jahren von 2011 bis zum Prozessende 2014 keine Presseinterviews gegeben und war nicht im Fernsehen in Erscheinung getreten? Warum wohl? Nicht einmal ein Narr konnte seinen Gedankengang nachvollziehen. Ich hoffte auf die Vernunft der Richter, aber sicher war ich mir nicht. Stimmt schon, dachte ich mir, vor Gericht und auf hoher See bist du in Gottes Hand.

Als Nächstes brachte der Anwalt zur Sprache, dass ich meinem Mann immer übel genommen hätte, dass er sich an meinem Konto und meinem Einkommen bediente. Ich solle doch einmal hier vor Gericht Beweise für diese an den Haaren herbeigezogenen Behauptungen vorlegen. Die ungeheure Dreistigkeit dieses Verteidigers machte mir sehr zu schaffen, ich fühlte, wie jede Kraft aus meinem Körper floss. Die Verhandlung musste an diesem Januartag viele Male unterbrochen werden. Immer wieder brauchte ich Zuspruch, um überhaupt noch weitermachen zu können. Nervlich war ich an diesem Punkt am Ende. Aber hier ging es um meine Kinder. Also biss ich die Zähne zusammen und schoss zurück, so gut ich konnte.

»Natürlich habe ich diese Beweise«, wandte ich mich Mohameds Verteidiger zu. »Jahrelang hat mein Ex-Mann meine Konten geplündert, er hatte ja nichts, woher auch? Vom Nichtstun? Handschriftlich hat er über Jahre hinweg auf meinen Kontoauszügen vermerkt, wann er wem wie viel Geld gegeben hat und wie viel islamischen *Zakat*, Armensteuer, er von meinem Geld nach Gutdünken bezahlt hat. Diese Beweismittel habe ich an einem sicheren Ort aufbewahrt. Das hier ist aber ein Prozess, in dem es um Kindesmisshandlung und Körperverletzung geht, und da haben, glaube ich, meine Kontoauszüge nichts verloren. Deshalb habe ich sie auch nicht mitgebracht.«

»Wie schnell können Sie die Belege beibringen?«, beharrte der Verteidiger, ehe der Vorsitzende Richter eingriff und sagte, dieser Aspekt wäre nur ein Nebenschauplatz und nicht relevant für das Verfahren. »Es reicht, Herr Verteidiger.«

Einen Strick versuchte mir Mohameds Verteidiger auch aus Beobachtungen zu drehen, die ich selbst nicht genau einzuordnen wusste. Als ich Mohameds Beziehung zu Maryam beschreiben sollte, schilderte ich, dass ich mich manches Mal über Mohamed gewundert habe. »Ich hatte den Eindruck, dass er immer dann nicht in unser Elternbad, sondern in das Kinderbadezimmer wollte, wenn Maryam gerade drin war. Oft versuchte er, von außen mit einem Löffel die Verriegelung der Badezimmertür zu öffnen. Ich weiß nicht, ob er das Mädchen nackt sehen wollte. Als Maryam ihren Vater darauf ansprach, sagte er ihr, dass er nur nachsehen wollte, was sie im Bad mache.«

»Wollen Sie Pädophilie unterstellen?«, fragte der Verteidiger.

»Vielleicht wollte Mohamed nur ins Bad, weil Maryam wirklich sehr langsam war, das nervte ja uns alle. Bei den anderen Kindern, die schneller waren, versuchte er es nie. Aber mir fiel auch auf, dass sich bei ihm beim Spielen mit den Töchtern, wenn er es denn mal tat, manchmal ein Zelt aufbaute.«

»Ein Zelt aufbaute?«

»So sieht bei arabischen Kaftanen, wie sie mein Ex-Mann trug, eine Erektion aus. Ich habe mich natürlich auch gewundert, warum ein Vater nachts immer in die Schlafzimmer seiner Kinder geht. Deswegen habe ich nur noch schlecht geschlafen und bin sofort aufgestanden, wenn ich ihn hörte. Aber nein, Pädophilie will ich ihm nicht unterstellen, ich hatte nur zeitweise in dieser besonders angespannten Lage die Befürchtung, aber es gab keine Vorkommnisse.«

»Warum haben Sie das, was Sie eben geschildert haben, nicht in Ihrer Chronik niedergeschrieben? Das klingt jetzt wenig glaubwürdig und aus der Luft gegriffen, oder nicht?«

»Ich hatte damals versucht, mir das Verhalten meines Ex-Mannes zu erklären, aber es waren nur Vermutungen.«

Während meiner Aussage fixierte mich Mohamed ohne Unterlass. Ach was, er gaffte mich an, die Arme verschränkt. Es war sehr anstrengend, seinem Blick in all den Stunden auszuweichen. Gegen Abend schloss der Richter die Befragung endgültig

ab und sprach die erlösenden Worte: »Wir haben nun wirklich
genug gehört. Ich glaube nicht, dass ein weiterer Termin irgendwelche neuen Erkenntnisse bringen wird. Ich entlasse die Zeugin aus dem Zeugenstand.«

Ich flüchtete aus dem Gerichtssaal, würdigte niemanden eines
Blickes. Nur raus hier! Gott, es war vorbei. Endlich. Aber würde
all das reichen, um unseren Peiniger für lange Zeit wegzusper-
ren? Oder würde nach diesem Prozess und einer milden Bewäh-
rungsstrafe der Terror weitergehen? Unser Anwalt kam aus dem
Gerichtssaal, wenig später folgte die Staatsanwältin.

»Sie haben Ihre Sache sehr gut gemacht«, beruhigte sie mich.

Unser Anwalt war sich sicher: »Eine deftige Haftstrafe wird
es in jedem Fall geben, jetzt geht es nur noch um das Strafmaß.
Ich werde auf acht Jahre plädieren«, sagte er. »Das wäre nur gerecht: Acht Jahre Strafe für acht Jahre Martyrium. Ich halte Sie
auf dem Laufenden. Ich denke, innerhalb einer Woche haben wir
das Urteil.«

Mike fuhr mich zurück nach Hause, in unseren geheimen Wohnort. Ich hatte keinen Nerv mehr, mir die ausstehenden Plädoyers
anzuhören. Das letzte Wort hatte der Angeklagte. Mohamed sagte,
so wurde mir berichtet, nicht viel. Unwillig, offenbar mehr gedrängt als aus eigenem Antrieb, erhob er sich von seinem Platz,
wiederholte, was er schon im Prozess zu Protokoll gegeben hatte,
und das klang nicht wirklich nach Reue. Schließlich hatte er zu-
gestanden, dass Schlagen bis zur Bildung von Hämatomen »bestimmt nicht richtig« sei. Zugegeben hatte er zudem: »Mein Verhalten war grob fehlerhaft. Es tut mir leid. Ich räume ein, meine
vier Kinder wiederholt geschlagen zu haben, auch mit Gegenständen und auch ins Gesicht.« Mohameds Worte klangen, als
hätte sie sein Verteidiger für ihn formuliert, und dabei gab er
auch nur den einzigen polizeilich und durch Attest protokollier-
ten Vorfall zu. »Ich räume ein, meine Frau und die Kinder mit

einem Staubsaugerschlauch geschlagen zu haben. In der Folge wurde meine Frau ins Krankenhaus gebracht, ich zur Polizei. Die sonstigen mir vorgeworfenen körperlichen Übergriffe sind in Umfang und Intensität ungeheuer übertrieben. Ich konnte mich aber nicht verteidigen, da ich keine Pässe mehr habe und kein Tagebuch geführt habe.«

Das Urteil

Mitte Januar 2014 erfuhr ich, dass das Urteil gefällt war, die schriftliche Begründung »Im Namen des Volkes« folgte per Post in einem weißen Fensterumschlag meines Anwalts, hundertdreizehn luftig beschriebene Seiten. Ich setzte mich ins Wohnzimmer und blätterte. Was ich in der Begründung las, ließ mich befürchten, dass es doch tatsächlich mildernde Umstände für Mohamed gegeben haben musste.

Gründe: Der im Zeitpunkt der Hauptverhandlung 45 Jahre alte Angeklagte ... hat zwei Schwestern und fünf Brüder und wurde wie diese islamisch erzogen. Seine Mutter und seine Schwestern trugen dementsprechend Schleier und Burka. Der Angeklagte gibt an, sein Vater habe ihn als Kind öfter geschlagen. Das Schlagen von Kindern sei durch die Eltern als Erziehungsmethode normal gewesen.
Er habe jedoch immer gewusst, dass sein Vater ihn liebe und ihm nur Gutes tun wolle. Dies sei zwar hart gewesen, er habe es aber nicht als Unrecht verstanden. Zum Schlagen habe sein Vater auch Gegenstände, beispielsweise einen Schlauch, verwendet und damit auf die Füße, auf die Hände oder auf sein Gesicht geschlagen.
Seine Mutter habe ebenfalls Schläge als Erziehungsmethode verwendet, sie habe ihn aber seltener als sein Vater geschlagen.
Ab etwa der 11. oder 12. Klasse sei er nur noch selten von seinen Eltern geschlagen worden ...
Der Angeklagte konsumiert weder Alkohol noch Drogen.

Er leidet nicht an Krankheiten oder hat Unfälle erlitten. Strafrechtlich ist der Angeklagte bislang nicht in Erscheinung getreten.

Im Weiteren listete das Gericht sämtliche Fälle auf, die verhandelt worden waren, und kam zu dem Schluss, dass bei keinem Fall »die Fähigkeit des Angeklagten, das Unrecht seiner Taten zu erkennen, oder die Fähigkeit, nach dieser Einsicht zu handeln, erheblich vermindert oder gar aufgehoben« war. Das wäre ja noch schöner gewesen, wenn Mohamed auf schuldunfähig gemacht hätte. Wohin ich auch blätterte, auf jeder zweiten Seite hoben die Richter die Glaubwürdigkeit der Aussagen der Kinder hervor und bescheinigten mir an nicht weniger Stellen: »Die Kammer hat an der Aussagetüchtigkeit der Zeugin Kerstin Wenzel sowie der Glaubhaftigkeit ihrer Aussagen keine Zweifel. Die Zeugin war erkennbar in der Lage, sich auch an mehrere Jahre zurückliegende autobiografische Ereignisse zu erinnern ... Auch wenn bei der Zeugin ein deutliches Negativbild vom Angeklagten besteht, finden sich in der Aussage keine Dramatisierungen der Übergriffe, was ebenfalls für die Qualität der Aussage spricht.«

Schallende Ohrfeigen, die mich als glockensüßer Klang absoluter Genugtuung erreichten, bekam Mohameds Verteidiger in der Urteilsbegründung ab.

Die Nullhypothese der individuellen oder gemeinschaftlichen absichtlichen Falschaussage ist ebenso zurückzuweisen wie die Nullhypothesen der Übertragung bzw. Projektion oder der Suggestion. Eine intensive Beschäftigung mit dem Thema der häuslichen Gewalt und damit ein aus externen Quellen gewonnenes Wissen, was der Zeugin Kerstin Wenzel zur Konstruktion einer Aussage über nicht erlebte häusliche Gewalt hätte dienen können, war bei ihr nicht festzustellen ... Es sind auch keinerlei Anhaltspunkte erkennbar geworden, dass die literarische

Befassung der Zeugin Kerstin Wenzel mit ihrer Vergangenheit,
die zur Verarbeitung ihrer Erfahrungen ein Buch verfasst,
dazu führt, dass ihre Erinnerungsleistung beeinflusst und ihr
eine Unterscheidung zwischen selbst Erlebtem und nicht selbst
Erlebtem nicht möglich wäre.

Nullhypothese, so sagen Juristen es wohl durch die Blume, wenn
sie meinen: »Was für ein Blödsinn!« Im Urteil bedachten die
Richter die Versuche von Mohameds Verteidiger, mich und die
Kinder als Lügner darzustellen, mehr als ein halbes Dutzend Mal
mit diesem wunderschönen Begriff: Nullhypothese.

Mit Verständnis würdigten die Richter, dass ich nicht schon
früher die Flucht versucht hatte.

Die Zeugin hat angegeben, nach ihrer Flucht habe sie sich in einem
Internetforum mit Frauen über das Thema ausgetauscht, wieso
Frauen, die häusliche Gewalt erleben, trotzdem ihren Partner nicht
verlassen. Die Zeugin hat angegeben, dass sie – ebenso wie diese
Forum-Partnerinnen – sich letztlich ihr Verhalten nicht rational
erklären könne. Sie vermute, dass sie es damals auch ausgeblendet
habe, sonst wäre sie »verrückt geworden«. Sie könne ihr eigenes
Verhalten teilweise selbst nicht mehr nachvollziehen.

Weiter befand das Gericht:

Dies korrespondiert mit immer wieder feststellbaren
Verhaltensmustern von Frauen, die häusliche Gewalt erleben.
Diese verlassen ihren Partner nicht, obwohl es aus Sicht
eines objektiven Dritten bei Zugrundelegung rein rationaler
Verhaltensweisen eigentlich gar keine andere Möglichkeit
geben könnte. Das Verhalten der Zeugin Kerstin Wenzel ist
insofern nicht atypisch, sondern geradezu charakteristisch für
einen Teil der Opfer häuslicher Gewalt.

Seitenweise bewerteten die Richter jeden der neunundsechzig verhandelten Übergriffe: Attacken mit Staubsaugerrohr und Strom-
kabeln, Essens- und Schlafentzug, Hunderte Verletzungen, Prellungen, Blutergüsse, offene Wunden, sowie mein Tagebuch, die
Chronik dieses Grauens: »Insgesamt ist die Kammer der Überzeugung, dass die Qualität der Aussagen nicht anders erklärbar ist als
durch Erlebnisbezug.«

*

Es quälte mich, diese einhundertdreizehn Seiten zu lesen. Ich
legte kurze Pausen ein, ging von dem Wohnzimmer aus auf die
Terrasse, bewunderte unseren schönen Lebensbaum im Garten
und atmete tief durch. Auf Seite einhundertzehn begann endlich
die Festlegung des Strafmaßes. Mohamed war in einundsechzig
der verhandelten neunundsechzig Fälle schuldig der Misshandlung von Schutzbefohlenen in Tateinheit mit gefährlicher Körperverletzung, der Misshandlung von Schutzbefohlenen in Tateinheit
mit versuchter gefährlicher Körperverletzung, der Misshandlung
von Schutzbefohlenen, der gefährlichen Körperverletzung und der
vorsätzlichen Körperverletzung. In den übrigen acht Fällen wurde
er freigesprochen; die Beweislage war unklar, Aussagen waren zu
unterschiedlich, aber einundsechzig Fälle genügten.

Der Vorsitzende Richter, so hatte man mir erzählt, hatte in vielen ähnlichen Fällen Peiniger mangels Beweisen mit Bewährungs-
strafe laufen lassen müssen. In unserem Fall hatte das Gericht
mehr als genug Beweise. Es wollte ein wasserdichtes Urteil und
entschied:

In Abwägung der für und gegen den Angeklagten sprechenden
Umstände erscheinen der Kammer folgende Einzelstrafen tat- und
schuldangemessen:
Fall 7: Freiheitsstrafe von zwei (2) Jahren und drei (3) Monaten,
Fall 47: Freiheitsstrafe von zwei (2) Jahren,

Fälle 1, 3, 5, 15, 17, 19, 20, 31, 35, 38, 48 und 55: Freiheitsstrafe von jeweils einem (1) Jahr und sechs (6) Monaten,
Fälle 6, 43, 46 und 61: Freiheitsstrafe von jeweils einem (1) Jahr und drei (3) Monaten,
Fälle 2, 4, 10, 11, 16, 22, 23, 30, 32, 34, 41, 42, 50, 52, 57 und 58: Freiheitsstrafe von jeweils einem (1) Jahr,
Fälle 8, 26, 27, 29 und 36: Freiheitsstrafe von jeweils zehn (10) Monaten,
Fälle 9, 12, 13, 14, 18, 21, 24, 25, 28, 33, 37, 39, 40, 44, 45, 49, 51, 54, 56, 59 und 60: Freiheitsstrafe von jeweils acht (8) Monaten,
Fall 53: Freiheitsstrafe von sechs (6) Monaten.

Das Gesamturteil lautete: »Fünf (5) Jahre Gefängnis.« Mir fiel der berühmte Felsbrocken vom Herzen. Wenn auch dieses Strafmaß weit von den erhofften acht Jahren entfernt war – drei der Kinder würden erwachsen und der Jüngste alt genug sein, um sich selbst zu verteidigen, bis Mohamed aus dem Gefängnis entlassen würde.

Meine Augen ruhten auf dem Blatt, sie fixierten diese eine Ziffer fünf zwischen den Klammern. Fünf Jahre, sechzig Monate. Zwei Drittel der Zeit muss Mohamed mindestens verbüßen. Ich verspürte Genugtuung, keine Frage, und ich dachte an die bewegte Zeit, seit wir 2011 geflohen waren.

Inzwischen war ich ohne Mohameds Einverständnis geschieden worden. Ich ließ die neuen Namen, die wir uns nach unserer Flucht ausgesucht hatten, amtlich eintragen. Unsere Daten bei der Meldebehörde wurden mit einer Auskunftssperre belegt, sodass uns niemand ermitteln kann. Sogar das Kennzeichen unseres Autos unterliegt bis heute einer Auskunftssperre.

Unser provisorisches Quartier – jenes Haus, das ich Monate nach unserer Flucht gemietet hatte – erwies sich als Glücksfall. Von Anfang an boten uns die Nachbarn jede erdenkliche Hilfe an. Es war ein so schönes Gefühl, wie in unserem Viertel einer für den anderen da war, mit anpackte, Gartengeräte austauschte, auf die Kinder aufpasste. Einen solchen Zusammenhalt hatte ich weder in den Emiraten noch in unserer Zeit davor in Aachen je erlebt. Nach und nach fühlten wir uns wohler in unserem neuen Heim, kauften mehr Möbel, Teppiche, Dekoartikel, Gardinen, Pflanzen, um es uns gemütlich und heimelig zu machen. Im Garten setzten wir Obstbäume und Hecken, gönnten uns eine Hollywoodschaukel. Wir blieben.

Innerhalb von zwei Jahren wohnten wir komfortabler als je zuvor. Die Kinder richteten ihre Zimmer selbst ein. Das Wohnzimmer bekam eine gemütliche Sitzlandschaft, auf der alle Platz fanden, und einen großen Fernseher mit Flachbildschirm, dazu eine Spielekonsole – Dinge, die uns von meinem Salafisten-Ex immer verwehrt worden waren. Natürlich kostete all das eine hübsche Stange Geld, aber ich hatte ohnehin immer hart gearbeitet und verdiente auch jetzt gut. Mohameds Familie, von der ich seit unserer Flucht nichts mehr gehört hatte, war als fixer Ausgabenposten Vergangenheit, allein das entlastete unser Budget spürbar. So hatte ich endlich auch selbst wieder etwas von meinem Einkommen. Kein heimliches Abzwacken mehr vom eigenen Geld.

Auf dem Weg in unser neues Leben hatten uns mehrere Psychologen begleitet. Meine Kinder und ich absolvierten gemeinsam ein Angsttraining. Kleinste Geräusche, fremde Stimmen auf der Straße, langsam an uns vorbeifahrende Autos mit undurchschaubar dunklen Scheiben, Blicke, die zu lange auf uns verweilten, kleinste Kleinigkeiten, die sonst niemandem überhaupt aufgefallen wären, lösten bei uns Angstzustände aus. Dem steuerten wir im Rahmen der Therapie offensiv gegen.

Wenn wir in der Dunkelheit im Garten Geräusche hörten und uns Angst überkam, gingen wir mit Taschenlampen »bewaffnet« gemeinsam hinaus, um nachzusehen, was dort los war. Meistens war es nur der Wind oder ein Marder, der im Laternenlicht im Garten spielte.

Wir lernten, nachts in den Keller zu gehen – ohne Angst vor den dunklen Verschlägen und Fenstern. Und wir lernten es, wieder Schmerzen zuzulassen, einfach »aua« zu sagen, wenn etwas wehtat. All das sind Erlebnisse, die für andere Menschen völlig normal sind – für uns waren es neue Erfahrungen, und wir mussten auch neu lernen, Gefühle zuzulassen, zu lächeln oder ausgelassen zu lachen, wenn wir Spaß an einer Sache hatten.

Die Kinder gehen inzwischen auf gute Schulen, brachten nach und nach immer bessere Lernergebnisse – und sie haben Freunde gefunden. Nachdem wir dies und das ausprobiert hatten, fand jeder auch eine Sportart für sich: Abdullah entwickelte eine Leidenschaft fürs Boarden, nachdem er von meinem Bruder Jens ein Mountainboard bekommen hatte, mit dem er begeistert die umliegenden Berge hinunterpeste. Später fuhren die beiden im Sommer gemeinsam mit dem Motorboot zum Wakeboarden, das ist wie Wasserski, nur eben auf einem Board. Im Winter gingen wir alle zusammen zum Snowboarden, was die Kinder schnell erlernten. Sogar ich wagte mich wieder auf Skiern die Piste hinunter, was mich selbst am meisten erstaunte. Maryam entdeckte inzwischen ihre Leidenschaft für Pferde und nahm Reitunterricht. Hajar entschied sich fürs Turnen, trainierte bei einem Verein und durfte schon nach einem Jahr beim Schauturnen mitmachen. Meine kleine Tochter strahlte vor Stolz, dass sie ihr Können vor Publikum unter Beweis stellen durfte.

Bei Adnan, vom Naturell her kein Mannschaftstyp und nicht sehr kontaktfreudig, dauerte es ziemlich lange, bis er zu mir kam: »Mama, ich möchte Kanu fahren, kannst du mich nicht bei einem Verein anmelden?« So machten wir das. Und auch er fand über den Sport gute Freunde, bei denen er auch mal übernachtet – oder wir haben einen kleinen Gast übers Wochenende bei uns. All diese für andere Familien selbstverständlichen Dinge gehören jetzt auch zu unserem Leben.

Lange Jahre verdammt zur körperlichen Untätigkeit, begann ich nun wieder wie vor meiner Ehe regelmäßig Sport zu treiben und fand zu einer aktiven Lebensweise zurück. Ich nahm in vier Jahren mehr als fünfundzwanzig Kilo ab und verlor damit auch all meine gesundheitlichen Beschwerden. Ganz nebenbei baute ich durch meine wiederkehrende Gesundheit und Beweglichkeit nach und nach ein normales Selbstwertgefühl auf. Ich habe erneut die Herrschaft über meinen Körper erlangt. Mein Gesicht ist keine Maske mehr. Es lebt. Es spiegelt meine Stimmungen wider.

So unbeschwert unser Leben jetzt zu sein schien, so beruhigend war es nun zu wissen, dass unser Peiniger für lange Jahre im Gefängnis sitzen würde und die Kinder in Ruhe aufwachsen könnten. Was in den Jahren unserer Gefangenschaft geschehen war, bleibt Teil unseres Lebens. Tiefe Spuren hinterließ bei uns allen das Gerichtsverfahren. Knapp zwei Wochen nach Prozessende brach Abdullah in der Schule zusammen, mitten in einem Vortrag vor seiner Klasse. Ich holte ihn aus der Schule ab und brachte ihn zur Untersuchung ins Krankenhaus. Die Diagnose: Nervenzusammenbruch. Ausgerechnet Abdullah, der immer der Stärkste von uns allen gewesen war, hatte den Prozess und die damit verbundenen Erinnerungen an seine gewalterfüllte Kindheit nicht verkraftet. Er fühlte sich schwindelig und kraftlos. Zwei Wochen durfte er nicht zur Schule. Zur Erholung nahm ihn mein Bruder Jens zum Skiurlaub in die Alpen mit. Ich betrachtete Abdullahs Kollaps als ein Zeichen dafür, dass noch länger nicht alles ausgestanden wäre.

Aber eines stand für mich fest, als ich mit dem Urteil in Händen in unserem Wohnzimmer saß. Da begann wirklich ein neues

Leben, ein Leben ohne Angst. Ich schob den Packen Papier zurück in den Umschlag, legte diesen in eine Schublade, schloss sie und schaute lange aus dem Fenster in unseren Garten.

Der Maschendrahtzaun sah ziemlich zerschlissen aus. Ich beschloss, ihn durch einen neuen schönen Holzzaun zu ersetzen.

Nachtrag

Mohamed reichte gegen das Urteil einen Revisionsantrag beim Bundesgerichtshof ein. Dieser wurde im Dezember 2014 endgültig abgelehnt. Damit ist das Urteil rechtskräftig.

DANKSAGUNG

Auf unserem langen Weg zurück in ein normales Leben haben uns viele Menschen auf selbstlose Weise begleitet: allen voran John V. Schneider-Merck, der uns nach wie vor als Freund zur Seite steht, meine Eltern, mein Bruder, unsere tolle Großfamilie, die bewiesen hat, dass Blut dicker ist als Wasser, und unser Bodyguard Mike Leder, der uns die Angst genommen hat, die seit unserer Flucht unser ständiger Begleiter war.

Mit großer Dankbarkeit denke ich oft an meine treue Freundin in England, die über Jahre jeden meiner Tagebucheinträge gespeichert hat, und an die vielen lieben Freunde und Nachbarn, die uns ein Zuhause gegeben und uns ab und an auch einfach mal in den Arm genommen haben.

Abschließend danke ich meinem Co-Autor Michel Rauch, der mich mit seiner Erfahrung als Autor und seiner langjährigen Kenntnis des Nahen Ostens tatkräftig bei diesem Werk unterstützt hat.

ANMERKUNGEN

1 Zitiert aus Adel Theodor Khoury: Der Koran, Gütersloh 1987. Khoury ergänzt in einer Fußnote, wie das Wort »schlagen« nach allgemeiner Auslegung gemeint ist: als »leicht, als Zurechtweisungsmittel«.
2 Vgl. Ola Salem: »Quran does not endorse beatings, activists say«. The National, 5.9.2012
3 ebd.
4 Nadia Abou al Magd: »Domestic violence fatwa stirs outrage«. The National, 8.10.2008
5 ebd.
6 Martin R. Textor: Online-Handbuch, www.kindergartenpaeda gogik.de/40.html
7 Bundesverband Frauenberatungsstellen und Frauennotruf, »bff – Frauen gegen Gewalt e.V.«, www.frauen-gegen-gewalt.de
8 Aus Sicherheitsgründen sind die Namen abgekürzt, die Pass- und Visanummern verfremdet.
9 Das Datum entspricht dem 18. April 2011. Die islamische Zeitrechnung beginnt nach gregorianischem, also unserem Kalender am 16. Juli 622, dem Beginn der Hidschra, als der Prophet Mohamed von Mekka nach Medina auswanderte. Das dem islamischen Kalender zugrunde liegende Mondjahr hat 354 Tage.
10 Der Verlauf der Verhandlung, die ich im Folgenden rekonstruiere, beruht auf eigenen Beobachtungen und Erinnerungen sowie auf Berichten meiner Freunde und meiner Familie,

von denen immer mindestens einer im Gerichtssaal dabei war – und natürlich auf den offiziellen Akten, wie der staatsanwaltschaftlichen Anklageschrift und dem mir zugestellten schriftlichen Urteil des Landgerichts Aachen.